Uwe Wagschal, Maximilian Grasl, Sebastian Jäckle

Arbeitsbuch Empirische Politikforschung

EINFÜHRUNGEN
– Politikwissenschaft –

Band 6

LIT

Uwe Wagschal, Maximilian Grasl, Sebastian Jäckle

Arbeitsbuch Empirische Politikforschung

LIT

Bibliografische Information der Deutschen Nationalbibliothek
Die Deutsche Nationalbibliothek verzeichnet diese Publikation in der
Deutschen Nationalbibliografie; detaillierte bibliografische Daten sind
im Internet über http://dnb.d-nb.de abrufbar.

2. Auflage 2012

ISBN 978-3-8258-8856-5

© LIT VERLAG Dr. W. Hopf Berlin 2012
Verlagskontakt:
Fresnostr. 2   D-48159 Münster
Tel. +49 (0) 2 51-620 320   Fax +49 (0) 2 51-23 19 72
e-Mail: lit@lit-verlag.de   http://www.lit-verlag.de

Auslieferung:
Deutschland: LIT Verlag Fresnostr. 2, D-48159 Münster
Tel. +49 (0) 2 51-620 32 22, Fax +49 (0) 2 51-922 60 99, e-Mail: vertrieb@lit-verlag.de
Österreich: Medienlogistik Pichler-ÖBZ, e-Mail: mlo@medien-logistik.at
Schweiz: B + M Buch- und Medienvertrieb, e-Mail: order@buch-medien.ch

Inhaltsverzeichnis

1	**Einleitung**	**5**
2	**Wiederholungsaufgaben zur Schulmathematik**	**6**
	2.1 Aufgaben	6
	2.2 Lösungen	10
3	**Ursprünge der Statistik und Forschungsprozess**	**15**
	3.1 Aufgaben	15
	3.2 Lösungen	17
4	**Grundbegriffe der Statistik**	**23**
	4.1 Aufgaben	23
	4.2 Lösungen	26
5	**Datenerhebung und Datenaufbereitung**	**33**
	5.1 Aufgaben	33
	5.2 Lösungen	36
6	**Eindimensionale Häufigkeitsverteilungen**	**48**
	6.1 Aufgaben	48
	6.2 Lösungen	50
7	**Maßzahlen bei univariaten Häufigkeitsverteilungen**	**55**
	7.1 Aufgaben	55
	7.2 Lösungen	61
8	**Konzentrationsmaße**	**79**
	8.1 Aufgaben	79

8.2 Lösungen 86

9 Zweidimensionale Häufigkeitsverteilungen — 112
9.1 Aufgaben 112
9.2 Lösungen 114

10 Zusammenhangsmaße — 119
10.1 Aufgaben 119
10.2 Lösungen 130

11 Regressionsanalyse — 170
11.1 Aufgaben 170
11.2 Lösungen 181

12 Clusteranalyse — 211
12.1 Aufgaben 211
12.2 Lösungen 217

13 Qualitative Comparative Analysis (QCA) — 261
13.1 Aufgaben 261
13.2 Lösungen 265

14 Statistische Testverfahren und Konfidenzintervalle — 288
14.1 Aufgaben 288
14.2 Lösungen 299

15 Graphische Darstellungen — 331
15.1 Aufgaben 331
15.2 Lösungen 333

16 Lernkontrolle — 337
16.1 Multiple Choice Aufgaben 337
16.2 Lösungen 351

17 Formelsammlung — 352

1 Einleitung

Das Lehrbuch ‚Statistik für Politikwissenschaftler' von Uwe Wagschal (München/Wien 1999) war eines der ersten Bücher auf dem deutschen Markt, das die grundlegenden Methoden empirischer Forschung in der speziellen Ausrichtung auf politikwissenschaftliche Fragestellungen darbot. Dementsprechend guten Anklang fand das Buch in der Methodenausbildung an vielen Universitäten und ist inzwischen längst vergriffen. Der Autor selbst hat mit diesem Buch an den Universitäten Bremen, München, Heidelberg und nun Freiburg gelehrt. Um den Studierenden die Einübung des Stoffes zu erleichtern und sie auch zum Eigenstudium anzuregen, wurde das vorliegende Arbeitsbuch geschrieben. Es ist im Aufbau parallel zum genannten Lehrbuch angelegt und greift die dort zu findenden Inhalte und Fragestallungen wieder auf. Zu jedem Kapitel des Lehrbuches bietet dieses Arbeitsbuch konkrete Fragestellungen als Übungsaufgaben an, die von den Studierenden selbstständig gelöst werden sollten. Um die Richtigkeit der eigenen Ergebnisse überprüfen zu können, enthält jedes Kapitel dieses Buches auch einen ausführlichen Lösungsteil, der die verwendeten Methoden kurz wiederholt und in ihrer Anwendungspraxis zeigt. Trotzdem ist dieses Buch kein *stand-alone*-Werk, sondern sollte in enger Verbindung mit dem Lehrbuch benutzt werden, von dem eine baldige Neuauflage in Arbeit ist. In der langen Entstehungszeit dieses Buches ist auch die Zahl derjenigen gestiegen, denen die Autoren Dank schulden: Neben den vielen Studierenden, die sich mit Vorläuferversionen dieses Buches auseinandersetzten, möchten sich die Autoren insbesondere auch bei Herbert Obinger (der einige Aufgaben beisteuerte), Tim Jäkel, Christoph Mayer und Thomas Metz für ihre Kommentare bedanken.

Freiburg/Heidelberg im August 2009

Uwe Wagschal, Maximilian Grasl, Sebastian Jäckle

2 Wiederholungsaufgaben zur Schulmathematik

2.1 Aufgaben

Die Lösungen dieser Aufgaben finden Sie ab S. 10.

Lösen Sie folgende Mathematik-Aufgaben, um Ihre Schulkenntnisse aufzufrischen:

1. $(-9)+(-9)=?$
2. $(-17)-(-16)=?$
3. $(-7)\cdot(+5)=?$
4. $(-5)\cdot(-7)=?$
5. $(2a+by)-(2a-by)=?$
6. $0,4:0,2=?$
7. $-0,25-\frac{0,1}{4}=?$
8. $|3-6|-|7-9|=?$
9. Gegeben ist folgende Zahlenreihe: 12; -17; 4; 7; -5; 13.
    a) $\sum |x_i|=?$
    b) $\sum x_i=?$

2.1 Aufgaben

10. Es seien die folgenden $n = 3$ Messreihen der Länge $m = 4$ gegeben:

x_{mn}	$j=1$	$j=2$	$j=3$
x_{1j}	4	4	6
x_{2j}	1	1	1
x_{3j}	5	3	0
x_{4j}	1	2	2

Berechnen Sie die folgenden Summen mit $c = 2$:
$$\sum_{i=1}^{m}\sum_{j=1}^{n} c; \quad \sum_{i=1}^{m}\sum_{j=1}^{n} cx_{ij}; \quad \sum_{i=1}^{m}\sum_{j=1}^{n}(x_{1j}+x_{i3}); \quad \sum_{i=1}^{m}\sum_{j=1}^{n} x_{1j}x_{i2}$$

11. Berechnen Sie den Wert dieser Produkte:
$$\prod_{i=1}^{6} i; \quad \prod_{i=2}^{5}\left(1-\frac{1}{i}\right)$$

12. $\sqrt{8x+25} = \sqrt{-2x+45} \Rightarrow ?$

13. $4^{-2} = ?$

14. $(a+b)^2 = ?$

15. $(a-b)^2 = ?$

16. $(a+b)(a-b) = ?$

17. $(4a^2+5b^2)(4a^2-5b^2)$

18. $\dfrac{3^a \cdot 3^b}{3^{a+b}} = ?$

19. $\left(\dfrac{4xy}{5} \cdot \dfrac{10}{3z}\right) : \dfrac{2x^2}{5z^2} = ?$

20. Vereinfachen Sie folgende Ausdrücke so weit wie möglich:
$$\dfrac{a+2b}{b(a-b)} - \dfrac{2a+b}{a(a-b)}$$

21. $\dfrac{(a^3)^4 \cdot a^3 \cdot (a^2)^2}{a^4 \cdot (a^2)^5 \cdot a}$

22. a) $\dfrac{2c(c+b)b}{8ac(b+c)}$

    b) $\dfrac{4c(a-c)}{(a-c)+1}$

c) $\dfrac{3x(a-c)^4}{9x^2(a-c)(a+c)}$

23. $a^{\frac{3}{4}} \cdot \sqrt{a} = ?$

24. $\dfrac{\sqrt[3]{a} \cdot \sqrt[6]{a}}{\sqrt[2]{a}} = ?$

25. $\sqrt{\dfrac{ab}{c}} \cdot \left(\dfrac{bc}{a}\right)^{-\frac{1}{2}} = ?$

26. $0,3x = \dfrac{1}{5} \Rightarrow x = ?$

27. $x + \dfrac{(x+1)^{\frac{1}{2}}}{\sqrt{x+1}} = 3 \Rightarrow x = ?$

28. $\dfrac{3 \cdot (12x-8)}{2x} = 12 \Rightarrow x = ?$

29. $2 \cdot 10^x = 34 \Rightarrow x = ?$

30. $\dfrac{5}{x} + \dfrac{7}{x} - \dfrac{10}{x} = 5 \Rightarrow x = ?$

31. I. $16x + 15y = 13$
    II. $4x + 3y = 3 \Rightarrow x = ?$ und $\Rightarrow y = ?$

32. $3x^2 - 10x + 3 = 0 \Rightarrow x = ?$

33. $\sqrt{8x+25} = -x - 2 \Rightarrow ?$

34. $\sqrt{x+5} - \sqrt{2x+3} = 1 \Rightarrow x = ?$

35. Herr Schröder verdient 1500 Euro pro Monat. Sein Lohn wird um 13 % erhöht. Wie viel verdient Herr Schröder nun?

36. Das Pro-Kopf-Einkommen in Burkina Faso betrug im Jahr 2003 300 US$, das in Benin 440 US$ (Quelle: Weltbank: World Development Indicators 2005). Um wie viel Prozent übersteigt das Pro-Kopf-Einkommen Benins jenes von Burkina Faso?

37. Auf Ihrem Konto liegen 600 Euro. Der jährliche Zinssatz beträgt 3,25 %. Wie viel Geld haben Sie in zwei Jahren auf Ihrem Konto?

38. Frau Schröder kauft beim Großhändler ein Fernsehgerät für 400 Euro. Sie erhält einen Preisnachlass von 20 %, muss aber auf den Kaufpreis 16 %

MwSt. zahlen. „Dann können wir also 4 % von 400 Euro abziehen", sagt der Händler. Ist das richtig?

39. Ein Bauer hält Schafe und Gänse, die zusammen 35 Köpfe und 94 Beine haben. Wie viele Schafe und Gänse besitzt er?

40. 72 Euro sollen gleichmäßig unter einer Anzahl Personen aufgeteilt werden. Würden 10 Personen mehr bei der Verteilung berücksichtigt, so bekäme jede Person 5 Euro weniger. Wie viele Personen sind es ursprünglich?

2.2 Lösungen

1. $(-9) + (-9) = -18$

2. $(-17) - (-16) = -1$

3. $(-7) \cdot (+5) = -35$

4. $(-5) \cdot (-7) = 35$

5. $(2a + by) - (2a - by) = 2a + by - 2a + by = 2by$

6. $0{,}4 : 0{,}2 = \frac{4}{10} : \frac{2}{10} = \frac{4}{10} \cdot \frac{10}{2} = 2$

7. $-0{,}25 - \frac{0{,}1}{4} = -\frac{1}{4} - \frac{0{,}1}{4} = -\frac{10}{40} - \frac{1}{40} = -\frac{11}{40} = -0{,}275$

8. $|3-6| - |7-9| = |-3| - |-2| = 3 - 2 = 1$

9. a) $\sum |x_i| = 12 + |-17| + 4 + 7 + |-5| + 13 = 58$

   b) $\sum x_i = 12 + (-17) + 4 + 7 + (-5) + 13 = 14$

10. Für die gegeben Werte ergibt sich mit $c = 2$:

x_{mn}	$j=1$	$j=2$	$j=3$
x_{1j}	4	4	6
x_{2j}	1	1	1
x_{3j}	5	3	0
x_{4j}	1	2	2

    $$\sum_{i=1}^{m}\sum_{j=1}^{n} c = c + c + c + \ldots + c = 12c$$

    $$\sum_{i=1}^{m}\sum_{j=1}^{n} cx_{ij} = 2 \cdot 4 + 2 \cdot 1 + 2 \cdot 5 + \ldots + 2 \cdot 0 + 2 \cdot 2 = 2 \cdot \sum_{i=1}^{m}\sum_{j=1}^{n} x_{ij} = 60$$

    $$\sum_{i=1}^{m}\sum_{j=1}^{n} (x_{1j} + x_{i3}) = (x_{11} + x_{13}) + (x_{12} + x_{13}) + (x_{13} + x_{13}) +$$
    $$+ (x_{11} + x_{23}) + (x_{12} + x_{23}) + (x_{13} + x_{23}) + (x_{11} + x_{33}) + (x_{12} + x_{33}) +$$
    $$+ (x_{13} + x_{33}) + (x_{11} + x_{43}) + (x_{12} + x_{43}) + (x_{13} + x_{43}) = 83$$

2.2 Lösungen

$$\sum_{i=1}^{m}\sum_{j=1}^{n} x_{1j}x_{i2} = (x_{11} \cdot x_{12}) + (x_{11} \cdot x_{22}) + (x_{11} + x_{32}) + ... + (x_{13} + x_{42}) =$$
$$= 4 \cdot 4 + 4 \cdot 1 + 4 \cdot 3 + 4 \cdot 2 + 4 \cdot 4 + 4 \cdot 1 + 4 \cdot 3 + 4 \cdot 2 +$$
$$+ 6 \cdot 4 + 6 \cdot 1 + 6 \cdot 3 + 6 \cdot 2 = 140$$

11. Die Produkte können ausgeschrieben werden:

$$\prod_{i=1}^{6} i = 1 \cdot 2 \cdot 3 \cdot 4 \cdot 5 \cdot 6 = 6! = 720$$

$$\prod_{i=2}^{5}\left(1 - \frac{1}{i}\right) = \left(1 - \frac{1}{2}\right) \cdot \left(1 - \frac{1}{3}\right) \cdot \left(1 - \frac{1}{4}\right) \cdot \left(1 - \frac{1}{5}\right) =$$
$$= \frac{1}{2} \cdot \frac{2}{3} \cdot \frac{3}{4} \cdot \frac{4}{5} = \frac{1}{5} = 0{,}2$$

12. $\sqrt{8x+25} = \sqrt{-2x+45} \Rightarrow 8x+25 = -2x+45 \Rightarrow 10x = 20 \Rightarrow x = 2$

13. $4^{-2} = \frac{1}{16}$

14. Die Lösung erfordert die Umformungen der drei Binomischen Formeln:
$$(a+b)^2 = a^2 + 2ab + b^2$$

15. $(a-b)^2 = a^2 - 2ab + b^2$

16. $(a+b)(a-b) = a^2 - b^2$

17. $(4a^2 + 5b^2)(4a^2 - 5b^2) = 16a^4 - 20a^2b^2 + 20a^2b^2 - 25b^4 = 16a^4 - 25b^4$

18. $\frac{3^a \cdot 3^b}{3^{a+b}} = \frac{3^{a+b}}{3^{a+b}} = 1$

19. $\frac{4xy \cdot 10 \cdot 5z^2}{5 \cdot 3z \cdot 2x^2} = \frac{200 \cdot xy \cdot z^2}{30 \cdot x^2 \cdot z} = \frac{20yz}{3x}$

20. $\frac{(a+2b)a}{ab(a-b)} - \frac{(2a+b)b}{ab(a-b)} = \frac{a^2+2ab-2ab-b^2}{ab(a-b)} = \frac{a^2-b^2}{ab(a-b)} = \frac{(a+b)(a-b)}{ab(a-b)} = \frac{a+b}{ab}$

21. $\frac{a^{12} \cdot a^3 \cdot a^4}{a^4 \cdot a^{10} \cdot a} = \frac{a^{19}}{a^{15}} = a^4$

22. Die Vereinfachung der Brüche ergibt:

    a) $\frac{2c(c+b)b}{8ac(b+c)} = \frac{b}{4a}$

    b) $\frac{4c(a-c)}{(a-c)+1} = \frac{4c(a-c)}{(a-c)+1}$

    c) $\frac{3x(a-c)^4}{9x^2(a-c)(a+c)} = \frac{(a-c)^3}{3x(a+c)}$

23. $a^{\frac{3}{4}} \cdot a^{\frac{1}{2}} = a^{\frac{3}{4}+\frac{1}{2}} = a^{\frac{5}{4}}$

24. $\dfrac{\sqrt[3]{a}\sqrt[6]{a}}{\sqrt[2]{a}} = \dfrac{a^{\frac{1}{3}} \cdot a^{\frac{1}{6}}}{a^{\frac{1}{2}}} = a^{\frac{1}{3}} \cdot a^{\frac{1}{6}} \cdot a^{-\frac{1}{2}} = a^{\frac{2}{6}} \cdot a^{\frac{1}{6}} \cdot a^{-\frac{3}{6}} = a^0 = 1$

25. $\sqrt{\dfrac{ab}{c}} \cdot \left(\dfrac{bc}{a}\right)^{-\frac{1}{2}} = \sqrt{\dfrac{ab}{c}} \cdot \sqrt{\dfrac{a}{bc}} = \dfrac{\sqrt{ab}}{\sqrt{c}} \cdot \dfrac{\sqrt{a}}{\sqrt{bc}} = \dfrac{\sqrt{aba}}{\sqrt{cbc}} =$
$= \dfrac{\sqrt{a^2}\cdot\sqrt{b}}{\sqrt{c^2}\cdot\sqrt{b}} = \dfrac{a}{c}$

26. $x = \dfrac{1}{5} \cdot \dfrac{10}{3} = \dfrac{2}{3}$

27. $x + \dfrac{(x+1)^{\frac{1}{2}}}{(x+1)^{\frac{1}{2}}} = 3 \Rightarrow x+1 = 3 \Rightarrow x = 2$

28. $\dfrac{36x-24}{2x} = 12 \Rightarrow 36x - 24 = 24x \Rightarrow 36x - 24x = 24 \Rightarrow 12x = 24 \Rightarrow x = 2$

29. $10^x = 17 \Rightarrow x = \log_{10} 17 = 1{,}230$

30. $\dfrac{5+7-10}{x} = 5 \Rightarrow \dfrac{2}{x} = 5 \Rightarrow x = \dfrac{2}{5}$

31. $x = \dfrac{13-15y}{16}$

$y = \dfrac{3-4x}{3} \Rightarrow y = \dfrac{3-4\left(\frac{13-15y}{16}\right)}{3} \Rightarrow 3y = 3 - \dfrac{13}{4} + \dfrac{15}{4}y \Rightarrow \dfrac{12}{4}y - \dfrac{15}{4}y = -\dfrac{1}{4} \Rightarrow y =$
$-\dfrac{1}{4} \cdot -\dfrac{4}{3} = \dfrac{1}{3}$

$x = \dfrac{13-15\cdot\frac{1}{3}}{16} = \dfrac{1}{2}$

Alternativ:
  I. $16x + 15y = 13$
  II. $4x + 3y = 3 \quad |\cdot(-4)$

daraus ergibt sich:
  I. $16x + 15y = 13$
  II. $-16x - 12y = -12$

Die Addition der beiden Zeilen ergibt:

$16x - 16x + 15y - 12y = 13 - 12 \Rightarrow 3y = 1 \Rightarrow y = \dfrac{1}{3}$

Einsetzen in Gleichung I. liefert: $16x + 15 \cdot \dfrac{1}{3} = 13 \Rightarrow x = \dfrac{1}{2}$

32. $3x^2 - 10x + 3 = 0$

Mit Hilfe der „Mondscheinformel" lassen sich quadratische Gleichungen

2.2 Lösungen

lösen:

$$x_{1;2} = \frac{-b \pm \sqrt{b^2-4ac}}{2a} = \frac{-(-10) \pm \sqrt{(-10)^2 - 4 \cdot 3 \cdot 3}}{2 \cdot 3} = \frac{10 \pm \sqrt{64}}{6} \Rightarrow$$

$$x_1 = 3\,;\, x_2 = \tfrac{1}{3}$$

33. $\sqrt{8x+25} = -x - 2 \Rightarrow 8x + 25 = x^2 + 4x + 4 \Rightarrow x^2 - 4x - 21 = 0$

$\Rightarrow x_{1;2} = \frac{4 \pm \sqrt{16+84}}{2} \Rightarrow x_1 = 7\,;\, x_2 = -3$

34. $\sqrt{x+5} - \sqrt{2x+3} = 1 \;|^2$

$x + 5 - 2\sqrt{(x+5)(2x+3)} + 2x + 3 = 1$

$x + 5 + 2x + 3 - 1 = 2\sqrt{(x+5)(2x+3)} \;|^2$

$(3x+7)^2 = 4(x+5)(2x+3)$

$x^2 - 10x - 11 = 0$

$x_{1;2} = \frac{-b \pm \sqrt{b^2-4ac}}{2a} = \frac{-(-10) \pm \sqrt{(-10)^2 - 4 \cdot 1 \cdot (-11)}}{2 \cdot 1} = \frac{10 \pm \sqrt{144}}{2} \Rightarrow$

$x_1 = 11\,;\, x_2 = -1$

Probe für: $x = \begin{cases} 11 : 4 - 5 \neq 1 \\ -1 : 2 - 1 = 1 \end{cases} \Rightarrow x = -1$

35. $L_{neu} = 1500 + 1500 \cdot 13\% = 1500(1 + 0{,}13) = 1695$ Euro

36. $GNI_{BF} + x \cdot GNI_{BF} = GNI_{BF}(1+x) = GNI_{Benin}$

$x = \frac{GNI_{Benin}}{GNI_{BF}} - 1 = \frac{440\$}{300\$} - 1 = 46{,}67\%$

37. $K_E = K \cdot (1 + 0{,}0325)^2 = 639{,}63$ Euro

38. Nein! Denn Frau Schröder muss diesen Betrag bezahlen:

$400 \cdot (1 - 0{,}2) \cdot (1 + 0{,}16) = 371{,}20$ Euro.

Der Vorschlag des Händlers würde sich zu dessen Gunsten und zu Lasten von Frau Schröder auswirken: $400 \cdot (1 - 0{,}04) = 384$ Euro sollte Fr. Schröder demnach bezahlen.

39. Ansatz zur Bestimmung der Anzahl der Köpfe (S=Schafe, G=Gänse):

I. $S + G = 35$

Ansatz zur Bestimmung der Anzahl der Beine:

II. $4S + 2G = 94$

Ia. Umformung der Formel I: $S = 35 - G$ und

Einsetzen in Formel II: $4(35 - G) + 2G = 94$ ergibt:

IIa. $140 - 4G + 2G = 94 \Rightarrow$

$46 = 2G$. Daraus ergibt sich die Anzahl der Gänse:

$G = 23$. Einsetzen in Formel I liefert die Anzahl der Schafe:

$S = 35 - 23 = 12$

Die Probe durch Einsetzen in Formel II bestätigt das Ergebnis:

$4 \cdot 12 + 2 \cdot 23 = 48 + 46 = 94$.

40. Es gilt: $\frac{72}{n} = x$ und $\frac{72}{n+10} = x - 5$.

Daraus folgt: $\frac{72}{n} = \frac{72}{n+10} + 5$

Durch Erweiterung erhält man: $\frac{72}{n} = \frac{72}{n+10} + 5 \cdot \frac{n+10}{n+10}$

$\frac{72}{n} = \frac{72}{n+10} + \frac{5n+50}{n+10}$

$72n + 720 = 72n + 5n^2 + 50n$

$5n^2 + 50n - 720 = 0$

$x_{1;2} = \frac{-b \pm \sqrt{b^2 - 4ac}}{2a} = \frac{-50 \pm \sqrt{50^2 - 4 \cdot 5 \cdot (-720)}}{2 \cdot 5} = \frac{-50 \pm \sqrt{16900}}{10} = \frac{-50 \pm 130}{10} \Rightarrow$

$x_1 = 8; (x_2 = -18)$

Es sind 8 Personen unter denen die Aufteilung stattfindet.

3 Ursprünge der Statistik und Forschungsprozess

3.1 Aufgaben

Die Lösungen dieser Aufgaben finden Sie ab S. 17.

3.1.1 Aufgabe

Nennen Sie die drei Hauptströmungen („Metatheorien") der Politikwissenschaft und ihre wichtigsten Vertreter. Welche dieser Schulen verwendet vor allem empirische Methoden?

3.1.2 Aufgabe

Erklären Sie die Begriffe „Empirie", „Hypothese", „Theorie" und „Methode".

3.1.3 Aufgabe

Was sind die wichtigsten historischen Wurzeln der Statistik? Erläutern Sie diese näher.

3.1.4 Aufgabe

Nennen Sie wichtige nationale und internationale Produzenten von Statistiken.

3.1.5 Aufgabe

In welche Bereiche kann man die Statistik unterteilen?

3.1.6 Aufgabe

Beschreiben Sie den „Kreislauf der Wissenschaft". Erläutern Sie die Begriffe „Induktion" und „Deduktion" und grenzen Sie diese voneinander ab.

3.1.7 Aufgabe

Erläutern Sie das „Condorcet-Paradoxon" und seine politische Relevanz.

3.1.8 Aufgabe

In welche Phasen kann man den sozialwissenschaftlichen Forschungsprozess einteilen? Erläutern Sie diese näher.

3.2 Lösungen

3.2.1 Lösung der Aufgabe 3.1.1

Die Hauptströmungen der Politikwissenschaft sind:

- die normativ-ontologische Schule (Vertreter: Ernst Fraenkel, Arnold Bergstraesser, Carl Joachim Friedrich und Wilhelm Hennis);

- die kritisch-dialektische Schule mit den Hauptströmungen des Marxismus, Neo-Marxismus und der Frankfurter Schule (Max Horkheimer, Theodor Adorno, Herbert Marcuse und Jürgen Habermas);

- die empirisch-analytische Schule, in der Karl R. Poppers Kritischer Rationalismus besondere Bedeutung gewonnen hat und die sich in besonderer Weise auf empirische Methoden stützt.

3.2.2 Lösung der Aufgabe 3.1.2

- „Empirie bezeichnet die auf Sinneserfahrung, Beobachtung, Messung, Experiment und andere Verfahren gründende wissenschaftliche Erkenntnis." (Nohlen 1998: 88)

- Eine Hypothese kann als begründete Vermutung über Art, Stärke und Richtung des Zusammenhangs zweier oder mehrerer Variablen definiert werden.

- Eine Theorie besteht aus mehreren, logisch widerspruchsfreien Hypothesen, die in einem inhaltlichen Zusammenhang stehen.

- Methoden sind planmäßige Handlungsanleitungen, die helfen ein vorgegebenes Ziel systematisch zu erreichen. Ein Forscher muss sich die selbst gewählte Methodologie bewusst machen und die daraus folgenden Handlungsregeln einhalten. Um die Nachprüfbarkeit seiner Forschungsergebnisse zu gewährleisten, sollte er seine Forschungsmethode zu Beginn seines Forschungsberichtes genau darlegen und alle daraus resultierende Handlungsregeln angeben.

3.2.3 Lösung der Aufgabe 3.1.3

Historische Wurzeln der Statistik sind die:

- praktische Statistik: Bereits in der Antike wurden Informationen mit statistischen Vollerhebungen (Volkszählung, Steuerlisten) beschafft.

- Universitätsstatistik: Seit Beginn der Neuzeit werden Ländervergleiche mit Hilfe deskriptiver Statistiken unternommen.

- Politische Arithmetik: Dieser Forschungszweig versuchte ab dem 17. Jh. Gesetzmäßigkeiten in Wirtschaft und Gesellschaft zu finden. Eine Hauptleistung war die Analyse der Ursachen für Pestepedemien in London mit Hilfe von Geburten- oder Sterbetafeln.

- Wahrscheinlichkeitsrechnung (oder Stochastik): Diese hat ihre Wurzeln in den Bemühungen von Glücksspielern, die Gesetze des Zufalls zu studieren und zu nutzen. Wichtig ist die Wahrscheinlichkeitsrechnung noch heute als Grundlage für die Untersuchung von Stichproben und die Durchführung von Umfragen.

3.2.4 Lösung der Aufgabe 3.1.4

Wichtige nationale und internationale Daten werden u.a. erhoben von:

- EUROSTAT (Statistisches Amt der EU-Kommission) (http://ec.europa.eu/eurostat/)

- OECD (Organisation for Economic Co-operation and Development) (http://www.oecd.org/)

- IMF (International Monetary Fund) (http://www.imf.org/)

- ILO (International Labour Organisation) (http://www.ilo.org/)

- FAO (Food and Agriculture Organisation) (http://www.fao.org/)

- WTO (World Trade Organisation) (http://www.wto.org/)

3.2.5 Lösung der Aufgabe 3.1.5

Die deskriptive (oder: beschreibende) Statistik versucht mit Hilfe von Kennzahlen, Indizes und Graphiken Daten zu beschreiben, zusammenzufassen und übersichtlich darzustellen. Die induktive (oder schließende) Statistik gewinnt Aussagen aus Teilmengen und Stichproben und verallgemeinert diese für die Grundgesamtheit.

3.2.6 Lösung der Aufgabe 3.1.6

Wissenschaftliche Aussagen können aus der Beobachtung von Einzelfällen gewonnen werden. Die induktive Vorgehensweise gewinnt Theorien aus der Verallgemeinerung einzelner Beobachtungsfälle: Informationen, die mittels empirischer Methoden wie Befragung, Beobachtung oder Experiment gewonnen werden, beruhen immer auf einer endlichen Zahl von Beobachtungsfällen. Eine mittels Induktion gewonnene Theorie überträgt den Geltungsbereich der Aussagen über die beobachteten auf alle möglichen Fälle.

Die Deduktion hingegen leitet Hypothesen logisch und widerspruchsfrei von gegebenen Theorien ab. Die getroffenen Hypothesen sollten mit den empirischen Beobachtungen vereinbar sein. Ist dies nicht der Fall, lässt das nur den logischen Rückschluss zu, dass die ursprüngliche Theorie falsch gewesen sein muss. Durch die permanente Überprüfung bestehender Theorien anhand empirischer Beobachtungen und durch die Verbesserung oder Neuformulierung der Theorien entsteht der so genannte ‚Kreislauf der Wissenschaft': Theoriebildung und Beobachtung lösen sich gegenseitig ab und entwickeln sich dadurch ständig weiter.

3.2.7 Lösung der Aufgabe 3.1.7

Das Condorcet-Paradoxon zeigt, dass Abstimmungen nach der Mehrheitsregel unerwünschte Folgen haben können.

Gegeben sind folgende Präferenzordnungen dreier Entscheidungsträger:

		Person		
		I	II	III
	1.	A	C	B
Rangordnung der Alternativen	2.	B	A	C
	3.	C	B	A

In diesem Beispiel müssen sich drei Personen (die Wähler I, II, III) auf eine von drei Entscheidungsmöglichkeiten (A, B oder C) einigen. Sie beschließen, zwei Wahlgänge durchzuführen und dabei jeweils über zwei Alternativen mit der Mehrheitsregel abzustimmen: Es wird zunächst über die Alternativen A und B abgestimmt. Danach wird der Gewinner dieser Wahl gegen C zur Abstimmung gestellt.

In diesem Fall werden Person I und II zunächst im ersten Wahlgang die Alternative A der Wahl von B vorziehen und die Alternative A würde somit 2:1 gegen die Alternative B gewinnen. Denn für Person I ist A die erste Präferenz. Erst danach wünscht Person I die Alternative B und zuletzt, an dritter Stelle, möchte sie C. Auch Wähler II zieht A der Alternative B vor. Nur Person III hätte lieber B als A.

Nach diesem Wahlgang ist die Alternative B gegen A ausgeschieden.

Nun wird die Alternative A der Alternative C gegenübergestellt. C gewinnt diese Wahlentscheidung mit den Stimmen von Person II und III und wird somit als Wahlentscheidung der Gruppe verwirklicht. Würde hingegen der Wahlleiter zuerst über die Alternative B gegen C und danach den Sieger daraus gegenüber A abstimmen lassen, würde die Entscheidung auf A fallen.

Die Abstimmungsreihenfolge ist also bei dieser Präferenzordnung für das Ergebnis ausschlaggebend. Ein Sitzungs- oder Abstimmungsleiter könnte sich diese Tatsache zunutze machen und die Abstimmungsreihenfolge so wählen, dass die von ihm persönlich gewünschte Alternative die Wahl gewinnt.

Die Ursache für dieses paradoxe Abstimmungsergebnis liegt in den Präferenzen der Wähler begründet und führt zu zyklischen Präferenzen. Die Präferenzen innerhalb der Gruppe (d.h. die Abstimmungsergebnisse) lassen sich mit Hilfe des Zeichens für „besser als" $\prec$ ausdrücken: $A \prec B \prec C \prec A$. Man kann daran erkennen, dass sich keine eindeutige Reihenfolge der Ergebnisse bilden lässt, sondern sich eine Kette bildet, die der Wahlleiter geschickt an einer Stelle abbrechen kann.

3.2.8 Lösung der Aufgabe 3.1.8

Phasen des Forschungsprozesses

a) nach Patzelt (1985):

1. **Konzeptualisierungsphase**: Als erster Schritt eines Forschungsprozesses muss die Fragestellung erarbeitet und präzise formuliert werden. Der Forscher muss sich über den theoretischen Zugang zu seinem Untersuchungsgegenstand bewusst werden und dann daraus i.d.R. direkt Hypothesen als mögliche Antworten auf die untersuchte Fragestellung formulieren. In der Konzeptualisierungsphase werden auch bereits Operationalisierungen der in den Hypothesen verwendeten Konstrukte ausgewählt und Analysemethoden festgelegt.

2. **Datenerhebungsphase**: In dieser wichtigen, und mitunter als sehr zeitintensiv einzuplanenden Phase der Untersuchung, müssen systematisch die zur Operationalisierung benötigten Daten erhoben werden. Wichtig ist, dass das erforderliche Datenmaterial, wie in der Konzeptualisierungsphase festgelegt, erhoben werden muss. Schwierigkeiten in der Datengewinnung, die zu Abweichungen von dem benötigten Material führen, verschlechtern die Aussagekraft des Analyseergebnisses. Die Erstellung eines geeigneten Datensatzes ist eine wichtige wissenschaftliche Leistung. In der *science community* werden Datensätze üblicherweise anderen interessierten Forschern zugänglich gemacht. Deshalb ist bei der Erstellung eines Datensatzes darauf zu achten, dass dieser auch von anderen Personen benutzt werden kann (z.B. durch aussagekräftige Benennungen der Variablen und das Erstellen eines Codebuches).

3. **Auswertungsphase**: In diesem Abschnitt des Forschungsprozesses, werden die in der Konzeptualisierungsphase für angemessen erachteten Untersuchungsmethoden auf das gewonnene Datenmaterial angewendet um die Forschungsfrage nachvollziehbar zu beantworten. Im Forschungsprozess auftretende Abweichungen vom Untersuchungsplan der Konzeptualisierungsphase können Anpassungen der Analysemethoden notwendig machen. Beispielsweise könnten einzelne Variablen aufgrund zu enger Beziehungen mit anderen Variablen aus multivariaten Modellen ausgeschlossen

werden (s. Kapitel 11). Dies kann in der Auswertungsphase berücksichtigt werden; muss aber deutlich im Forschungsbericht vermerkt werden um die Nachprüfbarkeit der erzielten Ergebnisse sicherzustellen.

4. **Interpretationsphase**: Die Ergebnisse der Forschungsarbeit müssen hier klar und verständlich präsentiert werden. Kann die Forschungsfrage mit einer der aus den Theorien abgeleiteten Hypothesen beantwortet werden? Wie lassen sich die Ergebnisse im Hinblick auf den Untersuchungsgegenstand interpretieren? War die gewählte Analysemethode geeignet um das Datenmaterial zu analysieren? Kann ein Ausblick auf weitere Forschungsaufgaben gegeben werden? Was muss getan werden um das Verständnis des Untersuchungsgegenstandes zu verbessern?

b) nach Bortz (2005: 2):

1. **Erkundungsphase**: Sie dient der inhaltlichen, räumlichen und zeitlichen Abgrenzung des Untersuchungsgegenstandes und sollte zur expliziten Formulierung der Forschungsfrage führen.

2. Die **theoretische Phase** dient der Festlegung der theoretischen Perspektive aus der die Fragestellung bearbeitet werden soll. Aus der gewählten Theorie lassen sich hypothetische Wirkungszusammenhänge zur Beantwortung der Fragestellung ableiten.

3. In der **Planungsphase** müssen die theoretisch vermuteten Zusammenhänge in empirisch fassbare Variablen übersetzt – d.h. operationalisiert – werden. Zudem werden Untersuchungsmethoden ausgewählt mit denen sich derartige Daten analysieren lassen.

4. In der **Untersuchungsphase** begibt sich der Wissenschaftler in sein „Forschungsfeld" und sammelt entlang seiner theoretischen Landkarte die notwendigen Informationen.

5. Diese Daten werden in der **Auswertungsphase** mit Hilfe der festgelegten Methoden untersucht.

6. In der **Entscheidungsphase** schließlich muss eine Entscheidung zwischen den theoretischen Angeboten verschiedener Hypothesen getroffen werden. Welcher theoretisch vermutete Zusammenhang hat sich in der Empirie bestätigt, welche Hypothesen haben sich als falsch herausgestellt?

4 Grundbegriffe der Statistik

4.1 Aufgaben

Die Lösungen dieser Aufgaben finden Sie ab S. 26.

4.1.1 Aufgabe

Grenzen Sie Merkmal, Merkmalsträger, Merkmalsausprägung und Merkmalswert voneinander ab.

4.1.2 Aufgabe

Welche Skalenniveaus kennen Sie und wodurch zeichnen sich diese aus? Geben sie zu jedem Skalenniveau zwei Beispiele an.

4.1.3 Aufgabe

Erklären Sie folgende Begriffe:

- Variable
- Validität
- Reliabilität
- Objektivität
- Repräsentativität

4.1.4 Aufgabe

Erläutern Sie das Adäquationsproblem anhand eines selbstgewählten Beispiels.

4.1.5 Aufgabe

Wie kann man allgemein einen Begriff definieren?

4.1.6 Aufgabe

Was ist der Unterschied zwischen einer statistischen Einheit und einer statistischen Masse?

4.1.7 Aufgabe

Was sind Bestands- und Bewegungsmassen? Erläutern Sie, was man unter einer Fortschreibung versteht.

4.1.8 Aufgabe

Handelt es sich bei den folgenden Variablen um Bestands- oder Bewegungsmassen?

- Abgeordnete im Deutschen Bundestag
- Geburten in Deutschland im Jahr 2009
- Studienabbrecher im Jahr 2009 an einer Universität
- Professoren in einem bestimmten Fachbereich
- Exporte der Bundesrepublik Deutschland
- Schuldenstand der Bundesrepublik Deutschland zum 31.12.2009

4.1 Aufgaben

4.1.9 Aufgabe

Was bedeutet ‚diskret' und ‚stetig'?

Welche der folgenden Merkmale sind stetig bzw. diskret?

- Beruf
- Nationalität
- Einkommen
- Alter
- Dauer der Regierungsbeteiligung einer Partei
- Stimmenanteil einer Partei
- Parlamentssitze einer Partei

4.1.10 Aufgabe

Ist es möglich, ein stetiges in ein diskretes Merkmal zu überführen? Ist dies auch umgekehrt möglich?

4.2 Lösungen

4.2.1 Lösung der Aufgabe 4.1.1

Das ‚Merkmal' ist die interessierende Eigenschaft, die an einem Untersuchungsobjekt – dem Merkmalsträger – beobachtet wird. Die bei einem bestimmten Objekt beobachtete Eigenschaft wird ‚Merkmalsausprägung' für diesen Fall genannt. Die möglichen Merkmalsausprägungen sollten vor dem Beginn der Erhebung abgegrenzt und erfasst werden, so dass jeder realen Ausprägung eindeutig ein zuvor festgelegtes Symbol oder eine Ziffer zugeordnet werden kann.

Beispiel: Für das Merkmal Religionszugehörigkeit von Hörern einer Vorlesung (= Merkmalsträger) wird bei einer bestimmten Person die Merkmalsausprägung „katholisch" festgestellt. Unter der Festlegung „katholisch" = 1, „protestantisch" = 2, „sonstige" = 3 wird diese Person also mit dem Merkmalswert „1" kodiert.

4.2.2 Lösung der Aufgabe 4.1.2

- **Nominalskala:** In diesem Fall haben die Merkmalsausprägungen keine natürliche Rangfolge. Deshalb sind nur Aussagen über Gleichheit oder Ungleichheit von Merkmalsausprägungen möglich. Beispiele sind die Merkmale „Beruf" oder „Nationalität". Mit nominalen Merkmalen können Häufigkeiten, der Modus und bestimmte Zusammenhangsmaße berechnet werden.

- **Ordinalskala:** Die Merkmalsausprägungen haben eine natürliche Ordnung, aber die Abstände zwischen den Ausprägungen sind nicht interpretierbar. Neben Aussagen über Gleichheit oder Ungleichheit können auch größer-/kleiner-Relationen festgestellt werden. Beispiele hierfür sind die Variablen „Schulnoten", „links-/rechts-Skalen für Parteien" oder „militärische Ränge". Neben Häufigkeiten und dem Modus können für dieses Skalenniveau auch der Median und Rangkorrelationen ermittelt werden.

- **Intervallskala:** Die Merkmalsausprägungen besitzen eine natürliche Reihenfolge, deren Abstände quantifizierbar sind. Beispiele sind „Temperaturskalen" oder „Intelligenzquotienten". Zusätzlich zu den Aussagen und

Operationen, die für das Ordinalskalenniveau zulässig sind, kann auch addiert und subtrahiert sowie das arithmetische Mittel, die Varianz oder der Pearsonsche-Korrelationskoeffizient berechnet werden.

- **Verhältnisskala:** Mit Merkmalsausprägungen, die eine natürliche Rangfolge mit quantifizierbaren Abständen und einen absoluten Bezugspunkt (Nullpunkt) besitzen, können neben den zuvor genannten Operationen auch noch Produkte und Quotienten sowie das geometrische und das harmonische Mittel gebildet werden. Beispiele hierfür sind „Längen- oder Gewichtsmaße", aber auch „Einkommen", „Vermögen" oder „Stimmenanteile einer Partei bei Wahlen".

4.2.3 Lösung der Aufgabe 4.1.3

- **Variablen** sind Merkmale, die unterschiedliche Werte annehmen können. Weist ein Merkmal immer identische Ausprägungen auf, so spricht man von einer „Konstanten".

- Die **Validität** (oder ‚Gültigkeit' bzw. ‚Güte') einer Messung gibt an, wie genau ein Messinstrument das misst, was erhoben werden soll. Da theoretische Konstrukte (wie z.B. „Inflation") erst über eine geeignete Operationalisierung messbar gemacht werden müssen um sie empirisch zu erfassen, drückt die Validität der Messung aus, wie gut dies gelingt. Es lassen sich „Konstruktvalidität" (d.h. wie gut die Operationalisierung das Konstrukt erfasst), „Kriteriumsvalidität" (d.h. wie gut die gewählte Operationalisierung das Konstrukt im Vergleich zu alternativen Operationalisierungsmöglichkeiten erfasst) und „Inhaltsvalidität" (d.h. wie erschöpfend umfasst eine Operationalisierung alle Aspekte eines Konstruktes) unterscheiden.

- **Reliabilität** (oder ‚Zuverlässigkeit') drückt aus, inwieweit zufällige Einflüsse zurückgedrängt werden können. Bei der wiederholten Messung eines Objektes mit dem gleichen Messinstrument sollten die gleichen Messwerte auftreten. Wenn also keine Zufallsfehler auftreten (d.h. die Reliabilität sehr hoch ist), sollte bei unveränderten Rahmenbedingungen immer das annähernd gleiche Messergebnis vorliegen.

- **Objektivität** bezeichnet die Unabhängigkeit einer Aussage von der Perspektive des Beobachters. Eine Messaussage spiegelt dann die Wirklichkeit objektiv wieder, wenn individuelle Faktoren des Beobachters keine Rolle spielen und so verschiedene Forscher bei Anwendung des gleichen Messinstruments auch den gleichen Gegenstand wahrnehmen.

- **Repräsentativität** gibt an, wie typisch eine gezogene Stichprobe für die zu untersuchende Eigenart der Grundgesamtheit ist. Nur für eine gut gewählte Stichprobe ist eine Übertragung der daraus gewonnenen Erkenntnisse auf die Grundgesamtheit zulässig. Die Merkmalsträger der Stichprobe sollten sich daher in dem untersuchten Merkmal so wenig wie möglich von den Merkmalsträgern der Grundgesamtheit unterscheiden.

4.2.4 Lösung der Aufgabe 4.1.4

In den Sozialwissenschaften sind – anders als in den Naturwissenschaften – viele Merkmale nicht direkt messbar, weil es sich um theoretische Konstrukte wie Wohlstand, Gerechtigkeit oder politische Stabilität handelt. Um diese theoretischen Konzepte kodierbar zu machen (d.h. zu operationalisieren), müssen messbare Annäherungen oder Indikatoren gefunden werden, so genannte ‚statistische Gattungsbegriffe'. Entscheidend dabei ist, dass der messbare statistische Gattungsbegriff dem theoretischen Konstrukt (Idealtypus) möglichst nahe kommt. Das Messkonzept soll den theoretischen Begriff möglichst exakt widerspiegeln. Man spricht dabei vom „Prinzip der minimalen logischen Diskrepanz zwischen Idealtypus und statistischem Gattungsbegriff".

Zum Beispiel kann das theoretische Konstrukt der Preissteigerung (Inflation) nicht direkt gemessen werden. Was aber könnte ein geeignetes Messkonzept zur empirischen Bestimmung der Preissteigerung sein? Die Beobachtung eines einzelnen Preises (z.B. den für Luxuswagen) würde zwar Preisveränderungen auf eine einfach zu erhebende Art anzeigen, jedoch ist diese Messung nicht geeignet um die allgemeine Preissteigerung zu bestimmen. Es ist also angemessener, einen „durchschnittlichen" Warenkorb zusammenzustellen, wie ihn ein durchschnittlicher deutscher Verbraucher konsumiert. Mit diesem „Preisindex der Lebenshaltung" kommt man nun dem Idealtypus der allgemeinen Preissteigerungsrate recht nahe, doch ist seine Messung sehr aufwendig und inhaltlich angreifbar: Die Zusammenstellung des Warenkorbes muss ständig angepasst werden und differiert international sehr stark. Das Statistische Amt der Europäischen Kommission (EUROSTAT) verwendet zur Erhebung der Inflation, die als „Euro-Kriterium" nach dem Vertrag von Maastricht und für den Stabilitäts- und Wachstumspakt von großer politischer Bedeutung ist, den Harmonisierten Verbraucherpreisindex (HVPI).

4.2.5 Lösung der Aufgabe 4.1.5

Zur Definition eines Begriffes kann man entweder auf eine bereits vorhandene und festgestellte (etymologische) Definition zurückgreifen oder selbst (subjektiv) eine Definition festlegen. Beim Festlegen einer Definition kann man das zu Definierende (Definiendum) mit einer Nominaldefinition auf einen anderen Begriff zurückführen oder mit einer Realdefinition näher beschreiben und eingrenzen.

Eine dritte Unterscheidung betrifft die Art der Definition: Es gibt deskriptive (beschreibende) Definitionen und präskriptive (normative) Definitionen, welche angeben wie etwas sein soll.

4.2.6 Lösung der Aufgabe 4.1.6

Eine statistische Einheit ist ein einzelnes Untersuchungsobjekt (z.B. ein Wähler, ein Unternehmen, ein Staat oder eine Partei). Eine Menge solcher Untersuchungsobjekte wird als statistische Masse (z.B. alle OECD-Länder oder alle zur Bundestagswahl zugelassenen Parteien) bezeichnet. Ein einzelner Schüler kann eine statistische Einheit darstellen, wenn einzelne Noten interessieren. In diesem Falle wäre seine Schulklasse eine statistische Masse, weil die Noten mehrerer Untersuchungsobjekte betrachtet würden. Wird hingegen der Notendurchschnitt einer Schulklasse mit den Parallelklassen verglichen, stellt die einzelne Klasse eine statistische Einheit und die gesamte Schule die statistische Masse dar.

4.2.7 Lösung der Aufgabe 4.1.7

Bestandsmassen, wie z.B. Einwohner einer Stadt, beziehen sich auf einen Zeitpunkt (z.B. den Stichtag 1. Januar). Bewegungsmassen, wie z.B. Zuzüge in eine Stadt, beziehen sich auf einen Zeitraum (z.B. auf das ganze Jahr 2009). Mit Hilfe einer Fortschreibung können Bestands- und Bewegungsmassen miteinander verknüpft werden. Eine Bestandsmasse, z.B. die Einwohnerzahl vom 1. Januar 2010, kann mit Hilfe einer Bewegungsmasse ermittelt werden: Wenn die Bestandszahl (Stand 1. Januar 2009) bekannt ist, kann sie mit der zugehörigen Bewegungsmasse (den Netto-Zuzügen im Gesamtjahr 2009) aktualisiert werden.

4.2.8 Lösung der Aufgabe 4.1.8

- Abgeordnete im Deutschen Bundestag → Bestandsmasse (zeitpunktbezogen)

- Geburten in Deutschland im Jahr 2008 → Bewegungsmasse (zeitraumbezogen)

- Studienabbrecher im Jahr 2008 an einer Universität → Bewegungsmasse (zeitraumbezogen)

- Professoren in einem bestimmten Fachbereich → Bestandsmasse (zeitpunktbezogen)

- Exporte der Bundesrepublik Deutschland → Bewegungsmasse (zeitraumbezogen)

- Schuldenstand der Bundesrepublik Deutschland zum 31.12.2008 → Bestandsmasse (zeitpunktbezogen)

4.2.9 Lösung der Aufgabe 4.1.9

Ein diskretes Merkmal hat deutlich unterscheidbare und deshalb abzählbar viele Ausprägungen (z.B. Kinder in einer Familie). Zwischen den einzelnen Ausprägungen gibt es keine Zwischenstufen (z.B. 1,4 Kinder in einer Familie). Stetige Merkmale haben keine deutlich zu unterscheidenden Ausprägungen, sondern

4.2 Lösungen

weisen ein Kontinuum von Ausprägungen auf, die fließend ineinander übergehen (z.B. Köpergröße eines Menschen). Zwischen zwei Ausprägungen ließen sich beliebig viele Zwischenstufen ausmachen, wenn die Messgenauigkeit erhöht würde. Das Merkmal Körpergröße bei Menschen ist ein Kontinuum im Intervall [0,3 - 2,3 m]. Zur besseren Unterscheidung werden cm-Intervalle gebildet. So fallen z.B. zwei Personen mit den Größen 1,7432 m und 1,7468 m in das Intervall [1,740 - 1,7499 m] und werden mit 1,74 m kodiert. Es wäre jedoch möglich, genauere Messungen dieses stetigen Merkmals anzustellen und kleinere Intervalle, z.B. in 5-mm-Schritten zu bilden. Im Extremfall würde dann jeder Merkmalsträger eine eigene Kategorie bilden.

Zwischen den beiden Polen „stetig" oder „diskret" können „approximativ stetige" Merkmale verortet werden. D.h. zwischen zwei Merkmalsausprägungen gibt es abzählbar viele Zwischenstufen. Soll das Merkmal „Monatseinkommen" an den Bundesbürgern erhoben werden, kann dies auf den Cent genau erfolgen und ist damit einerseits diskret. Da die Betrachtung aller unterschiedlichen Cent-Beträge wenig hilfreich ist, werden die „Sprünge" zwischen den einzelnen Cent-Beträgen übersehen und das Merkmal „Monatseinkommen" praktisch stetig verwendet. In der Praxis werden häufig noch größere Klassen gebildet (wie z.B. auf 500 Euro genau: [0 - 500 Euro], [500 - 1.000 Euro], [1.000 - 1.500 Euro]), da die Aussagekraft meist ausreichend ist und die Erhebung deutlich erleichtert wird. So machen viele Menschen zu sensiblen Fragen wie Einkommen meist nur vage Angaben.

- Beruf: diskret

- Nationalität: diskret

- Einkommen: approximativ stetig

- Alter: approximativ stetig

- Dauer der Regierungsbeteiligung einer Partei: stetig

- Stimmenanteil einer Partei: stetig

- Parlamentssitze einer Partei: diskret

4.2.10 Lösung der Aufgabe 4.1.10

Stetige Merkmale können sich u.U. schon durch die vorgegebene Messgenauigkeit wie diskrete Merkmale verhalten, oder sie werden absichtlich in diskrete Stufen eingeteilt. Größen sind typische Beispiele für stetige Merkmale: Je nachdem, ob auf cm oder μm genau gemessen werden kann, können unterschiedliche Einteilungen erfolgen. Typischerweise wird bei Körpergrößen in cm gemessen, da die dabei erreichte Genauigkeit vollkommen ausreicht.

Umgekehrt können auch diskrete Merkmale wie stetige Merkmale behandelt werden. So wird beispielsweise eine durchschnittliche Kinderzahl von 0,83 Kindern pro Haushalt angegeben und damit quasi stetig gebraucht, obwohl die Anzahl der Kinder in einem Haushalt aber eigentlich ein diskretes Merkmal ist.

5 Datenerhebung und Datenaufbereitung

5.1 Aufgaben

Die Lösungen dieser Aufgaben finden Sie ab S. 36.

5.1.1 Aufgabe

Welche Methoden der Daten- und Informationsgewinnung gibt es?

5.1.2 Aufgabe

Erläutern Sie die Begriffe:
- Befragung,
- Beobachtung,
- Experiment,
- Inhaltsanalyse und
- Panel.

5.1.3 Aufgabe

Welche unterschiedlichen Arten der Befragung gibt es?
Erläutern Sie deren Vor- und Nachteile.

5.1.4 Aufgabe

Worauf sollte man bei dem Entwurf eines Fragebogens achten?

Welche Fragentypen kennen Sie und wodurch zeichnen sich diese aus?

5.1.5 Aufgabe

Bei der Erstellung eines Fragebogens ist die Fragenformulierung von zentraler Bedeutung. Welche Regeln sollte man dabei beachten?

5.1.6 Aufgabe

Was sind Vor- und Nachteile von Befragungen im Internet?

5.1.7 Aufgabe

Erläutern Sie die Vorgehensweise bei einem Panel. Was sind besondere Probleme dieser Methode?

5.1.8 Aufgabe

Welche Auswahlverfahren, die auf dem Zufallsprinzip beruhen, kennen Sie? Wodurch zeichnen sich diese jeweils aus?

5.1.9 Aufgabe

Erklären Sie kurz die unterschiedlichen Auswahlverfahren einer bewussten Auswahl.

5.1.10 Aufgabe

Auf welche (vier) Schritte ist bei der Datenaufbereitung zu achten?

5.1 Aufgaben

5.1.11 Aufgabe

Erklären Sie kurz folgende Begriffe:

- Halo-Effekt
- Hybridfrage
- RLD-Verfahren
- CATI

5.2 Lösungen

5.2.1 Lösung der Aufgabe 5.1.1

Bei der Bearbeitung einer Forschungsfrage besteht einerseits immer die Möglichkeit Daten neu zu erheben (Primärerhebung oder ausgelöste Statistik). Dabei können das Forschungsdesign und der Erhebungsmodus speziell auf das interessierende Thema zugeschnitten werden, so dass die Daten das Adäquationsproblem optimal lösen.

Andererseits kann man auf bereits vorhandenes Datenmaterial zurückgreifen (Sekundärstatistik). Es wird sich aber nicht immer Datenmaterial finden lassen, das exakt auf die Fragestellung zugeschnitten ist. Deshalb müssen die Daten u.U. aus mehreren verschiedenen Quellen gesammelt und zusammengefügt werden.

Primärerhebungen lassen sich in einmalige oder laufende Erhebungen (Panel) unterscheiden. Für Sekundärstatistiken kann man auf Datenmaterial der amtlichen Statistik (EUROSTAT, Mikrozensus, statistische Bundes- und Landesämter, etc.) oder auf nicht amtliches, also privates oder kommerzielles Material (z.B. Allbus oder Forschungsinstitute) zurückgreifen. Die wichtigsten Methoden einmaliger Erhebungen sind Befragung, Beobachtung, Experiment und Inhaltsanalyse.

5.2.2 Lösung der Aufgabe 5.1.2

- **Befragungen** sind das wohl wichtigste und am häufigsten angewandte Verfahren zur Gewinnung sozialwissenschaftlicher Daten. Am bekanntesten sind Wahl- und Meinungsumfragen, die von verschiedenen namhaften Instituten (z.B. forsa Gesellschaft für Sozialforschung und statistische Analysen mbH, Forschungsgruppe Wahlen, Gesellschaft für Markt- und Sozialforschung mbH, Infratest dimap, Institut für Demoskopie Allensbach und TNS Emnid) in regelmäßigen Abständen durchgeführt werden und die für die Politikgestaltung von großer Bedeutung sind.

- **Beobachtungen** spielen in der Politikwissenschaft als spezifische Form der Datenerhebung eine untergeordnete Rolle. Sie sind dadurch gekennzeichnet, dass sie ohne verbale Kommunikation zwischen Untersuchungs-

5.2 Lösungen

objekt und Untersuchungsleiter ablaufen. Man unterscheidet zwischen direkter (auf das Verhalten gerichteter) und indirekter (auf die Wirkung des Verhaltens abzielender) Beobachtung. Wissentliche (offene) oder unwissentliche (verdeckte) Beobachtungen finden mit bzw. ohne Wissen des Untersuchungsobjektes statt. Ein weiterer Unterschied liegt schließlich in der teilnehmenden und der nicht-teilnehmenden Beobachtung: Bei der nicht-teilnehmenden Beobachtungen darf keinerlei Kontakt zwischen Beobachtern und Untersuchungspersonen stattfinden um diese nicht in ihrem Verhalten zu beeinflussen.

- **Das Experiment** (von lat. *experimentum*: Beweismittel, Versuch, Probe, Prüfung) ist eine Forschungsmethode, die es Wissenschaftlern erlaubt die unabhängigen Variabeln und das Umfeld einer Ursache-Wirkungsbeziehung vollständig zu kontrollieren. Experimente sind vor allem in den Naturwissenschaften von großer Bedeutung, gewinnen aber auch in den Wirtschafts- und Sozialwissenschaften an Relevanz. In den Sozialwissenschaften besteht das Problem, dass viele Sachverhalte sich nicht unter kontrollierten Bedingungen und vor allem nicht wiederholt beobachten lassen. Eine Ausnahme ist die Entwicklung der Spieltheorie, die durch die experimentelle Überprüfung von Verhaltensannahmen vorangetrieben wurde. Die Interaktionen der Akteure können z.B. mit Computerprogrammen simuliert werden, wie dies mit beachtlichem Erfolg von dem relativ jungen Forschungszweig der *Behavioral Economics* unternommen wird.

- **Inhaltsanalysen** gewinnen in der sozialwissenschaftlichen Forschung zunehmend an Bedeutung. So werden schriftliche Informationen ausgewertet (z.B. Parteiprogramme oder Reden, aber auch Bilder) und der empirischen Untersuchung zugänglich gemacht. Ein großer Vorteil der Methode ist, dass mit ihr auch historische Daten nachträglich erhoben werden können.

- **Panels** sind eine spezifische Form der Befragung. Die Befragung zu den interessierenden Merkmalen wird an denselben Personen (dem Panel der Befragungsteilnehmer) nach einiger Zeit wiederholt (Wiederholungsbefragung). Panel-Befragungen gehören zu den wichtigsten Methoden der empirischen Sozialforschung, da mit ihnen im Gegensatz zu einmaligen Erhebungen Entwicklungen und Veränderungen sowie die Ursachen für Verhaltensänderungen erfasst werden können. Nachteile der Paneluntersuchungen sind der hohe organisatorische Aufwand und die damit verbundenen Kosten sowie die Schwierigkeit, aus der Erhebung ausgeschiedene Untersuchungsobjekte zu ersetzen (sog. Panelsterblichkeit). Große Bedeutung für die sozialwissenschaftliche Forschung in Deutschland besitzt das „Soziooekonomische Panel (SOEP)" des DIW in Berlin, das seit 1984 mikrosoziologische Daten liefert.

5.2.3 Lösung der Aufgabe 5.1.3

Befragungen können schriftlich, telefonisch oder mündlich (im Falle eines persönlichen Besuchs des Interviewers bei der Untersuchungsperson) durchgeführt werden. Die Rücklaufquote (Antwortquote) wird bei schriftlichen Befragungen – egal ob der Fragebogen als Brief oder E-Mail verschickt wird – meist relativ niedrig ausfallen (eine Rücklaufquote von 20 % ist bereits sehr gut). Werden die Untersuchungsteilnehmer hingegen persönlich angesprochen, sind sie eher bereit, sich an einer Befragung zu beteiligen. Ein einheitlicher Erhebungstag, der z.B. für Wahlumfragen sehr wichtig ist, kann mit einer schriftlichen Befragung ebenfalls nicht sichergestellt werden. Nachteilig bei mündlichen Befragungen ist hingegen, dass hierbei der unerwünschte Interviewereinfluss sehr stark sein kann. Dieser ließe sich mit gedruckten Fragebögen ganz vermeiden. Eine gute räumliche Repräsentation, d.h. eine große Streuung des Untersuchungsgebietes, ist naturgemäß mit einer mündlichen Befragung nicht zu erreichen, weil ein Interviewer aus Kostengründen an einem Ort mehrere Gespräche führen muss. Telefoninterviewer hingegen haben keine Schwierigkeiten, Untersuchungsteilnehmer aus einem großen Untersuchungsgebiet zu befragen. Komplexe Sachverhalte können in einem Fragebogen nur sehr schwer vermittelt werden. Die Gefahr von Missverständnissen ist deshalb bei dieser Befragungsart am größten. Bei mündlichen Befragungen (auch bei Telefoninterviews) können schwierige Fragen wiederholt und erläutert und somit Missverständnisse korrigiert werden. Aufgrund der geringen Teilnahmebereitschaft an schriftlichen Befragungen sollten Fragebögen relativ knapp gehalten werden um den Aufwand für die Teilnehmer vertretbar zu halten. Dazu hilft einerseits die Verwendung einheitlicher Antwortmöglichkeiten bei allen Fragen, so dass sich der Befragte an die Antwortmöglichkeiten gewöhnen und somit

5.2 Lösungen 39

die Fragen leichter und schneller beantworten kann und andererseits Filterfragen, nach denen z.B. nicht zutreffende Fragen übersprungen werden können. Internetumfragen sind eine besonders kostengünstige Methode der Datenerhebung und werden häufig genutzt. Allerdings kann eine Repräsentativität der Ergebnisse zur schwer erreicht werden, da der Forscher keinerlei Kontrollmöglichkeiten hat, um die (nicht-)Teilnahme einzelner Gruppen festzustellen, selbst wenn die Umfrage mit sozialen Netzwerken (wie z.B. Facebook oder StudiVZ) verknüpft wird.

Im Vergleich zu schriftlichen Befragungen können bei einer telefonischen oder mündlichen Befragung dem Teilnehmer von einem geschulten Interviewer mehr Fragen in der gleichen Zeit gestellt werden, da wiederum nicht zutreffende Fragen sofort übersprungen werden können. Einfluss von dritter Seite auf die befragte Person (z.B. durch Familienangehörige) sollte unbedingt vermieden werden. Bei schriftlichen Befragungen ist eine Einflussnahme auf den Befragten weder auszuschließen noch nachprüfbar. Im Falle mündlicher Befragungen ist dies zwar auch nicht auszuschließen, aber immerhin feststellbar. Bei telefonischen Befragungen ist unklar, ob eine Beeinflussung der Untersuchungsperson festgestellt werden kann. Schwer erreichbare Berufsgruppen sind per Post, also mittels schriftlicher Befragung, meist noch am besten zu erreichen.

Das wichtigste Kriterium zur Auswahl der Befragungsmethode sind jedoch die Kosten. Diese fallen bei mündlichen Befragungen mit Interviewern vor Ort am höchsten aus. Dagegen sind der Versand von Fragebögen sowie das Telefoninterview und insbesondere auch Internatumfragen relativ kostengünstig.

5.2.4 Lösung der Aufgabe 5.1.4

Das Forschungsdesign entscheidet darüber, welcher Typ von Fragebogen entwickelt werden soll: Wenn die Gelegenheit zu Interviews besteht, ist es sinnvoll mit nur wenig bis teilweise strukturierten Fragebögen zu arbeiten und somit ein Leitfadengespräch zu führen. Das ermöglicht dem Forscher, genauer auf den Befragten einzugehen und neue Aspekte aufzugreifen, die bei der Fragebogenerstellung noch nicht antizipiert wurden. Bei dieser Methode leidet aber die Vergleichbarkeit der gewonnenen Ergebnisse. Daher sollten für schriftliche Befragungen stärker strukturierte Fragebögen verwendet werden. Ein Maximum an Vergleichbarkeit kann mit standardisierten Fragen erreicht werden. Dies bedeutet, dass die Antworten in Kategorien zusammengefasst werden und damit sofort vergleichbar sind. Das lässt sich am einfachsten mit so genannten geschlossenen Fragen erreichen: Der Befragte muss für seine Antwort eine vorgegebene Formulierungsmöglichkeit auswählen. Bei offenen Fragen kann der Befragte mit eigenen Worten antworten. Bei dieser Methode erhöht sich natürlich der Aufwand bei der Kodierung, aber es lassen sich unerwartete Aspekte in die Untersuchung mit einbeziehen. Einen Kompromiss stellen Hybridfragen dar. Sie bieten dem Befragten die Auswahl zwischen vorformulierten Antwortmöglichkeiten, lassen aber auch eigene Formulierungen zu.

Es ist wichtig zu unterscheiden, worauf eine Frage abzielt:

Es gibt Fragen nach dem individuellen Verhalten (*behaviour*), den eigenen Überzeugungen (*beliefs*) und Einstellungen (*attitudes*) sowie nach Merkmalen (*attributes*). Für die Befragungstaktik kann es hilfreich sein, bei Fragen nach Überzeugungen und Einstellungen indirekte Fragen zu stellen, da direkte Fragen zu sensiblen Themen oft nicht oder nicht wahrheitsgemäß beantwortet werden.

5.2.5 Lösung der Aufgabe 5.1.5

- Die Fragen sollten kurz und leicht verständlich formuliert sein.

- Die Fragen sollten neutral formuliert werden und keine ideologisch befrachteten Begriffe enthalten.

- Kontrollfragen zeigen, ob der Befragte ernsthaft und konsistent geantwortet hat.

- Auch die angebotenen Antwortkategorien müssen leicht verständlich sein. Eine Ausweichkategorie „Weiß nicht" verhindert, dass Kandidaten zu einer Antwort gezwungen werden.

- Vorsicht bei sensiblen Fragen: Alter oder Einkommen nicht direkt abfragen, sondern besser in eine indirekte Frage umformulieren oder den Befragten sich selbst in eine grobe Kategorie einordnen lassen.

5.2 Lösungen

- Der Fragebogen sollte möglichst knapp gehalten werden. Filterfragen helfen dabei, nicht zutreffende Fragen zu überspringen. Die Anzahl der Antwortkategorien, die ja auch durchgelesen werden müssen, sollte knapp gehalten werden.

- Ein übersichtlich gegliederter und ansprechend gestalteter Fragebogen hilft einem Teilnehmer, sich für die Befragung zu erwärmen.

- Mit Hilfe eines *Pretests* sollte der Fragebogen überprüft und auf Tauglichkeit getestet werden.

5.2.6 Lösung der Aufgabe 5.1.6

Eine schriftliche Befragung per Internet ist gut mit einer schriftlichen Befragung mittels eines Papierfragebogens vergleichbar und dieser in allen Eigenschaften überlegen. Eine Befragung im Internet ist sehr einfach, schnell und kostengünstig durchzuführen. Das Erstellen und Veröffentlichen des Fragebogens geschieht direkt am PC und erspart den teuren Druck und Versand von Papierfragebögen. Die Komplexität und Gestaltung der Fragen sollte je nach Zielgruppe bei online-Umfragen ähnlich gehalten sein, wie bei normalen schriftlichen Befragungen. Während sich der Befragungsteilnehmer durch den Fragebogen klickt, kann der Rechner ihn systematisch durch den Fragebogen führen, unzutreffende Fragen überspringen und unklare Antworten markieren. Somit kann der Zeitaufwand für den Befragungsteilnehmer minimiert werden. Auch hinsichtlich Rücksendung und Auswertung sind online-Fragebögen den gedruckten Umfragen überlegen: Der Befragungszeitraum einer online-Befragung lässt sich durch Abschalten der Internetseite präzise abgegrenzten. Mit der Auswertung kann sofort begonnen werden ohne auf sukzessive eintreffende Postsendungen warten zu müssen. Die Daten werden direkt elektronisch gesammelt und müssen nicht mehr von den Papierbögen kodiert werden, was eine wichtige Fehlerquelle ausschaltet.

Die Schwierigkeit mit einer schriftlichen Befragung das Kriterium der Repräsentativität zu erfüllen vergrößern sich allerdings bei einer online-Befragung. Wo bei schriftlichen Umfragen in Papierform großer Aufwand in die Erstellung einer Adressenliste, an die der Fragebogen versandt werden soll, gesteckt wird, ist bei online-Umfragen der Art und Weise entscheidend, wie auf die online-Befragung aufmerksam gemacht wird. Dies sollte versuchen den Adressatenkreis möglichst gut abzudecken. Wo bei Papierfragebögen die Rücklaufquote sehr anschaulich zu ermitteln ist, ist dies bei online-Befragungen schwieriger. Die Internetseite kann zwar mitzählen, wie oft sie aufgerufen wurde, aber ein Befragungsteilnehmer könnte mehrfach eine Befragungsseite aufrufen, bevor er sich entscheidet die Umfrage ausführlich durchzuarbeiten. Die Rücklaufquote kann auch deswegen nur ungenau ermittelt werden, da nicht sichergestellt werden kann, dass die Zugangsvoraussetzungen erfüllt sind. Möchte z.B. ein Unternehmen seine Kunden befragen setzt dies voraus, dass alle Kundenschichten über Zugangsmöglichkeiten zum Internet verfügen.

Auch die Repräsentativität von online-Umfragen steigt mit der Abgrenzungsgenauigkeit der Umfrageteilnehmer und kann durch zusätzliches Anschreiben dieser Zielgruppe verbessert werden. Ideal wäre daher, wenn den Zielpersonen der Internet-link zur online-Befragung direkt zugeschickt werden kann und z.B. mit einem Registrierungsschlüssel festgestellt werden kann, ob ein Adressat sich tatsächlich an der Befragung beteiligt hat. Ist dies nicht möglich, helfen auch Annoncen und Aufrufe zur Teilnahme in möglichst zielgruppenrelevanten Publikationen (wie z.B. Mitarbeitermagazinen, wenn die Beschäftigten eines Unternehmens befragt werden sollen, oder branchenspezifische Fachzeitschriften, wenn die Nutzer eines Produktes die Zielgruppe bilden).

Zu lösen bleibt noch die Frage, wie den Teilnehmern einer online-Befragung die Anonymisierung seiner Antworten zugesichert werden kann, da technisch eine Rückverfolgung einfacher möglich wäre, als bei anonym zurückgesandten Fragebögen. Bislang bleibt nur auf die Seriosität und Vertrauenswürdigkeit des Forschers oder der Forschungseinrichtung zu vertrauen.

5.2.7 Lösung der Aufgabe 5.1.7

Bei einer Panel-Erhebung wird zunächst wie bei einer einfachen Befragung nach den bekannten Auswahlverfahren eine Gruppe von Untersuchungseinheiten ausgewählt. Die Befragung wird aber in regelmäßigen Abständen bei dieser Gruppe wiederholt. Wiederholte Befragungen mit wechselnden Teilnehmern lassen nur Trends erkennen, die stark vom Zufall beeinflusst sind und deren Ursachen kaum

5.2 Lösungen 43

zu ermitteln sind. Bei wiederholten Befragungen der gleichen Panel-Gruppe können dagegen Quer- und Längsschnittsanalysen kombiniert werden, die es erlauben, Veränderungen präziser festzustellen und Ursachen für die Veränderungen auszumachen. Insbesondere kann durch mehrere Befragungen über die Zeit hinweg ein Vertrauensverhältnis zwischen Interviewern und Befragten entstehen, das es erlaubt, genauere und sensiblere Informationen vom Untersuchungsteilnehmer zu erhalten. Probleme mit der Panel-Methode treten auf, wenn Angehörige des Panels nicht mehr für Befragungen zur Verfügung stehen (Panelsterblichkeit). Da sie nicht zu ersetzen sind, wird das Panel immer kleiner und seine Repräsentativität schlechter. Andererseits spricht man vom Paneleffekt, wenn Mitglieder des Panels auf Grund ihrer Panelzugehörigkeit ihr Verhalten ändern: Zum Beispiel Menschen, die durch die Befragung zu einem Thema sensibilisiert worden sind und dadurch ihre Einstellung in diesem Punkt geändert haben.

5.2.8 Lösung der Aufgabe 5.1.8

Das Auswahlverfahren nach dem Zufallsprinzip setzt voraus, dass jede Untersuchungseinheit tatsächlich die gleiche Chance hat, für die Erhebung ausgewählt zu werden. Diese Anforderung ist nicht trivial, sondern muss ausdrücklich sichergestellt werden. Schon die einfache Zufallsstichprobe erfordert, dass keinerlei Einfluss vom Untersuchungsleiter auf die Auswahl ausgeübt werden darf. Das kann z.B. mit Hilfe einer Liste der Untersuchungsobjekte gewährleistet werden, auf Basis derer die Auslosung mittels Zufallszahlen durchgeführt wird.

Bei der Klumpenauswahl hat nicht jede einzelne Untersuchungseinheit die gleiche Chance für die Analyse ausgewählt zu werden, sondern es wird eine übergeordnete Einheiten ausgewählt, aus deren zugehörigen Objekten eine Zufallsauswahl erfolgt. Nur Merkmalsträger dieser übergeordneten Einheit werden untersucht. So werden Schüler z.B. nicht entsprechend einer Zufallsauswahl aller Schüler befragt, da ein Interviewer sonst sehr viele Schulen für jeweils nur ein Interview anfahren müsste. Vielmehr werden ganze Klassen zufällig ausgewählt, aus denen dann jeweils alle Schüler befragt werden.

Geschichtete Stichproben können eine reine Zufallsauswahl hinsichtlich der Repräsentativität übertreffen, da bei diesen Kenntnisse über die Grundgesamtheit bei der Auswahl der Stichprobe miteinbezogen werden. Liegen Kenntnisse über die Grundgesamtheit vor, kann diese entsprechend in Teilgesamtheiten zerlegt werden. Sind die Anteile der Professoren, des Mittelbaues und der Studierenden an der Gesamtzahl der Universitätsangehörigen bekannt, kann eine Stichprobe über alle Uniangehörigen aus Einzelstichproben der Professorenschaft, des Mittelbaus und der Studierendenschaft zusammengestellt werden. Das Stimmungsbild in einer kleinen Gruppe wie den Professoren kann dadurch besser bestimmt werden als bei einer allgemeinen Stichprobe. Es wird anschließend mit dem bekannten Anteil gewichtet. Die vorhandene und eingesetzte Information über die Schichten macht sich in einem geringeren Stichprobenumfang bei gleichbleibender Genauigkeit bezahlt.

Mehrstufige Auswahlverfahren sind geeignet um den Erhebungsaufwand zu reduzieren, wenn nicht alle potentiellen Merkmalsträger erfasst werden können, aber trotzdem jeder Merkmalsträger mit gleicher Wahrscheinlichkeit in die Umfrage einbezogen werden soll. Es wäre für ein Umfrageinstitut z.B. sehr aufwendig, eine Liste aller wahlberechtigten Bürger zu erstellen um dann daraus per einfacher Zufallsauswahl eine Stichprobe zu ziehen. Man behilft sich deshalb mit einer einfachen Zufallsauswahl aus einer leichter zu ermittelnden übergeordneten Einheit und wählt z.B. Telefonanschlüsse, Familien oder Wohnungen (Adressen) aus. Als zweite Stufe erfolgt dann eine weitere Zufallsauswahl innerhalb dieser übergeordneten Einheit: Es wird dann die Person ermittelt, die von den unter dieser Adresse erreichbaren Personen befragt wird. Die mehrstufige Zufallsauswahl kann auch eine ganze Reihe von Auswahlschritten umfassen, z.B. Bundesland, Stadt, Stadtteil, Haus, Wohnung, Person.

5.2.9 Lösung der Aufgabe 5.1.9

Bewusste Auswahlverfahren setzen gesicherte Vorkenntnisse über die Beschaffenheit der zu untersuchenden Merkmalsträger voraus. Dieses Wissen kann dazu genutzt werden, gegenüber einer rein zufälligen Auswahl z.B. eine bessere Repräsentation wichtiger Gruppen zu gewährleisten.

Nach der Quotenauswahl kann eine zuvor bekannte Quote auch bewusst in der Stichprobe wiedergegeben werden: Wenn bekannt ist, dass der Bevölkerungsanteil von Frauen 56 % beträgt, kann versucht werden, genau diese Quote unter den befragten Personen zu erreichen.

Das Konzentrationsprinzip kann dabei helfen den Aufwand einer Erhebung zu reduzieren. Denn dabei werden nicht alle Einheiten untersucht, sondern zunächst bei besonders großen, wichtigen und bedeutsamen Merkmalsträgern Daten erhoben. Diese können dann bereits einen Großteil der benötigten Information liefern. Soll z.B. das Kundenverhalten auf dem Brotmarkt untersucht werden, muss nicht eine große Anzahl kleiner Bäckereien befragt werden, sondern es reicht aus, wenige Großbäckereien zu befragen, welche die Marktlage sehr gut einschätzen können.

Ebenso spart eine typische Auswahl Erhebungsaufwand. Dabei stellt sich jedoch das Problem, das Typische der untersuchten Merkmalsträger nachvollziehbar zu begründen. Ein hohes Maß an Subjektivität wird sich bei dieser Methode nicht vermeiden lassen. Soll zum Beispiel die Alltagsarbeit eins typischen Bundestagsabgeordneten beobachtet werden, wird schwer zu begründen sein, was einen typischen Abgeordneten charakterisiert.

Das Schneeballverfahren schließlich dient zur Untersuchung von Netzwerken. Man lässt sich hierbei von einem Merkmalsträger auf die nächsten zu interviewenden Merkmalsträger verweisen. Dabei spielt natürlich das erste ausgewählte Individuum eine besondere Rolle, da von ihm ein Großteil des weiteren Untersuchungsverlaufs abhängen wird.

5.2.10 Lösung der Aufgabe 5.1.10

1. Überprüfung des Datenmaterials: Ist es vollständig? Gibt es Übertragungsfehler? Gibt es offensichtliche Widersprüche? Sind die Daten glaubwürdig?

2. Erstellung eines Codebuches, in dem (die möglichst einfach gehaltenen) Kürzel der Variablen und die vergebenen Symbole für qualitative Merkmalsausprägungen festgehalten werden. Zum Beispiel sollte die Variable Religionszugehörigkeit RELIGION genannt werden und notiert werden, dass katholisch = 1, evangelisch = 2 und sonstige = 3 gesetzt wurde. Danach sind alle Daten genau nach diesem Codeplan zu kodieren.

3. Die Daten sind in eine Datenmatrix zu bringen und sollten als Rohdatenmaterial gespeichert und gesichert werden.

4. Nun beginnt die eigentliche Auswertungsarbeit, bei der die Daten mit Hilfe des Computers zu sortieren sind, ausgezählt und Kennzahlen berechnet werden.

5.2.11 Lösung der Aufgabe 5.1.11

Der Halo-Effekt beschreibt die Möglichkeit der gegenseitigen Beeinflussung von Fragen auf einem Fragebogen oder in einem Interview. So können bereits gestellte Fragen einen gewissen Einfluss auf spätere Fragen haben: Wer sich bei einer Befragung oder auf einem Fragebogen schon auf eine Haltung festgelegt hat, wird auch weiter unten auf dem Fragebogen diese Anschauung vertreten, auch wenn er in Wirklichkeit anderer Ansicht ist. Vielleicht hätte die Person wahrheitsgemäß geantwortet, wenn ihr nur die zweite Frage gestellt worden wäre. Wird z.B. gefragt, ob die Ausgaben für den Umweltschutz erhöht werden sollen, würde ein Befragter vielleicht mit ‚Nein' antworten. Würden hingegen zuerst Fragen über die aktuelle Umweltsituation und Verschmutzungsprobleme gestellt, wäre der Befragte vielleicht eher bereit, sich für eine Ausgabenerhöhung auszusprechen.

Bei Hybridfragen kann der Befragte sowohl aus vorgegebenen Antwortkategorien auswählen als auch eigene Antworten formulieren. Wichtig ist es, diese Fragen zu kennzeichnen und den Befragten auf die Möglichkeit zu eigenen Formulierungen hinzuweisen.

Das RLD-Verfahren (*Randomized Last Digit*) dient der zufälligen Auswahl einer Telefonnummer für eine telefonische Befragung. Im Prinzip muss jedes Individuum (hier: jeder Telefonanschluss) die gleiche Chance haben, in die Befragung aufgenommen zu werden. In Telefonbüchern sind jedoch nicht alle Anschlüsse aufgelistet und deshalb nicht alle Personen mit dieser Liste zu erreichen. Um trotzdem jedem Anschluss die Chance zu geben, für ein Interview ausgewählt zu werden, lost man Nummern aus Telefonbüchern aus und ersetzt die letzte Ziffer mit einer Zufallszahl. Damit sind jetzt auch Telefonnummern erreichbar, die nicht verzeichnet sind.

5.2 Lösungen

‚CATI' steht für ‚*Computer Assisted Telephone Interview*', wie es heute in *call-centern* üblich ist. Ein Computer wählt automatisch die Telefonnummer eines zufällig ermittelten Befragungsteilnehmers an, stellt die Verbindung her bzw. speichert diese Nummer für eine spätere Rufwiederholung. Der Rechner blendet dem Mitarbeiter des *call-centers* der das Interview durchführt, auch den Interview-Fragebogen ein. So kann der Interviewer die Befragungsergebnisse direkt in den Rechner eingeben und wird von diesem konsistent durch den Interviewfragebogen geleitet.

6 Eindimensionale Häufigkeitsverteilungen

6.1 Aufgaben

Die Lösungen dieser Aufgaben finden Sie ab S. 50.

6.1.1 Aufgabe

Welche Darstellungsmöglichkeiten von eindimensionalen Häufigkeitsverteilungen kennen Sie?

6.1.2 Aufgabe

Nehmen Sie an, bei einer Wahl gab es folgende Stimmenverteilung:

Partei	Stimmen
KONS	2.000
SOZ	2.400
ÖKO	1.000
LIB	400
Sonstige	200

a) Berechnen Sie die relativen Häufigkeiten h_i und die Prozentwerte.

b) Veranschaulichen Sie die Stimmenverteilung mit einem Kreisdiagramm.

6.1.3 Aufgabe

Worauf ist bei der Darstellung klassierter (gruppierter) Daten zu achten?

Wie berechnen Sie die Mitte einer Klasse?

6.1.4 Aufgabe

Welche Arten von Häufigkeitsverteilungen kennen Sie?

6.1.5 Aufgabe

In der folgenden Tabelle sind für ein bestimmtes Jahr die Arbeitslosen in Deutschland in Alterklassen unterteilt:

Alter der Arbeitslosen	Anzahl (x 100)
unter 20	1.167
20 - 25	5.106
25 - 30	4.031
30 - 35	4.533
35 - 40	5.265
40 - 45	5.127
45 - 50	5.008
50 - 55	5.299
55 - 60	5.997
60 - 65	1.679

a) Berechnen Sie die relativen Häufigkeiten h_i, Prozentwerte und die kumulierte relative Häufigkeit H_i.

b) Wieviel Prozent der Arbeitslosen sind unter 30 oder über 50 Jahre alt?

c) Wie viele Arbeitslose sind jünger als 32 Jahre?

6.2 Lösungen

6.2.1 Lösung der Aufgabe 6.1.1

Nominalskalierte Daten können am einfachsten als Urliste oder als Strichliste dargestellt werden. Wenn man die relativen Häufigkeiten berechnet, lassen sich auch Häufigkeitstabellen, Stab-, Balken- oder Kreisdiagramme erstellen. Stab- und Balkendiagramme können auch als so genannte 100-%-Säulendiagramme dargestellt werden.

Ordinalskalierte Daten lassen sich ebenso wie nominalskalierte veranschaulichen. Darüber hinaus können auch kumulierte relative Häufigkeiten bestimmt und mit ihrer Hilfe Verteilungsfunktionen gezeichnet werden.

Für metrische Daten können ebenfalls die Darstellungsformen der niedrigeren Skalenniveaus verwendet werden. Zusätzlich können aber auch Histogramme (und Häufigkeitspolygone) für stetige metrische Merkmale angefertigt werden. Das *Stem-and-Leaf*-Diagramm oder Boxplots (siehe Kapitel 7) sind weitere Darstellungsmöglichkeiten für metrische Daten.

6.2.2 Lösung der Aufgabe 6.1.2

a) relative Häufigkeiten und Prozentwerte:

Partei	n_i (absolute Häufigkeiten)	h_i (relative Häufigkeiten)	Prozent
KONS	2.000	$\frac{2.000}{6.000} = 0,3333$	33,33 %
SOZ	2.400	$\frac{2.400}{6.000} = 0,4000$	40,00 %
ÖKO	1.000	$\frac{1.000}{6.000} = 0,1667$	16,67 %
LIB	400	$\frac{400}{6.000} = 0,0667$	6,67 %
Sonstige	200	$\frac{200}{6.000} = 0,0333$	3,33 %
Σ	6.000	1,0	100 %

6.2 Lösungen 51

b) Kreisdiagramm:

Bei der Konstruktion eines Kreisdiagramms werden die Winkel der einzelnen Sektoren proportional zu den relativen Häufigkeiten h_i bestimmt:

$\alpha_i = h_i \cdot 360°$. Die Sektoren werden im Uhrzeigersinn von der 12-Uhr-Position aus nach ihrer Größe abnehmend geordnet:

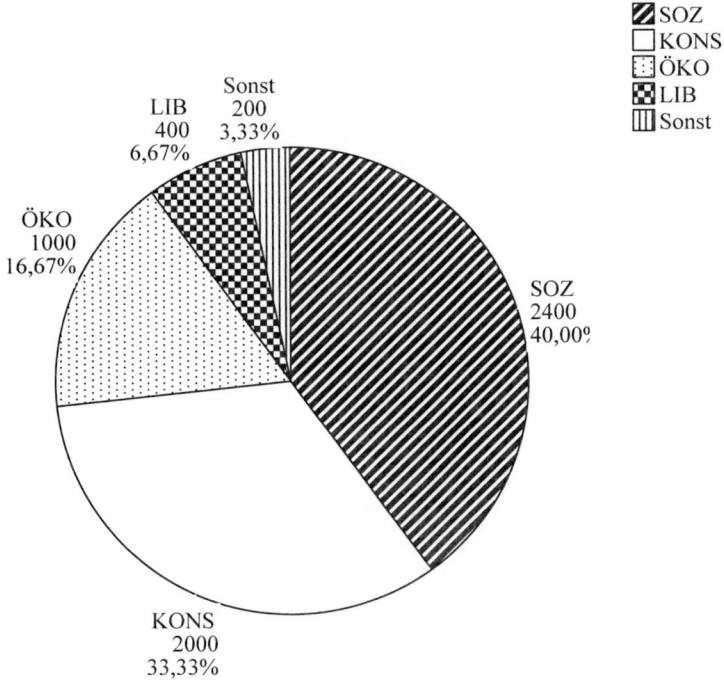

Abbildung 6.1: Kreisdiagramm zur Aufgabe 6.1.2

6.2.3 Lösung der Aufgabe 6.1.3

Bei der Darstellung klassierter und gruppierter Daten ist es wichtig, eine geeignete Klassenbreite zu wählen. Für die ganze Spannweite der Merkmalsverteilung sollte die Klassenbreite konstant gehalten werden. Dadurch wird gleichzeitig die Anzahl der Klassen bestimmt. Es sollten nicht zu viele und nicht zu wenige Klassen gebildet werden, da bei der Klassenbildung bestimmte Informationen der Ursprungsdaten verloren gehen. Grundsätzlich gilt es, bei der Klassenbildung einen *trade-off* zwischen verlorener Information und gewonnener Übersichtlichkeit zu finden. Zwei Faustregeln geben Richtwerte an, wie viele Klassen *k* aus der Anzahl der statistischen Einheiten *n* gebildet werden sollten:

1) $k = n^{\frac{1}{2}} = \sqrt{n}$

2) $k = 1 + 3{,}32 \cdot \log n$

Offene Randklassen sollten vermieden werden, d.h. es sollte für alle Klassen eine Ober- und eine Untergrenze geben. Die Randklassen sollten aber auch tatsächlich mit Fällen besetzt sein.

Da nach der Klassenbildung von einer Gleichverteilung der Fälle in den jeweiligen Klassen ausgegangen wird, ist es wichtig, die Klassenmitte bestimmen zu können. Dies geschieht mit folgender Formel:

$$x_i^* = \frac{x_i^u + x_i^l}{2}$$

Danach berechnet sich die Klassenmitte x_i^* als Durchschnitt der Klassenober- x_i^u und Klassenuntergrenze x_i^l.

Bei einer symmetrischen Verteilung sollte die mittlere Klasse den am häufigsten vorkommenden Merkmalswert enthalten.

6.2.4 Lösung der Aufgabe 6.1.4

Stellt man stetige Merkmale mit einem kontinuierlichen Kurvenzug dar (Dichtefunktion), können sich folgende Häufigkeitsverteilungen ergeben:

Eingipflige (unimodale), zweigipflige (bimodale) und mehrgipflige (multimodale) Häufigkeitsverteilungen, die symmetrisch, linksschief (rechtssteil) oder rechtsschief (linkssteil) sein können. Betrachtet man die Wölbung einer Verteilung lassen sich flachgipflige (breit gewölbte, platykurtische), schmalgipflige (hochgewölbte, leptokurtische) und mittelgewölbte (mesokurtische) Verteilungen unterscheiden.

Ferner gibt es besondere Verteilungsformen wie U-förmige, J-förmige und gleichförmige Verteilungen.

6.2 Lösungen

6.2.5 Lösung der Aufgabe 6.1.5

a) Berechnen Sie die relativen Häufigkeiten h_i, Prozentwerte und die kumulierten relativen Häufigkeiten H_i.

Arbeitslose	abs. Häuf. n_i	rel. Häuf. h_i	Prozent	kum. rel. H_i
unter 20	1.167	0,0270	2,70 %	0,0270
20 - 25	5.106	0,1182	11,82 %	0,1452
25 - 30	4.031	0,0933	9,33 %	0,2385
30 - 35	4.533	0,1049	10,49 %	0,3434
35 - 40	5.265	0,1218	12,18 %	0,4652
40 - 45	5.127	0,1186	11,86 %	0,5838
45 - 50	5.008	0,1159	11,59 %	0,6997
50 - 55	5.299	0,1226	12,26 %	0,8223
55 - 60	5.997	0,1388	13,88 %	0,9611
60 - 65	1.679	0,0389	3,89 %	1,0000
	Σ 43.212	Σ 1,0	Σ 100 %	

b) Wieviel Prozent der Arbeitslosen sind unter 30 oder über 50 Jahre alt?

Arbeitslose	abs. Häuf. n_i	rel. Häuf. h_i	Prozent
unter 20	1.167	0,0270	2,70 %
20 - 25	5.106	0,1182	11,82 %
25 - 30	4.031	0,0933	9,33 %
30 - 35	4.533	0,1049	
35 - 40	5.265	0,1218	
40 - 45	5.127	0,1186	
45 - 50	5.008	0,1159	
50 - 55	5.299	0,1226	12,26 %
55 - 60	5.997	0,1388	13,88 %
60 - 65	1.679	0,0389	3,89 %
	Σ 43.212	Σ 1,0	Σ 53,88 %

Bezogen auf die Zahl aller Arbeitslosen sind 53,88 % der betroffenen Personen unter 30 oder über 50 Jahre alt.

c) Wieviel Arbeitslose sind jünger als 32 Jahre? Um dies zu beantworten müssen die absoluten Häufigkeiten bis zur Klasse 30-35 Jahre kumuliert und die Klasse 30-35 proportional geteilt werden:

Arbeitslose	abs. Häuf. n_i	kum. abs. N_i
unter 20	1.167	1.167
20 - 25	5.106	6.273
25 - 30	4.031	10.304
30 - 35	4.533	
35 - 40	5.265	
40 - 45	5.127	
45 - 50	5.008	
50 - 55	5.299	
55 - 60	5.997	
60 - 65	1.679	
	Σ 43.212	

Zur kumulierten absoluten Häufigkeit an der Untergrenze der Klasse in der der Grenzwert der interessierenden Fälle liegt, muss das Ergebnis der proportionalen Teilung dieser Klasse addiert werden. Innerhalb einer Klasse wird eine Gleichverteilung der Fälle angenommen. Da in der Klasse der 30–35-Jährigen fünf Jahrgänge erfasst werden, aber nur die ersten beiden davon hier von Bedeutung sind (die 30- und die 31-Jährigen), erfolgt die Teilung mit $\frac{2}{5} \cdot 4.533 = 1.813,2$. Als Ergebnis ist festzustellen, dass $10.304 + 1.813 = 12117$ oder 28 % der Arbeitslosen jünger als 32 Jahre sind.

7 Maßzahlen bei univariaten Häufigkeitsverteilungen

7.1 Aufgaben

Die Lösungen dieser Aufgaben finden Sie ab S. 61.

7.1.1 Aufgabe

Unterscheiden Sie anhand einer Systematik die Maßzahlen der Statistik.

Warum verwendet man Maßzahlen in der Statistik?

7.1.2 Aufgabe

Folgendes *Stem-and-Leaf*-Diagramm stellt Arbeitslosenquoten dar:

```
           Stem & Leaf
              0.  445
              1.  0233457
              2.  13455678
              3.  02346666789
              4.  1457889
              5.  344557
              6.  012
              7.  45
   Stammbreite:  1.0
    Jedes Blatt: Ein Fall
```

Berechnen Sie für diese Verteilung folgende Kennzahlen:

a) Anzahl der Fälle
b) Modus
c) Median
d) Arithmetisches Mittel
e) Varianz
f) Standardabweichung
g) mittlere absolute Abweichung

h) Spannweite
i) Quartile
j) Verteilungsform nach der Fechnerschen Lageregel
k) Variationskoeffizient V
l) Schiefe
m) Wölbung

7.1.3 Aufgabe

Die folgende Tabelle stellt das Wachstum der realen Bruttoeinkommen aus unselbständiger Arbeit im Zeitraum von 1999 bis 2008 dar:

Reale Veränderung des Bruttoeinkommens aus unselbständiger Arbeit gegenüber dem Vorjahr
0,1 %
1,2 %
0,8 %
0,3 %
1,2 %
1,5 %
0,2 %
1,4 %
1,8 %
0,9 %

Berechnen Sie das durchschnittliche Wachstum mit einem geeigneten Mittelwert.

7.1.4 Aufgabe

Gegeben sind die Sozialleistungsquoten der OECD-Länder:

Land	Sozialausgaben in Relation zum BIP
Australien	15,73 %
Belgien	28,78 %
Dänemark	32,58 %
Deutschland	29,61 %
Finnland	32,12 %
Frankreich	30,07 %
Griechenland	16,79 %
Großbritannien	22,79 %
Irland	19,40 %
Island	19,87 %
Italien	23,71 %
Japan	14,06 %
Kanada	18,24 %
Luxemburg	25,24 %
Neuseeland	18,80 %
Niederlande	27,99 %
Norwegen	28,48 %
Österreich	27,11 %
Portugal	18,64 %
Schweden	33,38 %
Schweiz	25,22 %
Spanien	21,49 %
USA	16,26 %

Berechnen Sie:

a) Modus, Median und arithmetisches Mittel,

b) Varianz, Standardabweichung und den Variationskoeffizienten V und

c) die mittlere absolute Abweichung vom arithmetischen Mittel.

d) Zeichnen Sie einen Boxplot.

e) Berechnen Sie auch Schiefe und Wölbung der Verteilung.

7.1.5 Aufgabe

Die folgenden Daten listen die Staatsausgaben eines Landes in Mrd. Euro auf:

Jahr	Staatsausgaben
2005	900
2006	900
2007	910
2008	920
2009	940

a) Berechnen Sie die Veränderungen der Staatsausgaben zur konstanten Basis des Jahres 2005 und zur gleitenden Basis des jeweiligen Vorjahres.

b) Ermitteln Sie daran anschließend das durchschnittliche Wachstum der Staatsausgaben in der Untersuchungsperiode mit einem geeigneten Mittelwert.

7.1.6 Aufgabe

Erläutern Sie die verschiedenen Verhältniszahlen und geben Sie jeweils ein Beispiel an.

7.1.7 Aufgabe

Gegeben ist die Anzahl der Wahlberechtigten und Wähler (in Tausend) bei der Bundestagswahl 2002:

Altersklasse	Wahlberechtigte	Wähler
unter 21	2.326,0	1.633,1
21 - 25	3.329,7	2.268,9
25 - 30	3.842,5	2.771,3
30 - 35	5.145,3	3.945,7
35 - 40	6.467,4	5.146,7
40 - 45	6.185,1	4.950,0
45 - 50	5.406,8	4.382,7
50 - 60	9.042,5	7.593,5
60 - 70	9.944,1	8.587,4
über 70	9.743,4	7.642,3
insgesamt	61.432,8	48.921,6

Quelle: Bundeswahlleiter: Repräsentative Wahlstatistik.

Berechnen Sie (annähernd) das Alter des Medianwählers und das Durchschnittsalter aller Wähler. Erläutern Sie kurz Ihre Berechnungsschritte.

7.1.8 Aufgabe

In der empirischen Demokratieforschung gibt es das Messkonzept der „Defekten Demokratie" von Merkel, Croissant und Thiery (Croissant/Thiery 2000). Die Konstruktion des Demokratieindikators beruht auf der zweistufigen Anwendung des geometrischen Mittels. Dies setzt verhältnisskalierte Daten voraus.

Zur Berechnung des Demokratiegrades wird das Ausmaß der Defekte in fünf Teilbereichen, die für die Qualität der Demokratie relevant sind, bestimmt (0 = schwerer Defekt bis 4 = kein Defekt):

Stufe 1: Ermittlung des Teilindexes für jeden Bereich (A bis E) durch das geometrische Mittel der Werte der Indikatoren des Bereichs.

Stufe 2: Ermittlung des Indexes der Defekten Demokratie (IDD) durch Berechnung des geometrischen Mittels aus den Teilindizes der fünf Bereiche (A bis E).

a) Berechnen Sie den Index der Defekten Demokratie (IDD) für zwei Länder X und Y und zu zwei verschiedenen Zeitpunkten T_0 und T_1. Wie hat sich die Qualität der Demokratie zwischen beiden Zeitpunkten verändert?

b) Wo liegen das Minimum und das Maximum des IDD?

	Land X		Land Y	
	T_0	T_1	T_0	T_1
Bereich A				
aktives Wahlrecht	4	4	4	4
passives Wahlrecht	3	4	4	4
korrekte Wahlen	4	2	3	4
gewählte Amtsträger	4	2	2	2
Bereich B				
Assoziationsfreiheit	4	4	4	3
Pressefreiheit	4	3	3	2
Bereich C				
Vetomächte	4	3	4	4
reservierte Politikdomänen	4	4	4	4
Bereich D				
Gewaltenteilung	3	3	2	0
Judicial Review	3	2	2	0
Bereich E				
Schutzrechte	4	4	3	3
Rechtsgleichheit	4	2	3	1

Tabelle 7.2: Defektprofil zweier Länder X, Y zu den Zeitpunkten T_0 und T_1

7.2 Lösungen

7.2.1 Lösung der Aufgabe 7.1.1

Maßzahlen in der Statistik sind durch Konvention festgelegte Kennzahlen für bestimmte Eigenschaften der Daten. Mit Hilfe der Maßzahlen lassen sich umfangreiche Datensätze mit wenigen, allgemein bekannten Kennzahlen übersichtlich darstellen.

Statistische Maßzahlen lassen sich in Verhältniszahlen, Indexzahlen und Verteilungszahlen unterteilen:

- Zu den **Verhältniszahlen** gehören die Gliederungszahlen, die eine statistische Masse in Teilmassen aufgliedern. So setzt z.B. die Studienabbrecherquote die Anzahl der Studienabbrecher eines Jahres ins Verhältnis zur Gesamtzahl der Studierenden. Beziehungszahlen hingegen setzen zwei verschiedene statistische Massen zueinander ins Verhältnis: Bei der Berechnung der Bevölkerungsdichte wird die Anzahl der Einwohner eines Landes in Beziehung zu dessen Fläche gesetzt. Auch die Messzahlen (die eng mit den Indexzahlen verwandt sind) gehören zu den Verhältniszahlen, weil sie Verhältnisse über den Zeitverlauf ausdrücken: Messzahlen bilden ein Verhältnis zwischen dem Merkmalswert des Berichtszeitraumes zum Wert eines Basiszeitraumes. Es kann dazu eine konstante oder eine gleitende Basis benutzt werden. So können z.B. Inflationsraten auf das Jahr 1999 (Euro-Einführung) oder auf das jeweilige Vorjahr bezogen werden.

- **Indexwerte** sind Maßzahlen, die mehrere Variablen verknüpfen, da das interessierende theoretische Konstrukt nicht mit einer einzelnen Variable zu erfassen ist. Bekannte Indexzahlen sind Preis- oder Mengenindizes sowie Umsatzindizes, die in vielfältigen Variationen veröffentlicht werden.

- Die wichtigsten statistischen Maßzahlen sind die so genannten **Verteilungsmaßzahlen**. Sie geben Auskunft über die Struktur statistischer Verteilungen. Viele wichtige Eigenschaften sind an umfangreichen Datensätzen nicht einfach abzulesen, sondern müssen erst mit allgemein festgelegten Maßzahlen berechnet werden. Dafür ermöglichen aber schon wenige Maßzahlen auf einen Blick recht genaue Aussagen über eine ganze Verteilung. Mit

Hilfe der Maßzahlen lassen sich dann auch mehrere Verteilungen gut vergleichen. Zu den wichtigsten Verteilungsmaßzahlen gehören Lageparameter wie der Modus (oder Modalwert), der Median (oder Zentralwert) und vor allem das bekannte arithmetische Mittel. Sie sagen aus, wo wichtige Merkmale einer Verteilung zu finden sind. Die Streuungsparameter – am bekanntesten sind Varianz und Standardabweichung – zeigen an, über welchen Bereich eine Verteilung streut. Konzentrationsmaße wie der Gini-Koeffizient geben schließlich Auskunft über die Art einer Verteilung, ob sie etwa recht gleichmäßig verteilt oder stark auf einen Bereich konzentriert ist.

7.2.2 Lösung der Aufgabe 7.1.2

a) Anzahl der Fälle:
$$n = 47$$

b) Modus:
$$x_{mod} = 3,6$$

c) Median:
$$\tilde{x} = x_{(\frac{n+1}{2})} = x_{(24)} = 3,6$$

d) Arithmetisches Mittel:
$$\bar{x} = \frac{1}{n}\sum_{i=1}^{n} x_i = \frac{1}{47} \cdot 167,5 = 3,56$$

e) Varianz:
$$S^2 = \frac{1}{n}\sum_{i=1}^{n}(x_i - \bar{x})^2 = \frac{1}{47} \cdot 153,93 = 3,28$$

Alternativ lässt sich die Varianz auch über den Verschiebungssatz berechnen, da gilt:

$$S^2 = \frac{1}{n}\sum_{i=1}^{n}(x_i - \bar{x})^2 = \frac{1}{n}\sum_{i=1}^{n}\left(x_i^2 - 2x_i\bar{x} + \bar{x}^2\right) =$$

$$= \frac{1}{n}\sum_{i=1}^{n} x_i^2 - 2\bar{x}\frac{1}{n}\sum_{i=1}^{n} x_i + \bar{x}^2 = \overline{x^2} - 2\bar{x}\cdot\bar{x} + \bar{x}^2 = \overline{x^2} - \bar{x}^2.$$

In diesem Beispiel ergibt sich somit:

$$S^2 = \overline{x^2} - \bar{x}^2 = 15,97 - (3,563)^2 = 3,28.$$

f) Standardabweichung:

$$S = \sqrt{S^2} = \sqrt{3,28} = 1,81$$

g) Mittlere absolute Abweichung:

$$D_{\bar{x}} = \frac{1}{n}\sum_{i=1}^{n}|x_i - \bar{x}| = \frac{1}{47}\cdot 69,81 = 1,49$$

h) Spannweite:

$$R = x_{i(max)} - x_{i(min)} = 7,5 - 0,4 = 7,1$$

i) Quartile:

Da $\frac{1}{4}(n+1) = \frac{1}{4}(47+1) = 12$ ein ganzzahliges Ergebnis liefert, kann Q_1 mit einem konkreten Merkmalswert angegeben werden, der in der geordneten Reihe aller Werte an der Stelle $\left(\frac{1}{4}(n+1)\right)$ steht: $Q_1 = x_{\left(\frac{n+1}{4}\right)} = x_{(12)} = 2,3$.

Weil auch $\frac{3}{4}(n+1) = \frac{3}{4}(47+1) = 36$ einen ganzzahligen Wert liefert, kann Q_3 entsprechend mit dem Merkmalswert an der Stelle 36 angegeben werden:

$$Q_3 = x_{\left(\frac{3(n+1)}{4}\right)} = x_{(36)} = 4,9.$$

Würde hingegen die Einteilung der Merkmalswerte in vier gleich große Teile keine ganzzahligen Quartilsschranken liefern, könnte kein Merkmalswert als Quartilsgrenze angegeben werden.

Als Beispiel soll hier angenommen werden, dass nur $n = 46$ Merkmalswerte vorliegen: Dann liefert $\frac{1}{4}(n+1) = 11,75$. Die Quartilsgrenze kann somit nicht mehr mit einem konkreten Merkmalswert ausgedrückt werden. Zwei Methoden zur Lösung dieses Problems werden angeboten:

1. Tuckey's Hinges:

Als Quartilsgrenze wird der Durchschnitt der beiden benachbarten Werte verwendet:

$Q_1 = \frac{1}{2}\left(x_{(k)} + x_{(k+1)}\right)$. Dabei ist k die erste ganze Zahl unter $\frac{1}{4}(n+1) = 11{,}75$. $x_{(k)}$ ist somit der Wert an elfter Stelle der geordneten Werte: $x_{(11)} = 2{,}1$.

Und mit $x_{(k+1)} = x_{(12)} = 2{,}3$ ergibt sich $Q_1 = \frac{1}{2}(2{,}1 + 2{,}3) = 2{,}2$.

Entsprechend gilt: $Q_3 = \frac{1}{2}(4{,}8 + 4{,}9) = 4{,}85$.

2. Haverage:

Nach dieser Methode wird die ermittelte Quartilsgrenze nicht über das einfache arithmetische Mittel zwischen den beiden angrenzenden Werten ermittelt, sondern es wird eine Gewichtung entsprechend des jeweiligen Quartils vorgenommen. Die Formeln dafür lauten:

$Q_1 = x_{(k)} + \frac{1}{4}\left(x_{(k+1)} - x_{(k)}\right) = 2{,}1 + \frac{1}{4}(2{,}3 - 2{,}1) = 2{,}15$.

$Q_3 = x_{(k)} + \frac{3}{4}\left(x_{(k+1)} - x_{(k)}\right) = 4{,}8 + \frac{3}{4}(4{,}9 - 4{,}8) = 4{,}875$.

j) Fechnersche Lageregel:

Es gilt $\bar{x} < \tilde{x} = x_{mod}$. Die Werte liegen sehr nahe beieinander. Die Verteilung ist damit nahezu symmetrisch und nach der Fechnerschen Lageregel nur ganz wenig linksschief bzw. rechtssteil.

k) Variationskoeffizient:

$V = \frac{s}{\bar{x}} = \frac{1{,}81}{3{,}56} = 0{,}51$. Die Streuung beträgt etwa 50 % des Mittelwertes.

l) Schiefe:

Die Verteilungsform kann mit Hilfe des Schiefemaßes und der Wölbung genauer bestimmt werden:

Beide Maße beruhen auf der Momentenmethode, einer Verallgemeinerung von Mittelwert und Varianz.

Der Mittelwert lässt sich verallgemeinern mit $m_v = \frac{1}{n}\sum_{i=1}^{n} x_i^v$ und man spricht dann vom v-ten „gewöhnlichen Moment".

7.2 Lösungen

Ebenso lässt sich analog zur Varianz das v-te „zentrale Moment" einer Verteilung herleiten (mit v=2 ergibt sich die Varianz):

$$\mu_v = \frac{1}{n} \sum_{i=1}^{n} (x_i - m_1)^v.$$

Das dritte zentrale Moment einer Verteilung wird (nach entsprechender Normierung) „Schiefe" genannt und ist definiert als $\alpha_3 = \frac{\mu_3}{s^3}$. Zu seiner Berechnung wird das dritte zentrale Moment durch die 3. Potenz der Standardabweichung dividiert. Das dritte zentrale Moment lässt sich analog zur Varianz berechnen und man erhält

$$\mu_3 = \frac{1}{n} \sum_{i=1}^{n} (x_i - \bar{x})^3 = 0,76.$$

Division durch die 3. Potenz der Standardabweichung ergibt: $\alpha_3 = \frac{0,76}{1,81^3} = 0,13$. Symmetrische Verteilungen weisen ein Schiefemaß von 0 auf, rechtschiefe (linkssteile) Verteilungen haben eine positive Schiefe, und linksschiefe (rechtssteile) Verteilungen eine negative. Somit liegt bei diesen Daten eine nahezu symmetrische Verteilung vor.

m) Wölbung:

Aus dem vierten zentralen Moment lässt sich ein Maß für die Wölbung einer Verteilung angeben. Zwei Versionen dieses Maßes sind verbreitet: Neben der Kurtosis $\alpha_4 = \frac{\mu_4}{s^4}$ findet man in der Literatur auch häufig den Exzess $\alpha_4 = \frac{\mu_4}{s^4} - 3$.

Beide Maße geben an, wie stark der Gipfel einer Verteilung im Vergleich zur Normalverteilung ausgeprägt ist. Ein Exzess von 0 (oder eine Kurtosis von 3) heißt demnach normalgipflig (oder mesokurtisch). Größere Werte stehen für steilgipflige (leptokurtische), kleinere Werte für flachgipflige (platykurtische) Verteilungsformen.

Bei diesem Beispiel ergibt sich für das 4. zentrale Moment

$$\mu_4 = \frac{1}{n} \sum_{i=1}^{n} (x_i - \bar{x})^4 = 24,56$$

und für den Exzess $\alpha_4 = \frac{\mu_4}{s^4} = \frac{24,56}{1,81^4} - 3 = -0,71$. Die Verteilung ist somit flacher gewölbt als eine Normalverteilungskurve, also platykurtisch.

7.2.3 Lösung der Aufgabe 7.1.3

Zur Berechnung des durchschnittlichen Wachstums ist das geometrische Mittel zu verwenden. Dazu sind zunächst die Wachstumsfaktoren ($x_i = 1 + p_i$) zu bestimmen. Diese sind dann zu multiplizieren! Oder, alternativ können auch die Logarithmen (ln) der Wachstumsfaktoren addiert werden (s. Spalte 4).

Jahr	Veränderung des Bruttoeinkommens p_i	Wachstumsfaktor	ln des Wachstumsfaktors
1999	0,1 %	1,001	0,0010
2000	1,2 %	1,012	0,0119
2001	0,8 %	1,008	0,0080
2002	0,3 %	1,003	0,0030
2003	1,2 %	1,012	0,0119
2004	1,5 %	1,015	0,0149
2005	0,2 %	1,002	0,0020
2006	1,4 %	1,014	0,0139
2007	1,8 %	1,018	0,0178
2008	0,9 %	1,009	0,0090
		$\prod = 1,098$	$\sum = 0,0934$

Das geometrische Mittel ist die *n*-te Wurzel aus dem Produkt der Wachstumsfaktoren:

$$\bar{G} = \sqrt[n]{x_1 \cdot x_2 \cdot \ldots \cdot x_n} = \sqrt[n]{\prod_{i=1}^{n} x_i} =$$

$$= \sqrt[10]{1,001 \cdot 1,012 \cdot \ldots \cdot 1,003} = \sqrt[10]{1,098} = 1,0094.$$

Bei logarithmierten Wachstumsfaktoren muss deren Summe durch *n* dividiert werden um das logarithmierte geometrische Mittel zu ermitteln:

$$\ln \bar{G} = \frac{1}{n}(\ln x_1 + \ln x_2 + \ldots + \ln x_n) = \frac{1}{n}\sum_{i=1}^{n} \ln x_i = \frac{1}{10}(0,0934) = 0,00934.$$

Auf diesen Wert muss noch die Exponentialfunktion (Umkehrfunktion zum Logarithmus) angewendet werden um das geometrische Mittel zu erhalten:

$$\bar{G} = e^{0,00934} = 1,0094.$$

Das durchschnittliche Wachstum des Einkommens betrug also 0,94 %.

7.2.4 Lösung der Aufgabe 7.1.4

Achtung! Die Daten müssen zuerst geordnet werden.

Land	Sozialausgaben in Relation zum BIP
Japan	14,06 %
Australien	15,73 %
USA	16,26 %
Griechenland	16,79 %
Kanada	18,24 %
Portugal	18,64 %
Neuseeland	18,80 %
Irland	19,40 %
Island	19,87 %
Spanien	21,49 %
Großbritannien	22,79 %
Italien	23,71 %
Schweiz	25,22 %
Luxemburg	25,24 %
Österreich	27,11 %
Niederlande	27,99 %

Norwegen	28,48 %
Belgien	28,78 %
Deutschland	29,61 %
Frankreich	30,07 %
Finnland	32,12 %
Dänemark	32,58 %
Schweden	33,38 %

a) Anzahl der Fälle:

$$n = 23$$

Modus: Bei stetigen Merkmalen wird die modale Klasse angegeben.

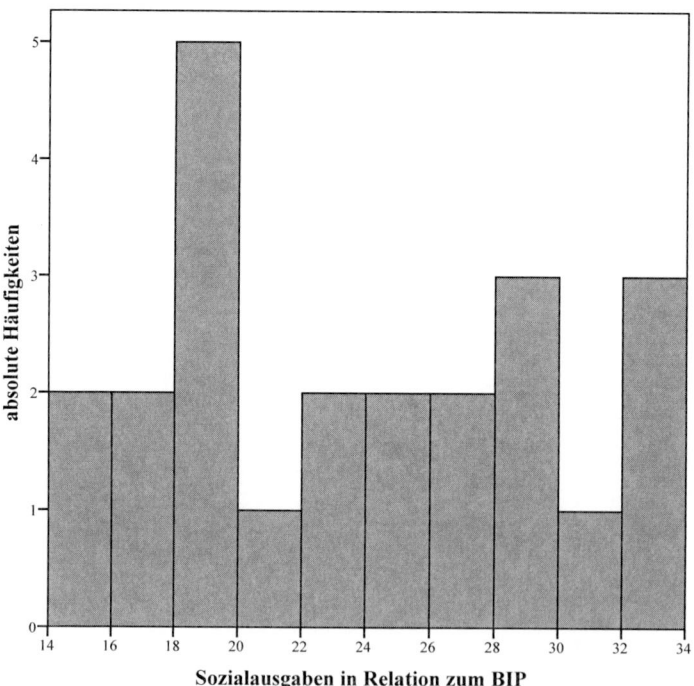

Abbildung 7.1: Histogramm mit Klassenbreite 2 %

7.2 Lösungen

Bei den vorliegenden Werten bietet es sich an 2 % als Klassenbreite zu wählen. Abbildung 7.1 zeigt das zugehörige Histogramm. Damit ergeben sich zehn Klassen, wobei Klasse 3 die modale Klasse darstellt: Fünf Länder liegen im Bereich von 18 % – 20 % Sozialausgaben/BIP.

Wird jedoch statt 2 % nun 2,5 % als Klassenbreite gewählt, erhält man ein anderes Bild von den Daten (s. Abbildung 7.2): Es ergibt sich eine bimodale Verteilung, die keine eindeutige modale Klasse aufweist.

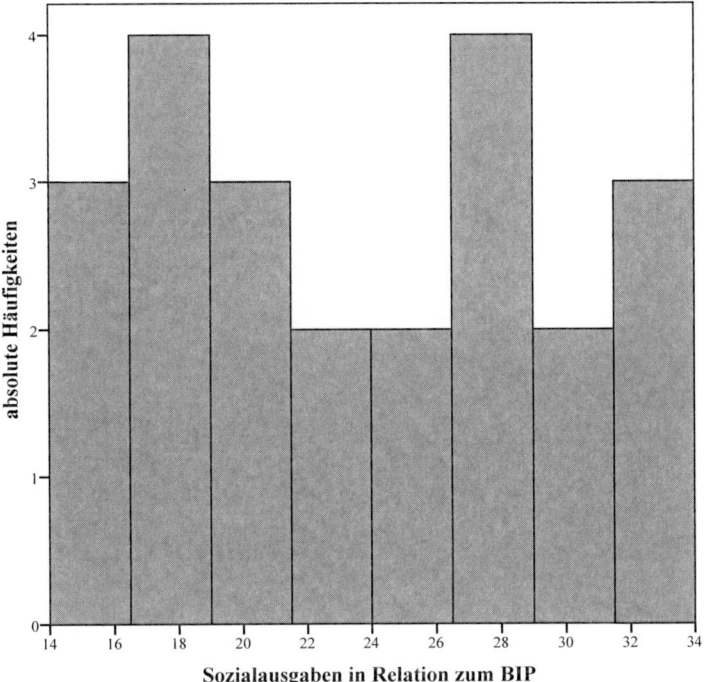

Abbildung 7.2: Histogramm mit Klassenbreite 2,5 %

Median: Dies ist derjenige Fall, der in der Mitte der geordneten Werte liegt. Also hier der zwölfte Fall: Italien.

$$\tilde{x} = x_{\left(\frac{n+1}{2}\right)} = x_{(12)} = 23{,}71.$$

Arithmetisches Mittel:

$$\bar{x} = \frac{1}{n}\sum_{i=1}^{n} x_i = \frac{1}{23} \cdot 546,36 = 23,75.$$

b) Varianz:

$$S^2 = \frac{1}{n}\sum_{i=1}^{n}(x_i - \bar{x})^2 = \frac{1}{23} \cdot 780,11 = 33,92.$$

Standardabweichung:

$$S = \sqrt{S^2} = \sqrt{33,92} = 5,82.$$

Variationskoeffizient:

$$V = \frac{S}{\bar{x}} = \frac{5,82}{23,75} = 0,245.$$

D.h. die Streuung beträgt nur 24,5 % des arithmetischen Mittels.

c) Mittlere absolute Abweichung:

$$D_x = \frac{1}{n}\sum_{i=1}^{n}|x_i - \bar{x}| = \frac{1}{23} \cdot 118,55 = 5,15.$$

d) Boxplot

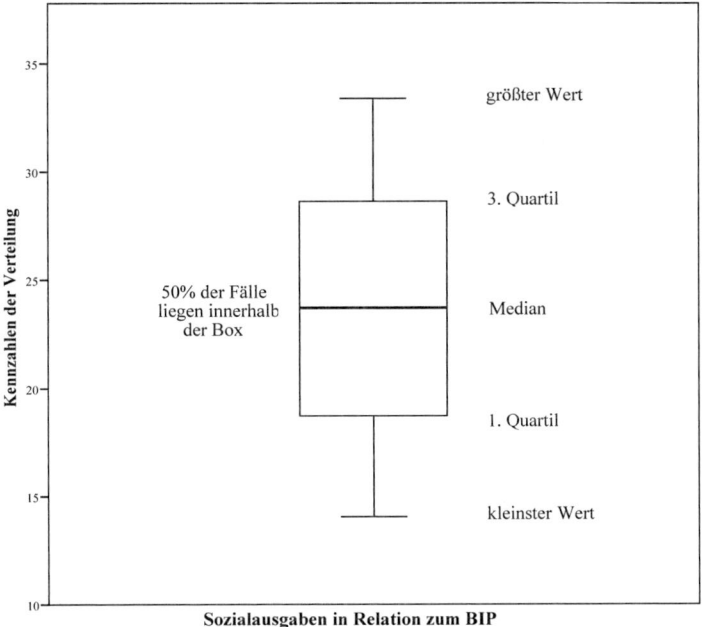

Abbildung 7.3: Boxplot zur Aufgabe 7.1.4 e)

e) Schiefe:

Die Berechnung der Schiefe $\alpha_3 = \frac{\mu_3}{S^3}$ erfordert die Kenntnis des dritten zentralen Moments:

$$\mu_3 = \frac{1}{n} \sum_{i=1}^{n} (x_i - m_1)^3,$$

Dieses wiederum beruht auf dem ersten gewöhnlichen Moment:

$$m_1 = \frac{1}{n} \sum_{i=1}^{n} x_i^1$$

Das erste gewöhnliche Moment ist identisch mit dem arithmetische Mittel:

$$\bar{x} = \frac{1}{n}\sum_{i=1}^{n} x_i = 23,75.$$

Also erhält man für das dritte zentrale Moment

$$\mu_3 = \frac{1}{23}\sum_{i=1}^{n}(x_i - 23,75)^3 = \frac{1}{23} \cdot 205,898 = 8,95.$$

Die Schiefe beträgt also $\alpha_3 = \frac{\mu_3}{S^3} = \frac{8,95}{(5,82)^3} = 0,0453$. Das positive Vorzeichen dieser Maßzahl zeigt an, dass eine rechtsschiefe (bzw. linkssteile) Verteilung vorliegt.

Wölbung:

Die Wölbung $\alpha_4 = \frac{\mu_4}{S^4} - 3$ wird mittels des vierten zentralen Moments

$$\mu_4 = \frac{1}{n}\sum_{i=1}^{n}(x_i - m_1)^4$$

berechnet. Für μ_4 ergibt sich $\mu_4 = \frac{1}{23} \cdot 45.221,72 = 1.966,16$. Daraus folgt für die Wölbung (auch Kurtosis genannt): $\alpha_4 = \frac{\mu_4}{S^4} = \frac{1966,16}{(5,82)^4} = 1,714$.

Für den Exzess ergibt sich: $\alpha_4 = \frac{\mu_4}{S^4} - 3 = \frac{1966,16}{(5,82)^4} - 3 = -1,291$. Da die Werte der Wölbungsmaße klein sind (Kurtosis <3; Exzess <0) folgt, dass die Verteilung flachgewölbt (platykurtisch) ist.

7.2.5 Lösung der Aufgabe 7.1.5

a) Die Messzahl zur konstanten Basis $m_{t,k}$ bezieht jeden Berichtsjahreswert x_t auf die immer gleiche Basisperiode x_{t0} / $m_{t,k} = \frac{x_t}{x_{t0}} \cdot 100$. Bei Messziffern mit gleitender Basis hingegen läuft die Basisperiode mit den Berichtsperioden mit. So werden z.B. Veränderungen der Staatsausgaben oder der Arbeitslosenquoten nicht auf die immer gleiche Basis bezogen, sondern auf den jeweiligen Vormonat oder das gleiche Quartal des Vorjahres. Es wird also folgende Zeitreihe gebildet: $m_{1,g} = x_1 \cdot 100$; $m_{2,g} = \frac{x_2}{x_1} \cdot 100$; $m_{3,g} = \frac{x_3}{x_2} \cdot 100$; $m_{4,g} = \frac{x_4}{x_3} \cdot 100$; usw.

7.2 Lösungen

Jahr	Staats-ausgaben	Veränderung der Staatsausgaben zur konstanten Basis 2005	Veränderung der Staatsausgaben mit gleitender Basis (Vorjahreswert)
2005	900	-	-
2006	900	$\frac{900-900}{900}+1=1{,}000$	$\frac{900-900}{900}+1=1{,}000$
2007	910	$\frac{910-900}{900}+1=1{,}011$	$\frac{910-900}{900}+1=1{,}011$
2008	920	$\frac{920-900}{900}+1=1{,}022$	$\frac{920-910}{910}+1=1{,}011$
2009	940	$\frac{940-900}{900}+1=1{,}044$	$\frac{940-920}{920}+1=1{,}022$

b) Für die Berechnung der durchschnittlichen Veränderung ist das geometrische Mittel zu verwenden. Zu dessen Berechnung sind Wachstumsfaktoren notwendig. Um diese zu bekommen, wurde in der obigen Tabelle zu jeder Veränderungsrate 1 addiert. Danach sind die Wachstumsfaktoren zu multiplizieren (!)

$$\prod_{i=1}^{n} x_i,$$

oder die Logarithmen der Wachstumsfaktoren zu addieren (siehe unten, Spalte 4). Der Datenumfang reduziert sich dabei von fünf gegebenen Werten auf vier Fälle, da mit dem ersten gegebenen Wert (2005) noch keine Veränderungsrate berechnet werden kann.

Zunächst soll das geometrische Mittel auf Grundlage der Veränderungsraten mit gleitender Basis ermittelt werden:

Jahr	Staatsausgaben	Wachstumsfaktor	ln des Wachstumsfaktors
2005	900	-	-
2006	900	1,000	0
2007	910	1,011	0,0109
2008	920	1,011	0,0109
2009	940	1,022	0,0218
		$\prod$ 1,045	$\sum$ 0,0436

Das geometrische Mittel ist dann die n-te Wurzel aus dem Produkt der Wachstumsfaktoren:

$$\bar{G} = \sqrt[n]{x_1 \cdot x_2 \cdot \ldots \cdot x_n} = \sqrt[n]{\prod_{i=1}^{n} x_i} = \sqrt[4]{1,000 \cdot 1,011 \cdot 1,011 \cdot 1,022} = 1,011.$$

Wird mit logarithmierten Wachstumsfaktoren gearbeitet, ist deren Summe durch n zu dividieren um das logarithmierte geometrische Mittel zu berechnen:

$$\ln \bar{G} = \frac{1}{n}(\ln x_1 + \ln x_2 + \ldots + \ln x_n) = \frac{1}{n}\sum_{i=1}^{n} \ln x_i = \frac{1}{4}(0,0436) = 0,0109.$$

Auf diesen Wert muss jetzt noch die Exponentialfunktion (Umkehrfunktion zum Logarithmus) angewendet werden um das geometrische Mittel zu erhalten:

$$\bar{G} = e^{0,0109} = 1,011.$$

Das durchschnittliche Wachstum beträgt 1,1 % hinsichtlich einer gleitenden Berechnungsbasis.

Auf Grundlage der Wachstumsfaktoren zur konstanten Basis 2005 ergibt sich:

Jahr	Staatsausgaben	Wachstumsfaktor	ln des Wachstumsfaktors
2005	900	-	-
2006	900	1,000	0
2007	910	1,011	0,0109
2008	920	1,022	0,0218
2009	940	1,044	0,0431
		$\prod$ 1,079	$\sum$ 0,0756

7.2 Lösungen

Das geometrische Mittel ist dann die n-te Wurzel aus dem Produkt der Wachstumsfaktoren:

$$\bar{G} = \sqrt[n]{x_1 \cdot x_2 \cdot \ldots \cdot x_n} = \sqrt[n]{\prod_{i=1}^{n} x_i} = \sqrt[4]{1,000 \cdot 1,011 \cdot 1,022 \cdot 1,044} = 1,019.$$

Wird mit logarithmierten Wachstumsfaktoren gearbeitet, ist deren Summe durch n zu dividieren um das logarithmierte geometrische Mittel zu berechnen:

$$\ln \bar{G} = \frac{1}{n}(\ln x_1 + \ln x_2 + \ldots + \ln x_n) = \frac{1}{n}\sum_{i=1}^{n} \ln x_i = \frac{1}{4}(0,0756) = 0,0189.$$

Auf diesen Wert muss jetzt noch die Exponentialfunktion (Umkehrfunktion zum Logarithmus) angewendet werden um das geometrische Mittel zu erhalten:

$$\bar{G} = e^{0,0189} = 1,019.$$

Das durchschnittliche Wachstum beträgt 1,9 % hinsichtlich der konstanten Basis.

7.2.6 Lösung der Aufgabe 7.1.6

Verhältniszahlen setzen statistische Massen in Beziehung zueinander.

- **Gliederungszahlen** bilden Verhältnisse von Teilmengen zur Grundgesamtheit. Die Frauenquote eines Parlaments beispielsweise bildet das Verhältnis des Anteils der Teilmenge weiblicher Abgeordneten an der Grundgesamtheit aller Abgeordneten.
- **Beziehungszahlen** setzen zwei verschiedene statistische Massen zueinander in Beziehung. So setzt etwa die Sozialleistungsquote die Sozialausgaben eines Landes in Beziehung zu dessen Bruttoinlandsprodukt (BIP).
- **Messzahlen** stellen Veränderungen über den Zeitverlauf dar. Diese können auf eine konstante oder gleitende Basis bezogen werden. Z.B. kann die Veränderung der Anzahl der Mandate einer Partei im Parlament auf das Jahr des

ersten Einzugs der Partei in das Parlament, oder auf die Anzahl der Mandate in der jeweils vorausgehenden Legislaturperiode: Als Beispiel soll die Anzahl der Abgeordneten von Bündnis 90/Die Grünen einmal auf die Anzahl der Abgeordneten bei ihrem ersten Einzug in den Bundestag, und zum anderen auf die Mandatszahl der vorausgehenden Legislaturperiode bezogen werden um die Veränderungen zu beschreiben:

Legislatur-periode	Mandate der Grünen	Veränderungen zur Basis 1983	Veränderungen zur Vorperiode
10.	27	-	-
11.	42	1,56	1,56
12.	8	0,30	0,19
13.	49	1,81	6,13
14.	47	1,74	0,96
15.	55	2,04	1,17
16.	51	1,89	0,93

Tabelle 7.5: Messzahlen mit konstanter und gleitender Basis

7.2.7 Lösung der Aufgabe 7.1.7

Altersklasse	Wähler	kumulierte Wähler	Klassen-mitte	Klassenmitte · Wähler
unter 21	1.633,1	1.633,1	18,5	30.212,35
21 - 25	2.268,9	3.902,0	23	52.184,70
25 - 30	2.771,3	6.673,3	27,5	76.210,75
30 - 35	3.945,7	10.619,0	32,5	128.235,25
35 - 40	5.146,7	15.765,7	37,5	193.001,25
40 - 45	4.950,0	20.715,7	42,5	210.375,00
45 - 50	4.382,7	25.098,4	47,5	208.178,25
50 - 60	7.593,5		55	417.642,50
60 - 70	8.587,4		65	558.181,00
über 70	7.642,3		75	573.172,50
	Σ 48.921,6			Σ 2.446.026,7
	: 2=24.460,8			: 48.921,6=50,06

7.2 Lösungen 77

Der Medianwähler muss in der Klasse 45 - 50 Jahre liegen. Da innerhalb der Klasse vom gleichmäßigen Ansteigen des Merkmals „Alter" ausgegangen wird, kann der Medianwähler durch proportionales Auffüllen der Klasse bis zur Hälfte der kumulierten Wähler ermittelt werden:

24.460,8 - 20.715,7 = 3.745,1.

Es fehlen also von der Klassenuntergrenze bis zum Medianwähler 3.745,1 Personen. Das sind 3.745,1 : 4.382,7 = 0,855 = 85,5 % der betreffenden Klassenbesetzung. Also fehlen von der Klassenuntergrenze (45 Jahre) 85,5 % der Klassenbreite (5 Jahre) insgesamt 4,27 Jahre bis zum Medianwähler. Das Alter des Medianwählers ist daher 45 + 4,27 = 49,27 Jahre.

Zur Berechnung des Durchschnittsalters der Wähler wird zur Vereinfachung die Gleichverteilung des Merkmals „Alter" in Höhe der jeweiligen Klassenmitte angenommen. Da die Oberklasse des Alters (über 70) nach oben offen ist, muss sie durch eine künstliche Grenze abgeschlossen werden. Die Obergrenze wird auf 80 Jahre gesetzt um der Annahme einer gleichmäßigen Besetzung innerhalb der Klasse nahe zu kommen. Somit kann das arithmetische Mittel mit den relativen Häufigkeiten der Klassenbesetzung berechnet werden:

$$\bar{x} = \frac{1}{n}\sum_{i=1}^{n} x_i n_i = \sum_{i=1}^{n} x_i h_i.$$

Das Durchschnittsalter der Wähler beträgt 50,06 Jahre.

Die Angaben zu den Wahlberechtigten werden für die Berechnung nicht benötigt.

7.2.8 Lösung der Aufgabe 7.1.8

a) Auf der 1. Stufe muss zunächst ein Teilindikator für jeden einzelnen Bereich (A bis E) berechnet werden. Dies geschieht mit Hilfe des geometrischen Mittels:

$$\bar{G} = \sqrt[n]{x_1 \cdot x_2 \cdot \ldots \cdot x_n} = \sqrt[n]{\prod_{i=1}^{n} x_i}.$$

Da es sich hierbei nicht um einen Wachstumsprozess handelt, müssen auch keine

Wachstumsfaktoren gebildet werden. Die Werte können direkt multipliziert werden, bevor dann die n-te Wurzel gezogen werden muss.

Die Ergebnisse sind in dieser Tabelle dargestellt:

Teilindizes	Land X		Land Y	
	T_0	T_1	T_0	T_1
Bereich A	3,72	2,83	3,13	3,36
Bereich B	4	3,46	3,46	2,45
Bereich C	4	3,46	4	4
Bereich D	3	2,45	2	0
Bereich E	4	2,83	3	1,73
Gesamtindex der Defekten Demokratie (IDD)	3,72	2,98	3,04	0

Die Demokratiequalität hat demnach in beiden Ländern in der Zeit von T_0 bis T_1 abgenommen. Im Land Y ist der Wert des Index der Defekten Demokratie sogar auf den Minimalwert 0 abgesunken, weil sich der Teilbereich D (Gewaltenteilung und *judicial review*) in diesem Zeitraum deutlich verschlechtert hat.

b) Der IDD wird minimal, wenn ein Teilindex mit 0 auftritt, denn dann wird das geometrische Mittel auch 0. Maximal wird der IDD hingegen, wenn alle fünf Teilindizes den Wert 4 aufweisen. Dann wird das geometrische Mittel $\bar{G} = \sqrt[5]{4 \cdot 4 \cdot 4 \cdot 4 \cdot 4} = 4$.

8 Konzentrationsmaße

8.1 Aufgaben

Die Lösungen dieser Aufgaben finden Sie ab S. 86.

8.1.1 Aufgabe

a) Wozu dient die Konzentrationsmessung? Nennen Sie Anwendungsbereiche.

b) Wie sollten Maßzahlen der Konzentrationsmessung beschaffen sein? Erläutern Sie diese Anforderungen anhand des Gini-Koeffizienten.

8.1.2 Aufgabe

Was versteht man unter einer Lorenzkurve? Wie kann man eine Lorenzkurve ermitteln? Welche Schritte sind zu berücksichtigen?

8.1.3 Aufgabe

Analysieren Sie als Marktforscher den österreichischen Zeitungsmarkt.

a) Ermitteln Sie den Median und das arithmetische Mittel. Ist das arithmetische Mittel hier sinnvoll? Wie lässt es sich hier sinnvoll interpretieren?

b) Zeichnen Sie die Lorenzkurve.

c) Berechnen Sie den Gini-Koeffizienten sowie den korrigierten Gini-Index G^*. Bei welcher Verteilung der Leser wäre der Gini-Index maximal? Berechnen Sie den maximalen Wert und skizzieren Sie die dazugehörige Lorenzkurve.

Zeitung	Leser (in Tausend)
A	321
B	266
C	960
D	737
E	233
F	273
G	828
H	2.680
I	311
J	251

d) Wie müssten die Leser unter den zehn Zeitungen aufgeteilt sein, damit der Gini-Koeffizient minimiert wird?

e) Berechnen Sie den Herfindahl-Index sowie die Konzentrationsraten C_2 und C_3. Interpretieren Sie anhand der verschiedenen Konzentrationsmaße die Pressekonzentration am österreichischen Zeitungsmarkt.

8.1.4 Aufgabe

In der folgenden Tabelle sind zwei Einkommensverteilungen (A und B) dargestellt. In beiden Verteilungen werden jeweils zehn Personen betrachtet:

Person	1	2	3	4	5	6	7	8	9	10
Verteilung A	0	0	0	0	0	18	18	18	18	18
Verteilung B	5	5	5	5	5	5	5	5	5	45

a) Berechnen Sie den Gini-Index und den korrigierten G^* für beide Verteilungen.

b) Welche der beiden Verteilungen ist egalitärer?

c) Welche der beiden Verteilungen halten Sie persönlich für egalitärer?

d) In welchen Fällen ist der Gini-Index nur bedingt aussagekräftig?

8.1.5 Aufgabe

Folgende Tabelle zeigt eine Auswahl von bayerischen Landtagswahlergebnissen:

Wahljahr	CSU	SPD	Grüne	FDP	Sonstige
1970	56,7 %	32,7 %	-	5,9 %	4,7 %
1982	58,7 %	31,4 %	4,6 %	3,6 %	1,8 %
1994	53,4 %	30,0 %	5,9 %	2,8 %	7,8 %
2003	60,7 %	19,6 %	7,7 %	2,6 %	9,4 %

a) Wie hat sich die Zersplitterung des bayerischen Parteiensystems im Zeitraum von 1970 bis 2003 entwickelt? Verwenden Sie zur Beurteilung zwei politikwissenschaftliche Indikatoren der vergleichenden Parteiensystemforschung, die auf dem Herfindahl-Index beruhen.

b) Berechnen Sie die Konzentrationsraten C_2 und C_3. Ändert sich Ihr Befund?

8.1.6 Aufgabe

Das sozioökonomische Panel von 1984 für die Bundesrepublik Deutschland ergab für das Haushaltsnettoeinkommen folgende Verteilung über die Quintile der Haushalte (das erste Quintil ist dasjenige mit dem höchsten Einkommen):

Quintil	1	2	3	4	5
Anteil der Haushalte	7 %	13 %	17 %	24 %	39 %

a) Ermitteln Sie die Lorenzkurve und zeichnen Sie diese.

b) Ermitteln Sie den Gini-Index G.

8.1.7 Aufgabe

Folgende Daten beziehen sich auf die Einkommensverteilung in Singapur im Jahr 1988. Die Daten geben das prozentuale Einkommen der Haushalte am gesamten Volkseinkommen wieder:

Bevölkerungsdezil	Anteil am gesamten Einkommen
D1	2,2 %
D2	3,5 %
D3	4,5 %
D4	5,5 %
D5	6,6 %
D6	8,0 %
D7	9,7 %
D8	12,2 %
D9	16,3 %
D10	31,5 %

a) Zeichnen Sie die Lorenzkurve.

b) Berechnen Sie den Gini-Koeffizienten G.

c) Ermitteln Sie den Robin-Hood-Index.

8.1.8 Aufgabe

Folgende Tabelle stellt das Bundestagswahlergebnis 2002 dar:

Partei	Zweitstimmen
SPD	38,5 %
CDU/CSU	38,5 %
B90/Grüne	8,6 %
FDP	7,4 %
Die Linke.	4,0 %
Sonstige	3,0 %

Berechnen Sie den Rae-Index und die Konzentrationsrate C_2 und beurteilen Sie die Zersplitterung des Parteiensystems auf Bundesebene.

8.1 Aufgaben

8.1.9 Aufgabe

Die Tabelle gibt die Zahl (in Tsd.) der Studierenden an Universitäten und Fachhochschulen in verschiedenen Fächergruppen an:

Fachrichtung	Universitäten	Fachhochschulen
Sprach- und Kulturwiss.	388,2	8,5
Rechts-, Wirtschafts- und Sozialwiss.	361,3	201,4
Naturwiss. und Mathematik	238,3	36,6
Ingenieurwiss.	129,0	163,5
Allgemeine Medizin	93,8	–
Agrar- und Ernährungswiss.	30,4	14,6
Kunst, Kunstwiss.	63,5	21,7

Untersuchen Sie mit Hilfe des Herfindahl-Index, wir stark sich die Verteilung der Studierende auf die einzelnen Fächer in beiden Hochschularten unterscheidet.

8.1.10 Aufgabe

Die nachfolgende Tabelle zeigt die Einkommensverteilung aller Haushalte in der Bundesrepublik Deutschland im Jahr 1999:

Alle Haushalte	Anteil am Gesamteinkommen
1. Quintil	7,9 %
2. Quintil	13,0 %
3. Quintil	17,7 %
4. Quintil	23,5 %
5. Quintil	37,9 %

Berechnen Sie den Gini-Koeffizienten und zeichnen Sie die zugehörige Lorenzkurve.

8.1.11 Aufgabe

Errechnen Sie aus den nachfolgenden Wahlergebnissen (Stimmenprozente), ob sich die Fragmentierung (Rae-Index, Anzahl effektiver Parteien, Konzentrationsrate) des Parteiensystems im Zeitablauf verändert hat.

Jahr	Sozial-demokraten	Grüne	Christ-demokraten	Liberale	Konservative
1998	20	6	32	12	30
2002	25	5	22	13	35
2006	34	4	10	20	32

8.1.12 Aufgabe

Die Vermögensverteilung in Deutschland ist in folgender Tabelle angegeben.

Zehntel der Haushalte	Durchschnittliches Vermögen in tsd. Euro
10	624
9	276
8	190
7	124
6	71
5	35
4	20
3	12
2	5
1	2

Berechnen Sie den Gini-Koeffizienten für diese Vermögensverteilung.

8.1.13 Aufgabe

Berechnen Sie auf Basis der Stimmenverteilung im Deutschen Bundesrat (alle 16 Bundesländer) den Gini-Koeffizienten für die dortige Stimmenverteilung. Interpretieren Sie ihr Ergebnis.

8.1.14 Aufgabe

Nachstehende Tabelle listet Bankkonten nach Vermögen. Dabei ist das Vermögen klassiert.

Klasse j	Intervall der Bankvermögen	Anzahl der Bankkonten
1	[0; 1.000]	400
2	(1.000; 5.000]	300
3	(5.000; 20.000]	200
4	(20.000; 108.000]	100

Hinweis: Sie können von Gleichverteilung innerhalb der Klassen ausgehen.

a) Zeichnen Sie die Lorenz-Kurve.

b) Berechnen Sie den Gini-Koeffizienten.

c) Wieviel Prozent des gesamten Vermögens liegt auf den 15 % der größten Bankkonten?

8.2 Lösungen

8.2.1 Lösung der Aufgabe 8.1.1

a) Die Konzentrationsmessung dient der exakten Beschreibung einer Verteilung von Merkmalen auf Merkmalsträger. Mit Hilfe exakter Maßzahlen können Ballungen von Merkmalen wie Marktanteile, Einkommen oder Vermögen ausgedrückt werden. Insbesondere für die Diskussion von Gerechtigkeitsfragen spielen diese Maßzahlen eine wichtige Rolle. Anwendungsbeispiele sind Einkommens- oder Vermögensanteile und Ressourcenverbrauch der Industrienationen gegenüber der Dritten Welt.

b) Eine Maßzahl zur Konzentrationsmessung sollte sinnvollerweise auf den Bereich von [0;+1] definiert sein. Dabei sollte die Maßzahl = 0 sein, wenn Gleichverteilung besteht, d.h. jeder Merkmalsträger genau $\frac{1}{n}$ der Merkmalssumme besitzt. Bei vollständiger Konzentration, d.h. ein einziger Merkmalsträger vereinigt die ganze Merkmalssumme auf sich, soll die Maßzahl eine Konzentration von +1 anzeigen. Liegen nur wenige Fälle vor, beträgt der Gini-Koeffizient bei vollständiger Konzentration nicht 1, sondern erreicht nur $G_{max} = \frac{(n-1)}{n}$. Aus diesem Grund ist bei geringen Fallzahlen ein korrigierter Gini-Index G^* anzugeben, der G um den Faktor $\frac{n}{(n-1)}$ korrigiert:

$$G^* = G \cdot \frac{n}{n-1}.$$

8.2.2 Lösung der Aufgabe 8.1.2

Die Lorenzkurve ist ein graphisches Hilfsmittel, das die betrachtete Verteilung einer Gleichverteilung und einer vollständigen Konzentration gegenüberstellt.

1. Zunächst ist der Merkmalsanteil jeder Untersuchungseinheit (oder Gruppe von Merkmalsträgern) an der gesamten Merkmalssumme zu berechnen.
2. Die Merkmalsträger werden entsprechend der Größe ihres Anteils an der Merkmalssumme aufsteigend geordnet.
3. An einem quadratischen Diagramm werden auf der X-Achse die Merkmalsträger und auf der Y-Achse die Merkmalsanteile abgetragen.

8.2 Lösungen

4. Alle Untersuchungseinheiten werden kumuliert und in das Koordinatensystem eingetragen. Vom Nullpunkt aus werden alle Datenpunkte mit Linien verbunden.

5. Zusätzlich wird eine Diagonale von der unteren linken Ecke zur oberen rechten Ecke gezogen. Diese Gerade symbolisiert die Gleichverteilungssituation, in der jeder Merkmalsträger den gleichen Anteil an der Merkmalssumme besitzt. Liegt die Lorenzkurve nahe an der Gleichverteilungsgeraden, liegt eine egalitäre Verteilungssituation vor. Die Konzentration ist dann relativ gering. Nähert sich die Lorenzkurve hingegen der rechten unteren Ecke, liegt eine hohe Konzentration der Merkmalswerte vor.

6. Die Lorenzkurve muss damit immer unter oder auf der Gleichverteilungsgeraden liegen – nie jedoch darüber.

8.2.3 Lösung der Aufgabe 8.1.3

Achtung! Die Daten müssen zuerst geordnet werden:

Rangplatz Zeitung i	Leser x_i
1	233
2	251
3	266
4	273
5	311
6	321
7	737
8	828
9	960
10	2.680
Σ	6.860

a) Da $n = 10$ geradzahlig ist, gilt für den Median:

$$\tilde{x} = \frac{x_{(\frac{n}{2})} + x_{(\frac{n}{2}+1)}}{2} = \frac{x_{(5)} + x_{(6)}}{2} = \frac{311 + 321}{2} = 316.$$

Für das arithmetische Mittel gilt:

$$\bar{x} = \frac{1}{n}\sum_{i=1}^{n} x_i = \frac{1}{10} \cdot 6.860 = 686.$$

Das arithmetische Mittel ist hier nur hinsichtlich der Zeitungsauflagen zu interpretieren: Im Durchschnitt hat eine Zeitung 686.000 Leser. Es kann aber deswegen nicht aus 686.000 · 10 Zeitungen auf 6.860.000 österreichische Zeitungsleser geschlossen werden, da manche Personen mehrere Zeitungen kaufen, bzw. manche Exemplare von mehreren Personen gelesen werden.

b) Lorenzkurve:

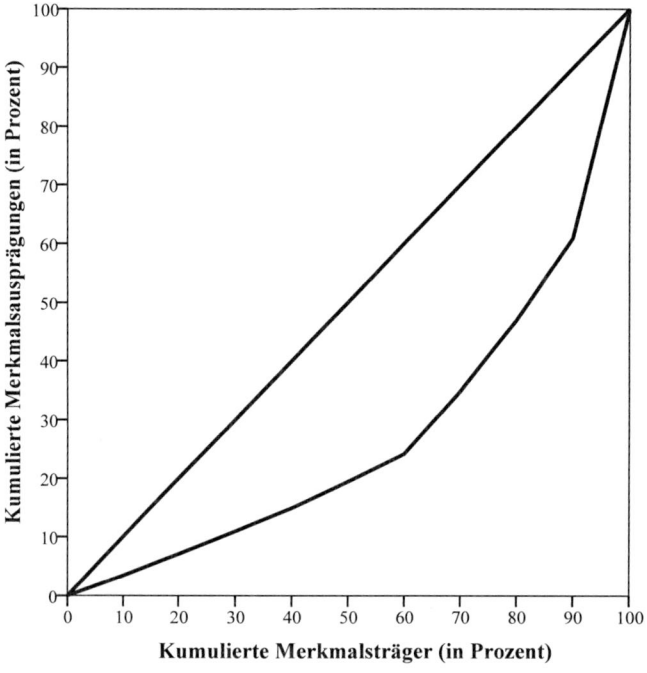

Abbildung 8.1: Lorenzkurve zur Aufgabe 8.2.3 b)

c) Gini-Koeffizient: Die Daten liegen in Form einer Urliste vor:

Rangplatz Zeitung i	Leser x_i	Rangplatz mal Leser $i \cdot x_i$
1	233	233
2	251	502
3	266	798
4	273	1.092
5	311	1.555
6	321	1.926
7	737	5.159
8	828	6.624
9	960	8.640
10	2.680	26.800
Σ	6.860	53.329

Also gilt:

$$G = \frac{2\sum_{i=1}^{n} i \cdot x_i - (n+1)\sum_{i=1}^{n} x_i}{n\sum_{i=1}^{n} x_i} = \frac{2\sum_{i=1}^{n} i \cdot x_i}{n\sum_{i=1}^{n} x_i} - \frac{n+1}{n} =$$

$$= \frac{2 \cdot 53.329}{10 \cdot 6.860} - \frac{10+1}{10} = 0,4548.$$

Der korrigierte Gini-Index G^* ergibt sich aus:

$$G^* = \frac{n}{n-1} \cdot G = \frac{10}{9} \cdot 0,4548 = 0,5053.$$

Der Gini-Koeffizient wäre maximal, wenn alle Leser nur eine einzige Zeitung kaufen würden. So hätte z.B. Zeitung J 6.860.000 Leser und alle anderen Zeitungen keine. $G_{max} = 0,9$ und $G^* = 1$.

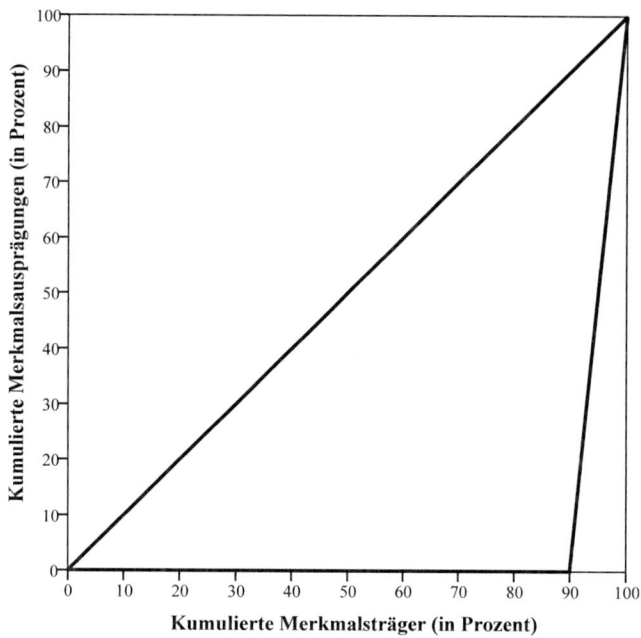

Abbildung 8.2: Lorenzkurve bei vollständiger Konzentration

d) Der Gini-Index wäre minimal, wenn alle Zeitungen von gleich vielen Leuten gelesen würden. Jede Zeitung hätte nach diesem Beispiel 686.000 Leser. In diesem Falle wäre $G = 0$. Die Lorenzkurve für diesen Fall ist in Abbildung 8.3 auf S. 91 dargestellt.

e) Für den Herfindahl-Index gilt:

$$H = \frac{\sum_{i=1}^{n} x_i^2}{\left(\sum_{i=1}^{n} x_i\right)^2} = \sum_{i=1}^{n} h_i^2.$$

8.2 Lösungen

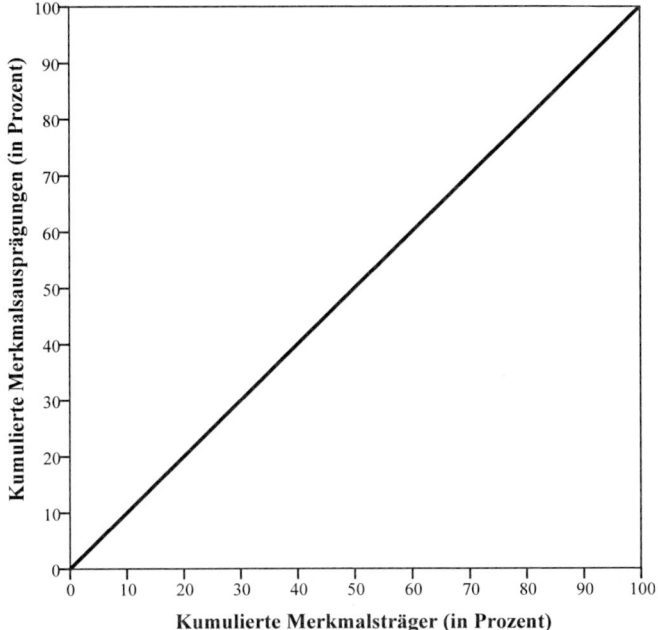

Abbildung 8.3: Lorenzkurve bei Gleichverteilung (Aufgabe 8.1.3 d)

Um den Herfindahl-Index zu berechnen müssen die Daten quadriert werden:

Rangplatz Zeitung i	Leser x_i	(Leser $x_i)^2 = x_i^2$
1	233	54.289
2	251	63.001
3	266	70.756
4	273	74.529
5	311	96.721
6	321	103.041
7	737	543.169
8	828	685.584
9	960	921.600
10	2.680	7.182.400
Σ	6.860	9.795.090

Das Einsetzen in die Formel für den Herfindahl-Index führt zu:

$$H = \frac{\sum_{i=1}^{n} x_i^2}{\left(\sum_{i=1}^{n} x_i\right)^2} = \frac{9.795.090}{(6.860)^2} = 0,2081.$$

Da der Wertebereich des Herfindahl-Index nicht festgelegt ist, muss die Untergrenze des Wertebereiches fallweise bestimmt werden: $\frac{1}{n} \leq H \leq 1$. Hier ist das Ergebnis also mit $\frac{1}{10} \leq 0,2081 \leq 1$ als schwache Konzentration einzuordnen.

Eine andere Möglichkeit mit Hilfe des Herfindahl-Index zwischen starker und schwacher Konzentration zu unterscheiden bietet das US-amerikanische Wettbewerbsrecht (*Antitrust Law*). Nach diesem sind Herfindahl-Werte kleiner 0,1 als schwache Konzentration und Werte größer 0,18 als starke Konzentration zu bewerten. Der österreichische Zeitungsmarkt wäre demzufolge mit H = 0,2081 stark konzentriert. Allerdings muss dabei beachtet werden, dass die Untergrenze des Herfindahl-Index – und damit der gesamte Wertebereich – von der Fallzahl abhängig ist. In unserem Fall kann der Herfindahl-Index minimal den Wert 1/n = 0,1 annehmen. Demzufolge bewertet das US-Wettbewerbsrecht mit seinem fixen Grenzwert zusätzlich zur Verteilung innerhalb der vorhandenen Einheiten auch deren absolute Anzahl. Angenommen es wären nur fünf Zeitungen auf dem Markt und alle hätten genau dieselbe Auflage – die Konzentration wäre also minimal – dann läge der Herfindahl-Index bei 0,2. Nach US-Wettbewerbsrecht würde dies eine starke Konzentration bedeuten, obgleich ein niedrigerer Herfindahl-Wert gar nicht möglich wäre. Aus gesamtwirtschaftlicher Perspektive ergibt dieses Vorgehen jedoch insofern Sinn, als die geringe Gesamtanzahl an Zeitungsverlagen allein schon eine hohe Konzentration bedeutet und damit die vom Herfindahl-Index gemessene Konzentration unter den Einheiten gewissermaßen in ihrer Bedeutung überlagert.

8.2 Lösungen

Für Konzentrationsraten gilt:

$$C_m = \frac{\sum_{i=1}^{m} x_i}{\sum_{i=1}^{n} x_i}.$$

Daraus folgt für die hier vorliegende Verteilung:

$C_2 = (2.680 + 960) : 6.860 = 0,5306.$

$C_3 = (2.680 + 960 + 828) : 6.860 = 0,6513.$

Die Konzentration am österreichischen Zeitungsmarkt ist nach dem Herfindahl-Index relativ gering. Er hat einen Wertebereich von $\frac{1}{10} < H < 1$ und hier liegt die Konzentration von ca. 0,2 an der unteren Grenze. Die Konzentrationsrate C_2 zeigt an, dass die beiden auflagenstärksten Zeitungen zusammen nur 53 % Marktanteil besitzen. Also teilen sich die kleineren Zeitungen noch einen Marktanteil von zusammen 47 %. Auch die drei größten Zeitungen (C_3) beherrschen noch nicht $\frac{2}{3}$ des Marktes.

8.2.4 Lösung der Aufgabe 8.1.4

a) Verteilung A:

$$G_A = \frac{\sum_{i=1}^{n}(2i-1)h_i}{n} - 1 = \frac{15}{10} - 1 = 1,5 - 1 = 0,5.$$

$$G_A^* = \frac{n}{n-1} \cdot G_A = \frac{10}{9} \cdot 0,5 = 0,5556.$$

Rangplatz Person i	Einkommen x_i	Einkommensanteil h_i	$2 \cdot i$	$(2 \cdot i - 1) \cdot h_i$
1	0	0	2	0
2	0	0	4	0
3	0	0	6	0
4	0	0	8	0
5	0	0	10	0
6	18	0,2	12	2,2
7	18	0,2	14	2,6
8	18	0,2	16	3
9	18	0,2	18	3,4
10	18	0,2	20	3,8
Σ	90	1		15

Verteilung B:

Rangplatz Person i	Einkommen x_i	Einkommensanteil h_i	$2 \cdot i$	$(2 \cdot i - 1) \cdot h_i$
1	5	0,05556	2	0,05556
2	5	0,05556	4	0,16667
3	5	0,05556	6	0,27778
4	5	0,05556	8	0,38889
5	5	0,05556	10	0,5
6	5	0,05556	12	0,61111
7	5	0,05556	14	0,72222
8	5	0,05556	16	0,83333
9	5	0,05556	18	0,94444
10	45	0,5	20	9,5
Σ	90	1		14

8.2 Lösungen

$$G_B = \frac{\sum_{i=1}^{n}(2i-1)h_i}{n} - 1 = \frac{14}{10} - 1 = 1{,}4 - 1 = 0{,}4.$$

$$G_B^* = \frac{n}{n-1} \cdot G_B = \frac{10}{9} \cdot 0{,}4 = 0{,}4444.$$

b) Der Vergleich der Gini-Koeffizienten zeigt im Fall B eine egalitärere Verteilung als im Fall A an, da gilt: $G_A > G_B$ und $G_A^* > G_B^*$.

c) Individuell zu beantworten.

d) Ganz unterschiedliche Verteilungen können den gleichen Gini-Index besitzen. Die Gestalt der Verteilung muss zusätzlich zur Maßzahl untersucht werden. Zudem ist der Gini-Koeffizient ein Maß der relativen Konzentration. Aussagen über die absolute Konzentration sind damit nicht möglich. Diese können aber unter Umständen von großer Relevanz sein.

8.2.5 Lösung der Aufgabe 8.1.5

a) Zur Untersuchung der Zersplitterung eines Parteiensystems eignen sich der Rae-Index und der Index der Anzahl effektiver Parteien (AZP) nach Laakso und Taagepera. Beide Indizes basieren auf dem Herfindahl-Index, der Summe der quadrierten relativen Häufigkeiten:

$$H = \sum_{i=1}^{n} h_i^2.$$

Der Rae-Index subtrahiert diese Summe von 1: $\text{Rae} = 1 - \sum p_i^2$. Da der Herfindahl-Index die Konzentration misst, zeigt der Rae-Index das Gegenteil an, nämlich die Fraktionalisierung eines Parteiensystems. Für die ausgewählten bayerischen Landtagswahlergebnisse liefert der Rae-Index:

RAE (1970) = 1 - (0,567² + 0,327² + 0,000² + 0,059² + 0,047²) =

= 1 - 0,4341 = 0,5659.

RAE (1982) = 1 - (0,587² + 0,314² + 0,046² + 0,036² + 0,018²) =

= 1 - 0,4469 = 0,5531.

RAE (1994) = 1 - (0,534² + 0,300² + 0,059² + 0,028² + 0,078²) =

= 1 - 0,3855 = 0,6145.

RAE (2003) = 1 - (0,607² + 0,196² + 0,077² + 0,026² + 0,094²) =

= 1 - 0,4223 = 0,5777.

Erstaunlicherweise fällt der Rae-Index für das Wahljahr 2003 trotz des hohen Stimmenanteils für die CSU von 60,7 % nicht besonders niedrig aus. In früheren Jahren war die Fraktionalisierung des bayerischen Parteiensystems bereits geringer.

Der Index der Anzahl der effektiven Parteien (AZP) nach Laakso und Taagepera bildet den Kehrwert des Herfindahl-Index: $AZP = \frac{1}{\sum p_i^2}$.

AZP (1970) = 1 : (0,567² + 0,327² + 0,000² + 0,059² + 0,047²) =

= 1 : 0,4341 = 2,3036.

AZP (1982) = 1 : (0,587² + 0,314² + 0,046² + 0,036² + 0,018²) =

= 1 : 0,4469 = 2,2376.

AZP (1994) = 1 : (0,534² + 0,300² + 0,059² + 0,028² + 0,078²) =

= 1 : 0,3855 = 2,5940.

AZP (2003) = 1 : (0,607² + 0,196² + 0,077² + 0,026² + 0,094²) =

= 1 : 0,4223 = 2,3680.

Alle Werte liegen zwischen 2,2 und 2,6 und weisen damit auf ein 2½-Parteiensystem hin. Auch hier gab es bereits vor der Wahl 2003 stärkere Hinweise in Richtung eines Zweiparteiensystems.

b) Die Konzentrationsraten C_2 und C_3 zeigen das Verhältnis der zwei oder drei (oder generell m) größten Merkmalswerte zur gesamten Merkmalssumme:

$$C_m = \frac{\sum_{i=1}^{m} x_i}{\sum_{i=1}^{n} x_i}.$$

8.2 Lösungen 97

Liegen wie hier Prozentwerte oder relative Häufigkeiten vor, können die m größten Prozentwerte einfach addiert werden: $C_m = \sum_{i=1}^{n} p_i$.

	1970	1982	1994	2003
$C_2 =$	0,894	0,901	0,834	0,803
$C_3 =$	0,953	0,947	0,893	0,880

Die Konzentrationsraten zeigen 2003 sogar die niedrigsten Werte in dieser Auswahl von Wahljahren an.

8.2.6 Lösung der Aufgabe 8.1.6

a) Die gegebenen Daten müssen zunächst umsortiert werden. Beim Zeichnen der Lorenzkurve wird mit der ärmsten Einkommensgruppe begonnen. Das sind hier die 39 % der Haushalte, auf die zusammen nur $\frac{1}{5}$ des gesamten Nettoeinkommens entfällt.

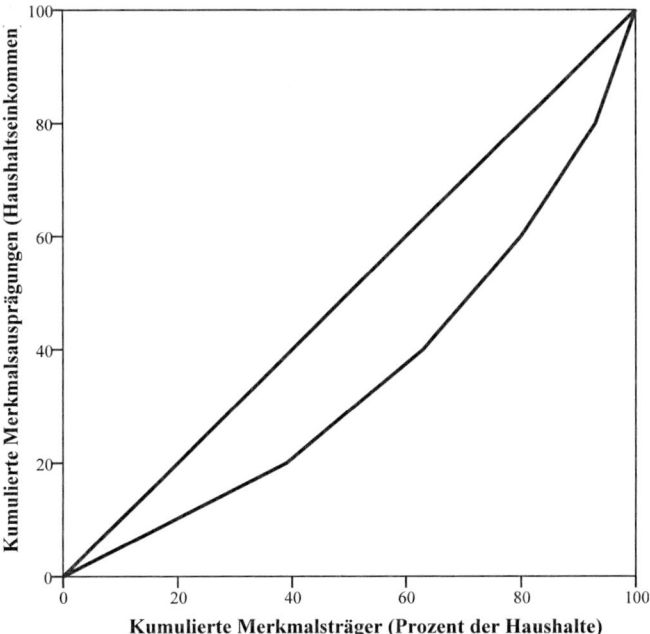

Abbildung 8.4: Lorenzkurve zur Aufgabe 8.1.6.

b) Hier liegen klassierte Daten vor. Deshalb ist der Gini-Index nach folgender Formel zu berechnen: $G = \left[\sum_{i=1}^{k} h_i (u_{i-1} + u_i) \right] - 1$. Damit ergibt sich: $G = 1,3 - 1 = 0,3$.

Einkommens-quintil	Anteil der Haushalte	Kumulierte Merkmalsträger u_i	Kumulierte Merkmalsträger bis zu u_{i-1}	$u_i + u_{i-1}$	Anteil an der Merkmalssumme h_i	$(u_i + u_{i-1}) \cdot h_i$
1	0,39	0,39	0,00	0,39	0,2	0,078
2	0,24	0,63	0,39	1,02	0,2	0,204
3	0,17	0,80	0,63	1,43	0,2	0,286
4	0,13	0,93	0,80	1,73	0,2	0,346
5	0,07	1,00	0,93	1,93	0,2	0,386
						Σ 1,300

8.2.7 Lösung der Aufgabe 8.1.7

a) Lorenzkurve:

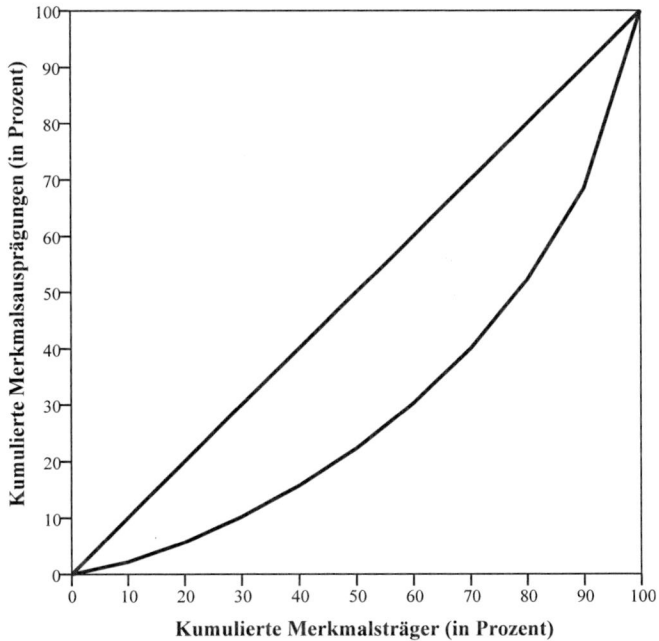

Abbildung 8.5: Lorenzkurve zur Aufgabe 8.1.7.

b) Gini-Koeffizient: (siehe Arbeitstabelle auf S. 100)

Die Daten liegen hier bereits klassiert vor. Deshalb gilt:

$$G = \left[\sum_{i=1}^{k} h_i(u_{i-1} + u_i)\right] - 1 = 1{,}4077 - 1 = 0{,}4077 \text{ für } k = 10 \text{ Klassen.}$$

c) Robin-Hood-Index: (siehe Arbeitstabelle auf S. 101)

$$\text{RHI} = \frac{\sum\limits_{k=i^*}^{n}(x_k - \bar{x})}{\sum\limits_{k=1}^{n} x_k} = \frac{30}{100} = 0{,}3.$$

Anteile am Merkmal Einkommen	Anteil der Merkmalsträger (Dezile)	Kumulierter Anteil der Merkmalsträger u_i	Kumulierter Anteil der Merkmalsträger bis zu u_{i-1}	$u_i + u_{i-1}$	Anteil an der Merkmalssumme h_i	$(u_i + u_{i-1}) \cdot h_i$
0,022	0,1	0,1	0	0,1	0,022	0,0022
0,035	0,1	0,2	0,1	0,3	0,035	0,0105
0,045	0,1	0,3	0,2	0,5	0,045	0,0225
0,055	0,1	0,4	0,3	0,7	0,055	0,0385
0,066	0,1	0,5	0,4	0,9	0,066	0,0594
0,08	0,1	0,6	0,5	1,1	0,08	0,088
0,097	0,1	0,7	0,6	1,3	0,097	0,1261
0,122	0,1	0,8	0,7	1,5	0,122	0,183
0,163	0,1	0,9	0,8	1,7	0,163	0,2771
0,315	0,1	1	0,9	1,9	0,315	0,5985
						Σ 1,4058

8.2 Lösungen

Einkommensdezil (je 10 % der Bevölkerung)	Anteil des jeweiligen Dezils am verfügbaren Einkommen x_i	Überschuss über 10 % des verfügbaren Einkommens $(x_k - \bar{x})$	Fehlbetrag unter 10 % des verfügbaren Einkommens $(\bar{x} - x_k)$	Kumuliertes Einkommen bei Gleichverteilung g_i	Kumulierte Merkmalssumme v_i	Differenz $g_i - v_i$
1. Dezil	2,2 %	-	7,8 %	10 %	2,2 %	7,8 %
2. Dezil	3,5 %	-	6,5 %	20 %	5,7 %	14,3 %
3. Dezil	4,5 %	-	5,5 %	30 %	10,2 %	19,8 %
4. Dezil	5,5 %	-	4,5 %	40 %	15,7 %	24,3 %
5. Dezil	6,6 %	-	3,4 %	50 %	22,3 %	27,7 %
6. Dezil	8 %	-	2 %	60 %	30,3 %	29,7 %
7. Dezil	9,7 %	-	0,3 %	70 %	40,0 %	30,0 %
8. Dezil	12,2 %	2,2 %	-	80 %	52,2 %	27,8 %
9. Dezil	16,3 %	6,3 %	-	90 %	68,5 %	21,5 %
10. Dezil	31,5 %	21,5 %	-	100 %	100 %	0 %
	Σ 100 %	Σ 30 %	Σ 30 %			

8.2.8 Lösung der Aufgabe 8.1.8

Der Rae-Index wird aus den quadrierten relativen Häufigkeiten nach dieser Formel berechnet:

$$\text{Rae} = 1 - \sum_{i=1}^{n} p_i^2.$$

Für das Bundestagswahlergebnis folgt damit:

RAE = 1 - (0,385² + 0,385² + 0,086² + 0,074² + 0,040² + 0,030²) = 1 - 0,3118 = 0,6882.

Die Konzentrationsrate C_2 gibt den Anteil an, den die beiden größten Merkmalsträger an der gesamten Merkmalssumme haben:

$$C_m = \frac{\sum_{i=1}^{m} x_i}{\sum_{i=1}^{n} x_i}.$$

Das ergibt hier: $C_2 = \frac{38,5\% + 38,5\%}{100\%} = 0,77 = 77\%$.

Der Rae-Index von 0,69 zeigt eine für Deutschland vergleichsweise hohe Fraktionalisierung. Die Konzentrationsrate fällt im Vergleich zu früheren Werten relativ gering aus. Offensichtlich hält der Trend zur Ausdifferenzierung des Parteiensystems an.

8.2.9 Lösung der Aufgabe 8.1.9

Für den Herfindahl-Index gilt:

$$H = \frac{\sum_{i=1}^{n} x_i^2}{\left(\sum_{i=1}^{n} x_i\right)^2}.$$

Die Daten müssen also quadriert werden:

8.2 Lösungen

Fachrichtung	Studenten x_i	(Studenten $x_i)^2 = x_i^2$
1	388,2	150.699,24
2	361,3	130.537,69
3	238,3	56.786,89
4	129,0	16.641,00
5	93,8	8.798,44
6	30,4	924,16
7	63,5	4.032,25
Σ	1.304,5	368.419,67

$$H = \frac{\sum_{i=1}^{n} x_i^2}{\left(\sum_{i=1}^{n} x_i\right)^2} = \frac{368.419,67}{(1.304,5)^2} = 0,2165.$$

Alternativ kann der Herfindahl-Index auch über die relativen Häufigkeiten berechnet werden. Dies soll am Beispiel der Fachhochschulen vorgeführt werden:

$$H = \sum_{i=1}^{n} h_i^2.$$

Fachrichtung	Studenten x_i	Relative Häufigkeit h_i	$(h_i)^2$
1	8,5	0,01904549	0,00036273
2	201,4	0,45126596	0,20364097
3	36,6	0,08200762	0,00672525
4	163,5	0,36634551	0,13420903
5	–	–	–
6	14,6	0,03271342	0,00107017
7	21,7	0,048622	0,0023641
Σ	446,3	1	0,3483722

Der Herfindahl-Index lässt sich nun leicht ablesen: $H_F = 0,3484$.

Beim Herfindahl-Index ist zu beachten, dass er sich auf den Wertebereich

$$\frac{1}{n} < H < 1$$

erstreckt und daher der jeweilige Minimalwert extra berechnet werden muss. Es gilt daher für die Universitäten:

$$\frac{1}{7} = 0,143 < H_U = 0,2165 < 1$$

und für die Fachhochschulen

$$\frac{1}{6} = 0,167 < H_F = 0,3484 < 1.$$

Der unterschiedliche Wertebereich ergibt sich, da allgemeine Medizin an Fachhochschulen nicht angeboten wird und deshalb in die Berechnung nicht einfließt.

Die Konzentration der Studierenden auf die einzelnen Fachrichtungen ist also an Fachhochschulen höher als an den Universitäten.

8.2.10 Lösung der Aufgabe 8.1.10

Wichtig bei dieser Aufgabe ist, dass hier die Merkmalsträger in Quintile eingeteilt wurden!

Da die Daten hier klassiert vorliegen, gilt:

$$G = \left[\sum_{i=1}^{n} h_i \cdot (u_{i-1} + u_i)\right] - 1 = 1,282 - 1 = 0,282$$

für $k = 5$ Klassen.

8.2 Lösungen

Haushalts-quintil	Prozent der Haushalte	Kumulierter Anteil der Merkmalsträger u_i	Kumulierter Anteil der Merkmalsträger bis zu u_{i-1}	$u_i + u_{i-1}$	Anteil an der Merkmalssumme h_i	$(u_i + u_{i-1}) \cdot h_i$
1	0,2	0,2	0	0,2	0,079	0,0158
2	0,2	0,4	0,2	0,6	0,13	0,078
3	0,2	0,6	0,4	1	0,177	0,177
4	0,2	0,8	0,6	1,4	0,235	0,329
5	0,2	1	0,8	1,8	0,379	0,6822
						$\Sigma\,1,282$

Beim Zeichnen der Lorenzkurve wird mit der „ärmsten" Einkommensgruppe begonnen. Das sind hier die 20 % der Haushalte des 1. Quintils, auf die nur 7,9 % des Gesamteinkommens entfallen. Beginnend mit diesem Quintil der Merkmalsträger, müssen die Merkmalswerte aufkumuliert werden!

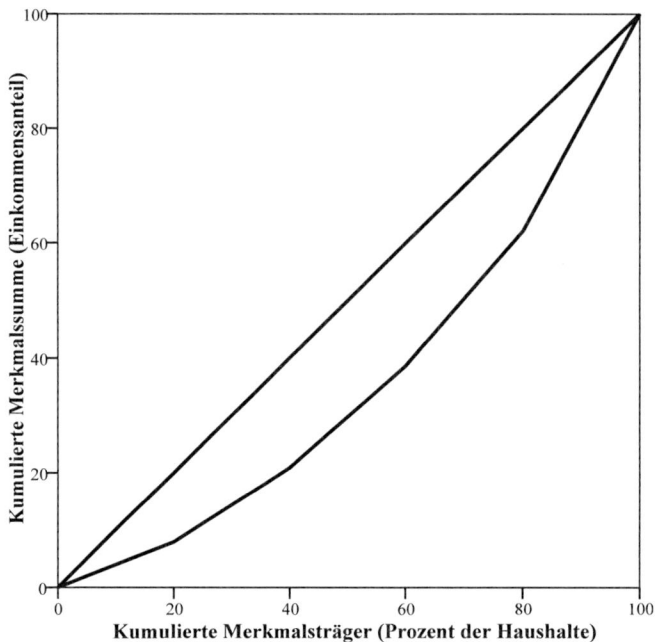

Abbildung 8.6: Lorenzkurve zur Aufgabe 8.1.10.

8.2.11 Lösung der Aufgabe 8.1.11

Der Rae-Index wird aus den quadrierten relativen Häufigkeiten nach dieser Formel berechnet:

$$\text{Rae} = 1 - \sum_{i=1}^{n} p_i^2.$$

Für die einzelnen Wahljahre ergeben sich diese Werte für die Fragmentierung nach dem Rae-Index:

RAE_1998 = 1 - (0,2² + 0,06² + 0,32² + 0,12² + 0,3²) = 1 - 0,2504 =

= 0,7496.

8.2 Lösungen

RAE_2002 = 1 - (0,25² + 0,05² + 0,22² + 0,13² + 0,35²) = 1 - 0,2528 =

= 0,7472.

RAE_2006 = 1 - (0,34² + 0,04² + 0,10² + 0,20² + 0,32²) = 1 - 0,2696 =

= 0,7304.

Für die Anzahl effektiver Parteien, die ebenfalls mit den quadrierten relativen Häufigkeiten berechnet werden, lassen sich die Werte wieder verwenden:

$$\text{AZP} = \frac{1}{\sum_{i=1}^{n} p_i^2}.$$

AZP_1998 = $\frac{1}{0,2504} = 3,99$.

AZP_2002 = $\frac{1}{0,2528} = 3,96$.

AZP_2006 = $\frac{1}{0,2696} = 3,71$.

Die Konzentrationsrate C_2 oder C_3 gibt den Anteil an, den die beiden (bzw. drei) größten Merkmalsträger an der gesamten Merkmalssumme haben:

$$C_m = \frac{\sum_{i=1}^{m} x_i}{\sum_{i=1}^{n} x_i}.$$

Das ergibt für die Wahl

1998: $C_2 = \frac{32\% + 30\%}{100\%} = 62\%$ und $C_3 = \frac{32\% + 30\% + 20\%}{100\%} = 0,82 = 82\%$.

2002: $C_2 = \frac{35\% + 25\%}{100\%} = 60\%$ und $C_3 = \frac{35\% + 25\% + 22\%}{100\%} = 0,82 = 82\%$.

2006: $C_2 = \frac{34\% + 32\%}{100\%} = 66\%$ und $C_3 = \frac{34\% + 32\% + 20\%}{100\%} = 0,86 = 86\%$.

Dem Rae-Index zufolge müsste sich die Fraktionalisierung sehr leicht verringert haben. Die abnehmende Zersplitterung wird auch von den anderen Messzahlen bestätigt: So nimmt die Anzahl der relevanten Parteien leicht ab. D.h. die zweitstärkste Partei gewinnt an Bedeutung. Ebenso legen die Konzentrationsraten C_2 und C_3 über die Zeit leicht zu.

8.2.12 Lösung der Aufgabe 8.1.12

Es liegen klassifizierte Daten vor. Deshalb ist diese Formel zu verwenden: $G = \left[\sum_{i=1}^{k} h_i(u_{i-1} + u_i)\right] - 1$ mit k = Klassenanzahl.

Prozent der Haushalte	Kumulierter Anteil der Merkmalsträger u_i	Kumulierter Anteil bis zu u_{i-1}	$u_i + u_{i-1}$	Anteil an der Merkmalssumme h_i	$(u_i + u_{i+1}) \cdot h_i$
0,1	0,1	0	0,1	0,00	0,00
0,1	0,2	0,1	0,3	0,00	0,00
0,1	0,3	0,2	0,5	0,01	0,00
0,1	0,4	0,3	0,7	0,01	0,01
0,1	0,5	0,4	0,9	0,03	0,02
0,1	0,6	0,5	1,1	0,05	0,06
0,1	0,7	0,6	1,3	0,09	0,12
0,1	0,8	0,7	1,5	0,14	0,21
0,1	0,9	0,8	1,7	0,20	0,35
0,1	1	0,9	1,9	0,46	0,87
					$\sum$ 1,64

Somit ergibt sich ein Gini-Koeffizient von G = 0,64. Die Vermögenskonzentration ist demnach in Deutschland stark bis mittelstark. Da die Fallzahl sehr hoch ist, muss der Gini-Index nicht korrigiert werden.

8.2 Lösungen

8.2.13 Lösung der Aufgabe 8.1.13

Die Stimmenverteilung im Bundesrat ist nach Art. 51 II GG entsprechend der Einwohnerzahlen gestaffelt.

Bundesland	Bevölkerung in Mio.	Stimmen x_i	Rangplatz x_i	$i \cdot x_i$
Baden-Württemberg	10,66	6	13	78
Bayern	12,39	6	14	84
Berlin	3,92	4	5	20
Brandenburg	2,58	4	6	24
Bremen	0,66	3	1	3
Hamburg	1,73	3	2	6
Hessen	6,10	5	12	60
Mecklenburg-Vorpommern	1,70	3	3	9
Niedersachsen	7,98	6	15	90
Nordrhein-Westfalen	18,08	6	16	96
Rheinland-Pfalz	4,06	4	7	28
Saarland	1,07	3	4	12
Sachsen	4,35	4	8	32
Sachsen-Anhalt	2,55	4	9	36
Schleswig-Holstein	2,82	4	10	40
Thüringen	2,39	4	11	44
Σ		69		662

Die Daten (Stimmen x_i) liegen in Form einer Urliste vor. Damit kann zur Berechnung des Gini-Index diese Formel verwendet werden:

$$G = \frac{2\sum_{i=1}^{n} i \cdot x_i - (n+1)\sum_{i=1}^{n} x_i}{n\sum_{i=1}^{n} x_i} = \frac{2\sum_{i=1}^{n} i \cdot x_i}{n\sum_{i=1}^{n} x_i} - \frac{n+1}{n} =$$

$$= \frac{2 \cdot 662}{16 \cdot 69} - \frac{16+1}{16} = 0,1368.$$

Auf Grund der kleinen Fallzahl muss das Gini-Maß noch korrigiert werden:

$$G^* = \frac{n}{n-1} \cdot G = \frac{16}{15} \cdot 0,1368 = 0,1459.$$

Mit 0,146 hält sich die Ungleichverteilung der Bundesratsstimmen in Grenzen.

8.2.14 Lösung der Aufgabe 8.1.14

Da man von Gleichverteilung innerhalb der Klassen ausgehen kann, ist es möglich das Gesamtvermögen je Klasse über die Klassenmitten x_i^* zu bestimmen.

a) Arbeitstabelle für Lorenzkurve:

j	Intervall	n	u_i	x_i^*	Verm. je Klasse	h_i	v_i
1	[0; 1.000]	400	0,4	500	200.000	0,02	0,02
2	(1.000; 5.000]	300	0,7	3.000	900.000	0,09	0,11
3	(5.000; 20.000]	200	0,9	12.500	2.500.000	0,25	0,36
4	(20.000; 108.000]	100	1,0	64.000	6.400.000	0,64	1,0
					Σ10.000.000		

Die zugehörige Lorenzkurve ist in Abbildung 8.7 auf S. 111 dargestellt.

b) Arbeitstabelle für den Gini-Koeffizienten:

j	u_i	u_{i-1}	$u_i + u_{i-1}$	h_i	$(u_i + u_{i-1}) \cdot h_i$
1	0,4	0	0,4	0,02	0,008
2	0,7	0,4	1,1	0,09	0,099
3	0,9	0,7	1,6	0,25	0,4
4	1	0,9	1,9	0,64	1,216
Σ					1,723

8.2 Lösungen

Gini für klassierte Daten:

$$G = \left[\sum_{i=1}^{k} h_i (u_{i-1} + u_i)\right] - 1 = 1{,}723 - 1 = 0{,}723.$$

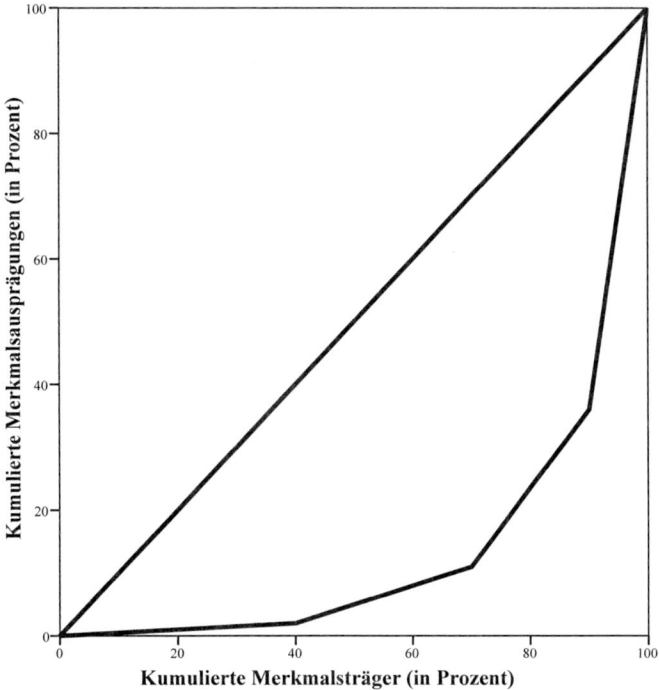

Abbildung 8.7: Lorenzkurve zur Aufgabe 8.1.14.

c) Die oberste Klasse enthält 10 % der Konten und 64 % des Gesamtvermögens. Die Klasse darunter enthält insgesamt 25 % des Gesamtvermögens auf 20 % der gesamten Bankkonten. Da wir von Gleichverteilung innerhalb der Klassen ausgehen machen die fehlenden 5 % innerhalb dieser Klasse 25/4 = 6,25 % des Gesamtvermögens aus. Demnach entfallen auf die 15 % der größten Bankkonten 64 + 6,25 = 70,25 % des Gesamtvermögens.

9 Zweidimensionale Häufigkeitsverteilungen

9.1 Aufgaben

Die Lösungen dieser Aufgaben finden Sie ab S. 114.

9.1.1 Aufgabe

Eine Untersuchung von 200 Personen über ihre Kirchenbindung ergab für vier Altersgruppen folgende zweidimensionale Häufigkeitsverteilung:

Altersgruppe	Kirchenbindung			Randhäufigkeiten
	gering	mittel	hoch	
15 - 29 Jahre		20	5	60
30 - 44 Jahre	28			50
45 - 60 Jahre		20	10	40
61 Jahre und älter	10		25	
Randhäufigkeiten			50	n = 200

a) Ermitteln Sie die fehlenden absoluten Häufigkeiten.

b) Ermitteln Sie die zweidimensionale Häufigkeitstabelle mit den relativen Häufigkeiten.

c) Berechnen Sie die bedingten relativen Häufigkeiten (d.h. die Zeilen- und Spaltenprozente).

d) Skizzieren Sie für Ihre Ergebnisse aus c) jeweils ein gruppiertes Balkendiagramm.

e) Interpretieren Sie die Tabellen und Graphiken.

9.1.2 Aufgabe

Folgende Daten stellen Ergebnisse der Bremer Bürgerbefragung anlässlich der Bürgerschaftswahl am 6. Juni 1999 dar (alle Angaben in Prozent):

	SPD	CDU	B90/G	AfB	FDP	DVU	PDS	Sonstige
Gesamt	49,6	32,8	8,7	1,4	2,2	1,4	2,8	1,1
Geschlecht								
weiblich	53,5	30,8	7,8	1,5	2,3	0,5	2,2	1,4
männlich	44,8	35,0	9,8	1,5	2,1	2,5	3,5	0,8
Eigene wirtschaftliche Lage								
sehr gut & gut	49,7	35,6	7,9	1,1	2,2	1,4	1,5	0,6
schlecht & sehr schlecht	48,6	19,8	12,7	3,4	1,9	1,5	8,7	3,4
Veränderung der allgemeinen wirtschaftlichen Lage								
verbessert	41,7	48,5	4,8	1,8	1,0	1,1	1,1	-
unverändert	54,7	27,1	9,3	0,9	2,2	1,5	2,8	1,5
verschlechtert	44,1	30,4	11,7	2,0	3,8	1,3	4,7	2,0

Anmerkungen: Antworten auf die Frage: „Und wenn Sie zur Wahl gehen würden, welche Partei würden Sie dann wählen?". Dargestellt sind die prozentualen Verteilungen nach verschiedenen soziostrukturellen und ökonomischen Variablen. Die Daten sind soziostrukturell, aber nicht politisch gewichtet.

a) Erstellen Sie ein gruppiertes Balkendiagramm das anzeigt, ob eine Partei stärker von Frauen oder Männern gewählt wird.

b) Interpretieren Sie die Ergebnisse mit geeigneten Prozentuierungen.

9.2 Lösungen

9.2.1 Lösung der Aufgabe 9.1.1

a) Die fehlenden absoluten Häufigkeiten erhält man aus der Differenz der Randhäufigkeit mit den Zellen der jeweiligen Spalte oder Zeile. Eine mögliche Reihenfolge, in der die fehlenden Zellen bestimmt werden können, ist mit (1.), (2.), ... markiert. Am Ende der Berechnungen kann über den Vergleich der Zeilen- und Spaltensummen (83 + 67 + 50 = 200 = 60 + 50 + 40 + 50) das Ergebnis überprüft werden.

Altersgruppe	Kirchenbindung			Randhäufigkeiten
	gering	mittel	hoch	
15 - 29 Jahre	(2.) 60 - 5 - 20 = 35	20	5	60
30 - 44 Jahre	28	(5.) 50 - 28 - 10 = 12	(4.) 50 - 5 - 10 - 25 = 10	50
45 - 60 Jahre	(3.) 40 - 10 - 20 = 10	20	10	40
61 Jahre und älter	10	(6.) 50 - 25 - 10 = 15	25	(1.) 200 - 60 - 50 - 40 = 50
Randhäufigkeiten	(8.) 200 - 50 - 67 = 83	(7.) 20 + 12 + 20 + 15 = 67	50	n = 200

b) Die zweidimensionale Häufigkeitsverteilung erhält man, indem man alle Zelleneinträge durch die Anzahl aller n dividiert. Dies entspricht der Berechnung der relativen Häufigkeiten.

9.2 Lösungen

Altersgruppe	Kirchenbindung			Randhäufig-keiten
	gering	mittel	hoch	
15 - 29 Jahre	35 : 200 = 0,175	20 : 200 = 0,1	5 : 200 = 0,025	60 : 200 = 0,3
30 - 44 Jahre	28 : 200 = 0,14	12 : 200 = 0,06	10 : 200 = 0,05	50 : 200 = 0,25
45 - 60 Jahre	10 : 200 = 0,05	20 : 200 = 0,1	10 : 200 = 0,05	40 : 200 = 0,2
61 Jahre und älter	10 : 200 = 0,05	15 : 200 = 0,075	25 : 200 = 0,125	50 : 200 = 0,25
Randhäufig-keiten	83 : 200 = 0,415	67 : 200 = 0,335	50 : 200 = 0,25	200 : 200 = 1

c) Um die bedingten relativen Häufigkeiten zu erhalten, müssen die Zelleninhalte durch die Randhäufigkeit der jeweiligen Zeile (Zeilenprozente) oder Spalte (Spaltenprozente) dividiert werden.

Zunächst die Zeilenprozente:

Altersgruppe	Kirchenbindung			Randhäufig-keiten
	gering	mittel	hoch	
15 - 29 Jahre	35 : 60 = 0,583	20 : 60 = 0,333	5 : 60 = 0,083	60 : 60 = 1
30 - 44 Jahre	28 : 50 = 0,56	12 : 50 = 0,24	10 : 50 = 0,2	50 : 50 = 1
45 - 60 Jahre	10 : 40 = 0,25	20 : 40 = 0,5	10 : 40 = 0,25	40 : 40 = 1
61 Jahre und älter	10 : 50 = 0,2	15 : 50 = 0,3	25 : 50 = 0,5	50 : 50 = 1
Randhäufig-keiten	83 : 200 = 0,415	67 : 200 = 0,335	50 : 200 = 0,25	200 : 200 = 1

Die Spaltenprozente lauten:

Altersgruppe	Kirchenbindung			Randhäufig-keiten
	gering	mittel	hoch	
15 - 29 Jahre	35 : 83 = 0,422	20 : 67 = 0,299	5 : 50 = 0,1	60 : 200 = 0,3
30 - 44 Jahre	28 : 83 = 0,337	12 : 67 = 0,179	10 : 50 = 0,2	50 : 200 = 0,25
45 - 60 Jahre	10 : 83 = 0,12	20 : 67 = 0,299	10 : 50 = 0,2	40 : 200 = 0,2
61 Jahre und älter	10 : 83 = 0,12	15 : 67 = 0,224	25 : 50 = 0,5	50 : 200 = 0,25
Randhäufig-keiten	83 : 83 = 1	67 : 67 = 1	50 : 50 = 1	200 : 200 = 1

d) Gruppierte Balkendiagramme für die Zeilen- und die Spaltenprozente:

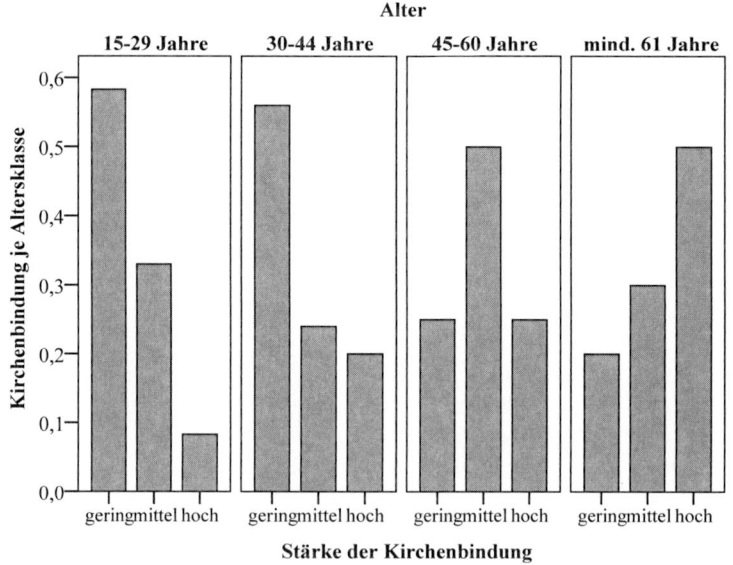

Abbildung 9.1: Darstellung der Zeilenprozente als Balkendiagramm

9.2 Lösungen 117

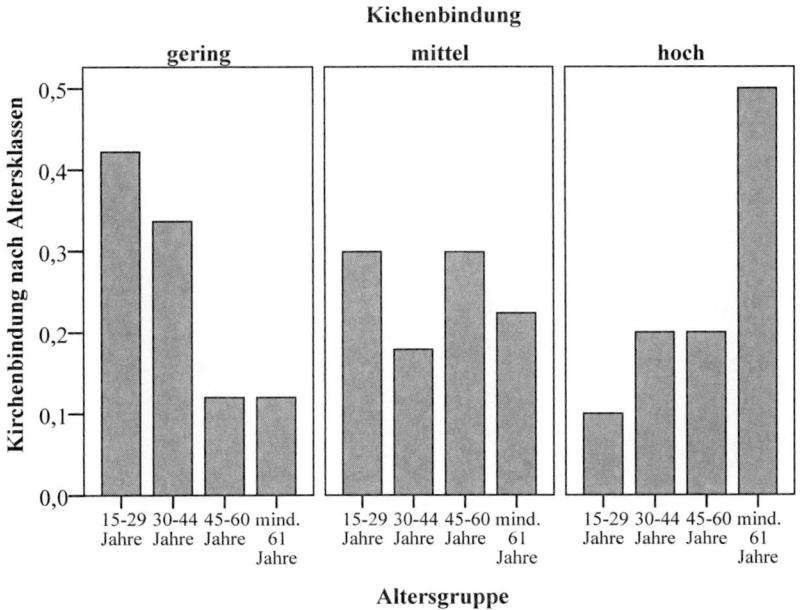

Abbildung 9.2: Darstellung der Spaltenprozente als Balkendiagramm

e) Aus der ersten Tabelle lässt sich ablesen, dass nur 2,5 % (= 5 : 200) aller Befragten sehr jung (15 - 29 Jahre) und hoch kirchengebunden sind. Unter den 15- bis 29-jährigen sind jedoch 8,3 % (= 5 : 60) kirchlich hoch gebunden (siehe Zeilenprozente). Unter den kirchlich sehr stark Gebundenen hat die jüngste Altersgruppe (15- bis 29-Jährige) einen Anteil von 10 % (= 5 : 50 aus der Spaltenprozenttabelle). Die erste Graphik zeigt, wie der Anteil der hoch Kirchengebundenen mit dem Alter ansteigt. Gleichzeitig nimmt der Anteil der kirchlich gering Gebundenen mit dem Alter ab. In der zweiten Graphik (Spaltenprozente) wird die Gruppe der gering Kirchengebundenen in Altersklassen unterteilt. In dieser Gruppe haben die 15- bis 29- und 30- bis 44-Jährigen den größten Anteil. Werden alle Gruppen von Bindungsstärken zugleich betrachtet (d.h. die gesamte Population ohne Unterscheidung des Merkmals Kirchenbindung), kann die Altersstruktur der Bevölkerung abgelesen werden.

9.2.2 Lösung der Aufgabe 9.1.2

a) Das gruppierte Balkendiagramm könnte so konstruiert werden:

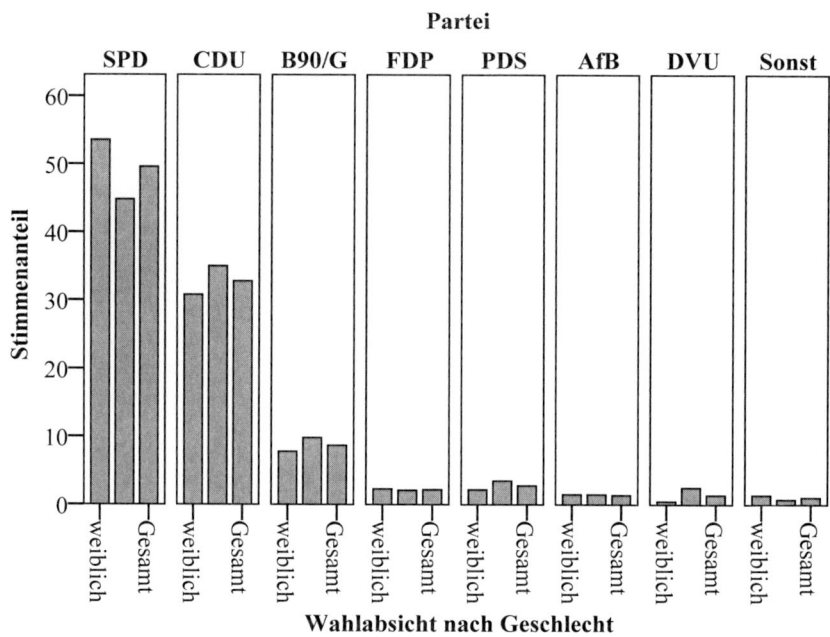

Abbildung 9.3: Wahlabsicht nach Geschlecht

b) Von allen Frauen wählen 53,5 % die SPD, von allen Männern tun dies 44,8 %. Der Anteil der PDS-Wähler liegt bei den Männern bei 3,5 %, während von den Frauen nur 2,2 % die PDS wählen. In der Gruppe derer, die die eigene wirtschaftliche Lage schlecht oder sehr schlecht beurteilen, wählen 12,7 % die Grünen. Von denen, die die wirtschaftliche Lage als unverändert einschätzen, wählen 54,7 % die SPD.

10 Zusammenhangsmaße

10.1 Aufgaben

Die Lösungen dieser Aufgaben finden Sie ab S. 130.

10.1.1 Aufgabe

Die folgende Kreuztabelle stellt Ergebnisse der Bremer Bürgerbefragung anlässlich der Bürgerschaftswahl 1999 dar. Angegeben sind jeweils die absoluten Häufigkeiten der Befragten. In den Zeilen sind die Antworthäufigkeiten nach dem Ansehen der Parteien aufgeführt. Die Frage lautete: „Wenn Sie einmal an die beiden Regierungsparteien, SPD und CDU denken, wessen Ansehen ist während der großen Koalition in der Öffentlichkeit stärker gestiegen? Das der SPD oder das der CDU?".

In den Spalten werden die Häufigkeiten der Wahlabsicht für die beiden großen Parteien abgebildet.

	Wahlabsicht für		
gestiegenes Ansehen der	SPD	CDU	Summe
SPD	290	47	337
CDU	147	265	412
Summe	437	312	749

a) Untersuchen Sie mithilfe der Prozentsatzdifferenz $d\%$, ob es einen Zusammenhang zwischen der Wahrnehmung des Parteiansehens und der eigenen Wahlentscheidung gibt.

b) Berechnen Sie Yules Q,

c) den Koeffizienten Phi ϕ und den korrigierten Phi-Wert ϕ_{kor} sowie

d) den Kontingenzkoeffizienten C und den korrigierten Kontingenzkoeffizienten C^*.

e) Interpretieren Sie Ihre Ergebnisse. Gibt es einen Zusammenhang zwischen der Wahlabsicht für eine Partei und deren gestiegenen Ansehen in der Öffentlichkeit?

10.1.2 Aufgabe

Folgende Kreuztabelle stellt den Zusammenhang zwischen dem Wahlsystem und der Mehrheitsbildung in westlichen Industrieländern dar. Die Datengrundlage sind die Wahlergebnisse aus 23 Ländern (243 Wahlen) im Zeitraum von 1945 bis 1982.

	Verhältniswahl-system (VW)	Mehrheitswahl-system (MW)	Summe
keine absolute Mehrheit	133	29	162
absolute Mehrheit	25	56	81
Summe	158	85	243

a) Berechnen Sie die Prozentsatzdifferenz $d\%$,

b) Yules Q,

c) den Koeffizienten Phi ϕ, den korrigierten Phi-Wert ϕ_{kor} sowie

d) den Kontingenzkoeffizienten C und den korrigierten Kontingenzkoeffizienten C^*.

e) Interpretieren Sie Ihre Ergebnisse.

10.1.3 Aufgabe

Die allgemeine Bevölkerungsumfrage ALLBUS ergab für die Fragen

- V327 Zweitstimme, letzte Bundestagswahl und

10.1 Aufgaben

- V409 Steuersenkung vs. soziale Leistungen ausbauen

die folgende Kontingenztabelle:

	Steuern senken	Sozialetat erhöhen	Summe
CDU/CSU	475	226	701
SPD	344	260	604
FDP	114	43	157
B90/Grüne	101	111	212
Summe	1034	640	1674

a) Berechnen Sie die Tabellenprozente, die Zeilen- und die Spaltenprozente.

b) Interpretieren Sie jeweils aus diesen drei Tabellen zwei Prozentwerte.

c) Berechnen Sie Cramers V sowie

d) Tschuprows T.

10.1.4 Aufgabe

Folgende Kreuztabelle stellt den Zusammenhang zwischen dem Wahlverhalten bei der letzten Bundestagswahl und der Einstellung zur Durchführung von straffreien Schwangerschaftsabbrüchen dar. Angeführt sind jeweils die Nennungen repräsentativ ausgewählter Befragter.

Zweitstimme bei der letzten Bundestagswahl	„Sollte ein straffreier Schwangerschaftsabbruch erlaubt sein?"		
	Ja	Nein	Gesamt
CDU/CSU	170	480	650
SPD	455	217	672
FDP	106	24	130
B90/G.	118	44	162
Gesamt	849	765	1.614

a) Berechnen Sie Cramers V,

b) Tschuprows T und

c) Lambda λ.

d) Interpretieren Sie Ihre Ergebnisse.

10.1.5 Aufgabe

Untersuchen Sie anhand des Zusammenhangsmaßes Lambda λ ob es eine Beziehung institutioneller Stabilität und volkswirtschaftlicher Leistungsstärke gibt. Dabei bedeutet „1" eine niedrige und „5" eine hohe Bewertung. Gehen Sie von der Hypothese aus, dass leistungsstärkere Volkswirtschaften zu institutioneller Stabilität führen und berechnen Sie das Spalten-λ_c.

Leistungsstärke der Volkswirtschaft	Institutionelle Stabilität						
	0	1	2	3	4	5	Gesamt
1	14	1	3	0	0	0	18
2	14	1	4	12	4	1	36
3	14	1	4	15	9	0	43
4	3	0	0	1	1	7	12
5	1	0	0	0	0	6	7
Gesamt	46	3	11	28	14	14	116

Quelle: Bertelsmann-Stiftung (2003).

10.1.6 Aufgabe

Neben korporatistischen Staat-Verbände-Beziehungen ist Konsensdemokratien oftmals auch ein föderaler Staatsaufbau zu eigen. Wie eng der Zusammenhang zwischen Korporatismus und föderalem Autonomiegrad ist, lässt sich mit Hilfe der biserialen Rangkorrealtion r_{rbis} ermitteln, die den Zusammenhang zwischen einer dichotomen und einer ordinal skalierten Variablen angibt. Die Tabelle zeigt die

Staat-Verbände-Beziehungen (1 = Korporatismus; 0 = Pluralismus) der OECD-Länder sowie deren Grad an föderaler Autonomie an (gemessen als Rangplatz der Zentralisierung der Staatseinnahmen, niedrige Rangzahlen bei hohem Zentralisierungsgrad des Budgets).

Land	Staat-Verbände-Beziehungen	Zentralisierungsgrad des Steueraufkommens
Australien	0	3
Belgien	1	19
Dänemark	1	8
Deutschland	1	21
Finnland	1	12
Frankreich	0	16
Griechenland	0	5
Großbritannien	0	4
Irland	0	2
Italien	0	9
Japan	1	18
Kanada	0	17
Neuseeland	0	1
Niederlande	1	11
Norwegen	1	7
Österreich	1	13
Portugal	0	6
Schweden	1	10
Schweiz	1	20
Spanien	0	14
USA	0	15

Quelle: Wagschal 2005: 60.

10.1.7 Aufgabe

Die folgenden Daten beziehen sich auf die Unabhängigkeit von Notenbanken und die Inflationsperformanz von OECD-Ländern in einer Periode von 10 Jahren. Berechnen und interpretieren Sie für die nachfolgende Tabelle den punktbiserialen Korrelationskoeffizienten r_{pbis} für den Zusammenhang zwischen Unabhängigkeit der Notenbank (1 = unabhängig und 0 = abhängig) und der Preisniveaustabilität. Interpretieren Sie ihr Ergebnis.

Land	Unabhängigkeit der Notenbank	Durchschnittliche Inflationsrate
Australien	0	6,3 %
Belgien	0	3,9 %
Dänemark	0	4,9 %
Deutschland	1	3,0 %
Finnland	0	5,4 %
Frankreich	0	5,3 %
Griechenland	0	17,3 %
Großbritannien	0	6,1 %
Irland	0	6,5 %
Italien	0	8,7 %
Japan	1	2,1 %
Kanada	0	4,9 %
Neuseeland	0	8,0 %
Niederlande	0	2,8 %
Norwegen	0	5,9 %
Österreich	1	3,5 %
Portugal	0	13,4 %
Schweden	0	3,2 %
Schweiz	1	6,7 %
Spanien	0	7,9 %
USA	1	4,7 %

10.1.8 Aufgabe

Der *Freedom-House*-Index dient zur Messung des Freiheitsgrades von Ländern und ist in der empirischen Demokratieforschung sehr weit verbreitet. Dieser Indikator stuft Staaten in drei Kategorien ein: frei, teilweise frei oder unfrei.

Land	Status	BIP pro Kopf in tausend Dollar
A	frei	16
B	frei	12
C	frei	8
D	teilweise frei	20
E	teilweise frei	10
F	teilweise frei	7
G	unfrei	11
H	unfrei	9
I	unfrei	6

In der vergleichenden Demokratieforschung existiert die Theorie, dass Demokratie und Wohlstand miteinander untrennbar verbunden sind. Überprüfen Sie diese Theorie mit Hilfe von Eta-Quadrat η^2 und Eta η.

10.1.9 Aufgabe

Die Parteiendifferenzhypothese behauptet, dass starke Linksparteien den Einführungszeitpunkt von Sozialversicherungen begünstigt haben. Je stärker Linksparteien waren, desto früher wurden Sozialversicherungen implementiert. In der folgenden Tabelle (S. 126) sind die Einführungszeitpunkte der Sozialversicherungen sowie die durchschnittlichen Stimmenanteile linker Parteien bei nationalen Wahlen (im Zeitraum von 1900 bis 1945) dargestellt:

Berechnen Sie für die in der Tabelle aufgelisteten Länder den

a) Spearman- und den

b) Pearson-Korrelationskoeffizienten. Interpretieren Sie Ihre Ergebnisse. Stehen Ihre Befunde im Einklang mit der Hypothese?

Land	Einführungszeitpunkt der ersten Sozialversicherung	Durchschnittlicher Stimmenanteil von Linksparteien
Deutschland	1883	36,16 %
Österreich	1887	42,07 %
Dänemark	1891	34,11 %
Schweden	1891	35,86 %
Belgien	1894	35,77 %
Finnland	1895	39,17 %
Norwegen	1895	29,69 %
Großbritannien	1897	24,00 %
Irland	1897	11,54 %
Frankreich	1898	28,03 %
Italien	1898	22,08 %
Niederlande	1901	19,85 %
Schweiz	1911	22,62 %

10.1.10 Aufgabe

Land	Kabinettssitzanteil linker Parteien	Steuerquote
A	20 %	30 %
B	30 %	50 %
C	50 %	40 %
D	0 %	20 %
E	10 %	25 %
F	5 %	18 %
G	80 %	45 %
H	90 %	60 %

10.1 Aufgaben 127

Die obenstehende Tabelle gibt für acht Länder die prozentualen Kabinettssitzanteile linker Parteien während eines bestimmten Zeitraumes und die zugehörige durchschnittliche Steuerquote (Steuereinnahmen in Prozent des BIP) an.

Berechnen Sie

a) den Rangkorrelationskoeffizienten nach Spearman und

b) Kendalls τ_a.

10.1.11 Aufgabe

Die folgende Tabelle gibt für die alten Bundesländer der Bundesrepublik Deutschland (außer Berlin) die durchschnittlichen parteipolitischen Zusammensetzungen der Regierungen im Zeitraum von 1949 - 1992 (gemessen auf einer siebenstufigen Skala) sowie die Pro-Kopf-Verschuldung im Jahre 1992 (in tsd. DM) an.

Bundesland	parteipolitische Zusammensetzung	Schuldenstand 1992
Baden-Württemberg	2,2	5.672
Bayern	1,8	4.056
Bremen	6,1	23.988
Hamburg	6,2	12.035
Hessen	5,8	7.858
Niedersachsen	3,9	8.133
Nordrhein-Westfalen	4,9	8.467
Rheinland-Pfalz	2,0	7.919
Saarland	3,2	14.739
Schleswig-Holstein	2,6	9.087

Index der parteipolitischen Zusammensetzung der Regierungen:

1 = CDU/CSU-Alleinregierung

2 = CDU/CSU-Regierung mit einem Koalitionspartner (nicht SPD).

3 = CDU/CSU-Regierung mit mehreren Koalitionspartnern (ohne SPD).

4 = Große Koalition oder Regierung, die weder SPD- noch CDU/CSU-geführt ist.

5 = SPD-Regierung mit mehreren Koalitionspartnern (ohne CDU/CSU).
6 = SPD-Regierung mit einem Koalitionspartner (nicht CDU/CSU).
7 = SPD-Alleinregierung

Berechnen Sie Kendalls Tau τ_a und interpretieren Sie Ihre Ergebnisse.

10.1.12 Aufgabe

Die folgende Tabelle stellt die Antworten einer Umfrage zur Zufriedenheit mit dem politischen System dar. Berechnen Sie Goodman und Kruskals Gamma γ sowie die Kendalls Rangkorrelationskoeffizienten τ_b und τ_c.

Alter	Zufriedenheit mit dem politischen System			Summe
	niedrig	mittel	hoch	
unter 30 Jahre	20	19	15	54
30 - 60 Jahre	14	22	18	54
über 60 Jahre	10	17	35	62
Summe	44	58	68	170

10.1.13 Aufgabe

Berechnen Sie Goodmans und Kruskals γ für die folgenden Daten und untersuchen Sie damit, wie stark der Zusammenhang zwischen dem staatlichen Schutz privaten Eigentums und der Geldwertstabilität ist (1: hoch, 3: niedrig).

Monetary Stability Freedom	Property Rights Freedom			
	1	2	3	Gesamt
1	21	16	3	40
2	4	40	14	58
3	0	26	32	58
Gesamt	25	82	39	156

10.1.14 Aufgabe

a) Unterscheidet sich das Wahlverhalten regional? Untersuchen Sie mit dem Zusammenhangsmaß Eta η, ob sich die Volatilität (Veränderung) des Wahlverhaltens zwischen den alten und den neuen Bundesländern unterscheidet (Daten für den Zeitraum 1990-2004).

b) Spielt vielmehr die Größe eines Landes eine Rolle bei der Erklärung des Wahlverhaltens? Berechnen Sie mit dem Pearsonschen-Korrelationskoeffizienten den Zusammenhang zwischen Bevölkerungsgröße eines Bundeslandes und der Volatilität der Wahlergebnisse. Interpretieren Sie Ihre Ergebnisse.

Die Tabelle gibt die Volatilität des Wahlverhaltens und die Bevölkerungsgröße der Bundesländer wieder:

Bundesland	Volatilität (1990-2004)	Bevölkerungsgröße in Mio.	Region (West = 1, Ost = 2)
Baden-Württemberg	11,32	10,66	1
Bayern	6,95	12,39	1
Berlin	16,55	3,92	2
Brandenburg	19,97	2,58	2
Bremen	15,83	0,66	1
Hamburg	18,77	1,73	1
Hessen	6,79	6,10	1
Mecklenburg-Vorpommern	12,98	1,70	2
Niedersachsen	7,88	7,98	1
Nordrhein-Westfalen	4,88	18,08	1
Rheinland-Pfalz	6,00	4,06	1
Saarland	12,03	1,07	1
Sachsen	18,22	4,35	2
Sachsen-Anhalt	22,94	2,55	2
Schleswig-Holstein	9,13	2,82	1
Thüringen	17,41	2,39	2

10.2 Lösungen

Die Eigenschaften der im Folgenden behandelten Zusammenhangsmaße sind in dieser Übersicht zusammengetragen. Die Berechnungsvorschriften sind in der Formelsammlung ab S. 352 wiedergegeben.

Zusammenhangsmaß	Wertebereich	Anwendungsbereich	Skalenniveau
Prozentsatzdifferenz d%	-100% – +100%	n×n	nominal
Phi ϕ_{kor}	-1 – +1	2×2	nominal
Yules Q	-1 – +1	2×2	nominal
Cramers V	0 – +1	n×n	nominal
Tschuprows T	0 – +1	n×n	nominal
Kontingenzkoeffizient C^*	0 – +1	2×2	nominal
Guttmans Lambda λ	0 – +1	n×n; aber: asym.	nominal
biseriale Rangkorrelation r_{bis}	-1 – +1	2×n	dichotom / ordinal
punktbis. Rangkorrelation r_{pbis}	-1 – +1	2×n	dichotom / intervall
Eta η	0 – +1	n×n	nominal / metrisch
Spearman ρ	-1 – +1	2×n	ordinal
Kendalls τ_a	-1 – +1	2×n	ordinal
Goodman & Kruskal γ	-1 – +1	n×n	ordinal
Kendalls τ_b	-1 – +1	n×n	ordinal
Kendalls τ_c	-1 – +1	n×n	ordinal
Pearson r	-1 – +1	2×2	metrisch

10.2.1 Lösung der Aufgabe 10.1.1

a) Wenn zwischen der Wahrnehmung des Ansehens einer Partei und der eigenen Wahlentscheidung ein sehr enger Zusammenhang bestünde, müssten alle Personen, die bei SPD ein gestiegenes Ansehen feststellen, die Partei auch wählen.

Wenn jedoch unter den CDU-Wählern im gleichen Maße wie bei SPD-Wählern anerkannt werden würde, dass das Ansehen der SPD stärker gestiegen ist, dann wäre der Zusammenhang zwischen beiden Variablen besonders klein. Zum Vergleich der beiden Aussagen werden die Prozentsätze derer ermittelt, die unter den SPD- und den CDU-Wählern erklären, dass das Ansehen der SPD stärker gestiegen sei. Der Vergleich beider Werte durch die Differenzbildung zeigt dann wie stark der Zusammenhang ist:

$$d\% = 100 \cdot \left(\frac{a}{a+c} - \frac{b}{b+d} \right) =$$

$$= 100 \cdot \left(\frac{290}{437} - \frac{47}{312} \right) = 100 \cdot (0,66 - 0,15) = 51\%.$$

Da unter den Wählern der SPD der Anteil derer, die der Partei ein gestiegenes Ansehen attestieren 51 Prozentpunkte größer ist als unter den CDU-Wählern, besteht ein mittelstarker Zusammenhang zwischen beiden Variablen.

b) Yules Q ermittelt das Kreuzverhältnis zweier dichotomer Variablen anhand der Vorschrift: $Q = \frac{a \cdot d - b \cdot c}{a \cdot d + b \cdot c}$. Für dieses Beispiel ergibt sich:

$$Q = \frac{290 \cdot 265 - 47 \cdot 147}{290 \cdot 265 + 47 \cdot 147} = \frac{76.850 - 6.909}{76.850 + 6.909} = \frac{69.941}{83.759} = 0,835.$$

Yules Q zufolge besteht demnach ein starker Zusammenhang zwischen den beiden Variablen.

c) Phi ϕ kann durch eine Formel bestimmt werden:

$$\phi = \frac{a \cdot d - b \cdot c}{\sqrt{(a+b)(c+d)(a+c)(b+d)}} =$$

$$= \frac{290 \cdot 265 - 47 \cdot 147}{\sqrt{(290+47)(147+265)(290+147)(47+265)}} = \frac{69.941}{\sqrt{13.7588}} = 0,508.$$

Aber Phi ϕ soll auch mit Hilfe von χ^2 berechnet werden. Die Indifferenztabelle dazu lautet:

Ansehen der Regierungsparteien	Wahlabsicht für		
	SPD	CDU	Summe
SPD	(437·337) : 749 = 196,6	(312·337) : 749 = 140,4	337
CDU	(437·412) : 749 = 240,4	(312·412) : 749 = 171,6	412
Summe	437	312	749

Aus der Indifferenztabelle können die f_{eij} abgelesen und in die Arbeitstabelle übertragen werden.

Arbeitstabelle zur Berechnung von Chi-Quadrat χ^2:

Zelle	f_{bij}	f_{eij}	$f_{bij} - f_{eij}$	$(f_{bij} - f_{eij})^2$	$\frac{(f_{bij} - f_{eij})^2}{f_{eij}}$
A	290	196,6	93,4	8723,56	44,37
B	47	140,4	-93,4	8723,56	62,13
C	147	240,4	-93,4	8723,56	36,29
D	265	171,6	93,4	8723,56	50,84
	Σ 749	Σ 749	Σ 0		$\Sigma = \chi^2 = 193,63$

Mit χ^2 lässt sich ϕ bestimmen:

$$\phi = \sqrt{\frac{\chi^2}{n}} = \sqrt{\frac{193,63}{749}} = \sqrt{0,259} = 0,508.$$

ϕ_{kor} soll mittels ϕ_{extrem} berechnet werden. Dazu muss das am schwächsten besetzte Feld auf null gesetzt werden:

Ansehen der Regierungsparteien	Wahlabsicht für		
	SPD	CDU	Summe
SPD	337	0	337
CDU	100	312	412
Summe	437	312	749

10.2 Lösungen

$$\phi_{extrem} = \frac{a \cdot d - b \cdot c}{\sqrt{(a+b)(c+d)(a+c)(b+d)}} =$$

$$= \frac{337 \cdot 312 - 0 \cdot 100}{\sqrt{(337)(412)(437)(312)}} = \frac{105144}{137588,32} = 0,764.$$

$$\phi_{kor} = \frac{\phi}{\phi_{extrem}} = \frac{0,508}{0,764} = 0,665.$$

Mit $\phi_{kor} = 0,665$ besteht ein mittelstarker bis starker Zusammenhang zwischen der Einschätzung des Popularitätsgewinnes und der Wahlabsicht.

d) Berechnung des Kontingenzkoeffizienten C und des korrigierten Kontingenzkoeffizienten C^*:

$$C = \sqrt{\frac{\chi^2}{\chi^2 + n}} = \sqrt{\frac{193,63}{193,63 + 749}} = 0,453.$$

$$C^* = \frac{C}{C_{max}} = \frac{C}{\sqrt{\frac{R-1}{R}}} = \frac{0,453}{\sqrt{\frac{2-1}{2}}} = \frac{0,453}{0,707} = 0,641.$$

Auch der korrigierte Kontingenzkoeffizient zeigt einen mittelstarken Zusammenhang zwischen gestiegenem Ansehen in der Öffentlichkeit und der Wahlabsicht.

e) Interpretation: Es besteht ein mittelstarker bis starker Zusammenhang zwischen der Perzeption gestiegener Popularität und der eigenen Wahlentscheidung.

10.2.2 Lösung der Aufgabe 10.1.2

a) Wenn Verhältniswahlsysteme systematisch schlechter mehrheitsbildend wirken als Mehrheitswahlsysteme, dann müsste unter den Verhältniswahlsystemen der Anteil der Wahlergebnisse die keine absolute Mehrheit erbrachten, deutlich höher liegen, als der Anteil unter den Mehrheitswahlsystemen. Um die beiden Anteile zu berechnen und zu vergleichen kann die Prozentsatzdifferenz $d\%$ verwendet werden:

$$d\% = 100 \cdot \left(\frac{a}{a+c} - \frac{b}{b+d} \right) =$$

$$= 100 \cdot \left(\frac{133}{158} - \frac{29}{85} \right) = 100 \cdot (0,84 - 0,34) = 50, \%.$$

Der Prozentsatz der Wahlergebnisse, die zu keiner absoluten Mehrheit führen ist unter den Verhältniswahlsystemen 50 Prozentpunkte höher als unter dem Mehrheitswahlsystemen. Daher besteht ein mittelstarker Zusammenhang zwischen diesen beiden Variablen.

b) Yules Q bildet das Kreuzverhältnis zwischen den fehlenden und vorhandenen Ausprägungen zweier dichotomer Merkmale nach der Formel: $Q = \frac{a \cdot d - b \cdot c}{a \cdot d + b \cdot c}$. Für dieses Beispiel ergibt sich:

$$Q = \frac{133 \cdot 56 - 29 \cdot 25}{133 \cdot 56 + 29 \cdot 25} = \frac{7.448 - 725}{7.448 + 725} = \frac{6.723}{8.173} = 0,822.$$

c) Koeffizienten Phi ϕ lässt sich berechnen nach:

$$\phi = \frac{a \cdot d - b \cdot c}{\sqrt{(a+b)(c+d)(a+c)(b+d)}} =$$

$$= \frac{133 \cdot 56 - 29 \cdot 25}{\sqrt{(133+29)(25+56)(133+25)(29+56)}} = \frac{6723}{13.275,11} = 0,506.$$

Zur Interpretation von Phi ϕ muss auch ein korrigiertes ϕ_{kor} angegeben werden. Dieses wird mit Hilfe eines ϕ_{extrem} bestimmt, das aus der modifizierten Tabelle berechnet wird. In der modifizierten Tabelle wird das am schwächsten besetzte Feld auf null gesetzt. Danach werden die übrigen Felder mit Hilfe der Randverteilung ergänzt.

	Verhältniswahlsystem (VW)	Mehrheitswahlsystem (MW)	Summe
keine absolute Mehrheit	158	4	162
absolute Mehrheit	0	81	81
Summe	158	85	243

10.2 Lösungen

$$\phi_{extrem} = \frac{a \cdot d - b \cdot c}{\sqrt{(a+b)(c+d)(a+c)(b+d)}} =$$

$$= \frac{(158 \cdot 81) - (4 \cdot 0)}{\sqrt{(162)(81)(158)(85)}} = \frac{12798}{13275,11} = 0,9641.$$

$$\phi_{kor} = \frac{\phi}{\phi_{extrem}} = \frac{0,506}{0,9641} = 0,525.$$

Alternativ kann ϕ_{kor} nach dieser Formel berechnet werden, da das Produkt der ersten Hauptdiagonale ad größer als das der zweiten Hauptdiagonale bc ist:

$$\phi_{kor} = \frac{133 \cdot 56 - 29 \cdot 25}{243 \cdot \min(29; 25) + (133 \cdot 56 - 29 \cdot 25)} = \frac{6723}{243 \cdot 25 + 6723} = 0,525.$$

Diese Formel liefert das gleiche Ergebnis wie der erste Weg.

Es gibt noch eine dritte Alternative zur Berechnung des Phi-Koeffizienten ϕ, die auf der Größe Chi-Quadrat χ^2 basiert. Da χ^2 später auch zur Berechnung des Kontingenzkoeffizienten C nötig ist, soll jetzt hier schon auf seine Bestimmung eingegangen werden. Der erste Schritt dazu ist das Aufstellen einer so genannten Indifferenztabelle. Diese entsteht, wenn unter der Annahme der Unabhängigkeit der beiden Variablen die Zellenhäufigkeiten aus der gegebenen Randverteilung heraus errechnet werden:

Indifferenztabelle zur Berechnung von Chi-Quadrat χ^2:

	Verhältniswahl-system (VW)	Mehrheitswahl-system (MW)	Summe
keine absolute Mehrheit	$(158 \cdot 162) : 243 =$ 105,33	$(85 \cdot 162) : 243 =$ 56,67	162
absolute Mehrheit	$(158 \cdot 81) : 243 =$ 52,67	$(85 \cdot 81) : 243 =$ 28,33	81
Summe	158	85	243

Chi-Quadrat χ^2 ist die Summe der relativen Abweichungen der beobachteten Daten f_{bij} von den theoretischen, unter Unabhängigkeit erwarteten Werten f_{eij} und wird nach dieser Formel berechnet:

$$\chi^2 = \sum_{j=1}^{m} \sum_{i=1}^{k} \frac{(f_{bij} - f_{eij})^2}{f_{eij}}.$$

Bei der Berechnung hilft diese Arbeitstabelle:

Zelle	f_{bij}	f_{eij}	$f_{bij} - f_{eij}$	$(f_{bij} - f_{eij})^2$	$\frac{(f_{bij}-f_{eij})^2}{f_{eij}}$
A	133	105,33	27,67	765,63	7,27
B	29	56,67	-27,67	765,63	13,51
C	25	52,67	-27,67	765,63	14,54
D	56	28,33	27,67	765,63	27,03
	$\sum$ 243	$\sum$ 243	$\sum$ 0		$\sum = \chi^2 = 62,35$

Mit χ^2 lässt sich ϕ bestimmen:

$$\phi = \sqrt{\frac{\chi^2}{n}} = \sqrt{\frac{62,35}{243}} = \sqrt{0257} = 0,507.$$

d) Der Kontingenzkoeffizient C lässt sich mit dieser Formel berechnen:

$$C = \sqrt{\frac{\chi^2}{\chi^2 + n}} = \sqrt{\frac{62,35}{62,35 + 243}} = 0,45.$$

Wie der Phi-Koeffizient muss aber auch der Kontingenzkoeffizient C mit einem Maximalwert korrigiert werden. Der Korrekturfaktor lautet:

$$C_{max} = \sqrt{\frac{R-1}{R}}$$

mit R = Minimum der Zeilen- oder Spaltenanzahl. Insgesamt lautet die Berechnungsvorschrift für den normierten Kontingenzkoeffizienten:

$$C^* = \frac{C}{C_{max}} = \frac{C}{\sqrt{\frac{R-1}{R}}} = \sqrt{\frac{\chi^2}{\chi^2+n}} \cdot \sqrt{\frac{R}{R-1}} =$$

$$= \sqrt{\frac{62,35}{62,35+243}} \cdot \sqrt{\frac{2}{2-1}} = 0,45 \cdot 1,41 = 0,639.$$

e) Alle berechneten Zusammenhangsmaße zeigen einen starken Zusammenhang zwischen Wahlsystemgrundtyp und absoluter Parlamentsmehrheit an.

10.2.3 Lösung der Aufgabe 10.1.3

a) und b) Zur Berechnung der Tabellenprozente wird jede Zelle durch die Gesamtzahl der Fälle dividiert. Es werden die relativen Häufigkeiten h_{ij} für jede Zelle als Prozentsatz der Anzahl der Fälle gebildet.

	Steuern senken	Sozialetat erhöhen	Summe
CDU/CSU	475 : 1.674 = 0,2838	226 : 1.674 = 0,1350	701 : 1.674 = 0,4188
SPD	344 : 1.674 = 0,2055	260 : 1.674 = 0,1553	604 : 1.674 = 0,3608
FDP	114 : 1.674 = 0,0681	43 : 1.674 = 0,0257	157 : 1.674 = 0,0938
B90/Grüne	101 : 1.674 = 0,0603	111 : 1.674 = 0,0663	212 : 1.674 = 0,1266
Summe	1.034 : 1.674 = 0,6177	640 : 1.674 = 0,3823	1.674 : 1.674 = 1

Der Wert der ersten Zelle (475 : 1.674 = 0,2838) besagt, dass 28,38 % aller Befragten bei der letzten Bundestagswahl ihre Zweitstimme der CDU/CSU gegeben haben *und* Steuersenkungen befürworten. Der unterste Wert der ersten Spalte (1.034 : 1.674 = 0,6177) bedeutet, dass 61,77 % aller Befragten Steuersenkungen befürworten.

Um die Zeilenprozente zu berechnen, muss jede Zelle durch die Randsumme ihrer Zeile dividiert werden.

	Steuern senken	Sozialetat erhöhen	Summe
CDU/CSU	475 : 701 = 0,6776	226 : 701 = 0,3224	701 : 701 = 1
SPD	344 : 604 = 0,5695	260 : 604 = 0,4305	604 : 604 = 1
FDP	114 : 157 = 0,7261	43 : 157 = 0,2739	157 : 157 = 1
B90/Grüne	101 : 212 = 0,4764	111 : 212 = 0,5236	212 : 212 = 1
Summe	1.034 : 1.674 = 0,6177	640 : 1.674 = 0,3823	1.674 : 1.674 = 1

Die dritte Zeile zeigt das Meinungsbild innerhalb der Gruppe der FDP-Wähler: 72,61 % der FDP-Wähler wollen Steuersenkungen und 27,39 % der FDP-Wähler wollen den Sozialetat erhöhen.

Zur Berechnung der Spaltenprozente werden die Zellen auf die Spaltensumme prozentuiert:

	Steuern senken	Sozialetat erhöhen	Summe
CDU/CSU	475 : 1.034 = 0,4594	226 : 640 = 0,3531	701 : 1.674 = 0,4188
SPD	344 : 1.034 = 0,3327	260 : 640 = 0,4063	604 : 1.674 = 0,3608
FDP	114 : 1.034 = 0,1103	43 : 640 = 0,0672	157 : 1.674 = 0,0938
B90/Grüne	101 : 1.034 = 0,0977	111 : 640 = 0,1734	212 : 1.674 = 0,1266
Summe	1.034 : 1.034 = 1	640 : 640 = 1	1.674 : 1.674 = 1

Der zweite Wert der ersten Spalte (344 : 1.034 = 0,3327) besagt, dass 33,27 % der Leute, die Steuersenkungen befürworten, bei der letzten Bundestagswahl die SPD

10.2 Lösungen

gewählt haben. Die Zelle daneben bedeutet, dass 76,47 % der Befragten, die den Sozialetat erhöhen wollen, die SPD gewählt haben.

c) Zur Berechnung von Cramers V benötigt man χ^2. Der erste Schritt dafür ist das Erstellen einer Indifferenztabelle.

	Steuern senken	Sozialetat erhöhen	Summe
CDU/CSU	$(1.034 \cdot 701) : 1.674 =$ 433,00	$(640 \cdot 701) : 1.674 =$ 268,00	701
SPD	$(1.034 \cdot 604) : 1.674 =$ 373,08	$(640 \cdot 604) : 1.674 =$ 230,92	604
FDP	$(1.034 \cdot 157) : 1.674 =$ 96,98	$(640 \cdot 157) : 1.674 =$ 60,02	157
B90/Grüne	$(1.034 \cdot 212) : 1.674 =$ 130,95	$(640 \cdot 212) : 1.674 =$ 81,05	212
Summe	1.034	640	1.674

Aus der Indifferenztabelle werden die bei Unabhängigkeit der Variablen theoretisch zu erwartenden f_{eij} in eine Arbeitstabelle übertragen.

Zelle	f_{bij}	f_{eij}	$f_{bij} - f_{eij}$	$(f_{bij} - f_{eij})^2$	$\frac{(f_{bij}-f_{eij})^2}{f_{eij}}$
A	475	433,00	42,00	1.764,00	4,07
B	226	268,00	-42,00	1.764,00	6,58
C	344	373,08	-29,08	845,65	2,27
D	260	230,92	29,08	845,65	3,66
E	114	96,98	17,02	289,68	2,99
F	43	60,02	-17,02	289,68	4,83
G	101	130,95	-29,95	897,00	6,85
H	111	81,05	29,95	897,00	11,07
	$\sum 1.674$	$\sum 1.674$	$\sum 0$		$\sum = \chi^2 = 42,32$

Zur Berechnung von χ^2 vergleicht man die beobachteten f_{bij} mit den bei unterstellter Unabhängigkeit theoretisch erwarteten f_{eij}.

$$\chi^2 = \sum_{j=1}^{m} \sum_{i=1}^{k} \frac{(f_{bij} - f_{eij})^2}{f_{eij}}.$$

Für Cramers V gilt:

$$V = \sqrt{\frac{\chi^2}{n(R-1)}}$$

mit $R = min(k,l)$ für k Zeilen und l Spalten.

Damit ist hier:

$$V = \sqrt{\frac{\chi^2}{n(R-1)}} = \sqrt{\frac{42,32}{1674 \cdot (2-1)}} = 0,1590.$$

Cramers V weist mit 0,1590 nur einen schwachen Zusammenhang der beiden Variablen aus.

d) Auch Tschuprows T wird mittels Chi-Quadrat χ^2 bestimmt:

$$T = \sqrt{\frac{\chi^2}{n\sqrt{(k-1)(l-1)}}},$$

wobei k die Anzahl der Zeilen und l die Anzahl der Spalten angibt. In diesem Beispiel ergibt sich für T:

$$T = \sqrt{\frac{42,32}{1674\sqrt{(4-1)(2-1)}}} = \sqrt{\frac{42,32}{1674 \cdot \sqrt{3}}} = 0,1208.$$

10.2.4 Lösung der Aufgabe 10.1.4

a) Zur Berechnung von Cramers V wird χ^2 benötigt. Erster Schritt dazu ist das Aufstellen einer Indifferenztabelle:

10.2 Lösungen

Zweitstimme	„Sollte ein straffreier Schwangerschaftsabbruch erlaubt sein?"		
	Ja	Nein	Gesamt
CDU/CSU	$(849 \cdot 650) : 1.614 =$ 341,91	$(765 \cdot 650) : 1.614 =$ 308,09	650
SPD	$(849 \cdot 672) : 1.614 =$ 353,49	$(765 \cdot 672) : 1.614 =$ 318,51	672
FDP	$(849 \cdot 130) : 1.614 =$ 68,38	$(765 \cdot 130) : 1.614 =$ 61,62	130
B90/G.	$(849 \cdot 162) : 1.614 =$ 85,22	$(765 \cdot 162) : 1.614 =$ 76,78	162
Gesamt	849	765	1.614

Aus der Indifferenztabelle werden die bei Unabhängigkeit der Variablen theoretisch zu erwartenden f_{eij} in eine Arbeitstabelle übertragen.

Arbeitstabelle zur Berechnung von Chi-Quadrat χ^2:

Zelle	f_{bij}	f_{eij}	$f_{bij} - f_{eij}$	$(f_{bij} - f_{eij})^2$	$\frac{(f_{bij}-f_{eij})^2}{f_{eij}}$
A	170	341,91	-171,91	2.9553,05	86,44
B	480	308,09	171,91	2.9553,05	95,92
C	455	353,49	101,51	1.0304,28	29,15
D	217	318,51	-101,51	1.0304,28	32,35
E	106	68,38	37,62	1.415,26	20,70
F	24	61,62	-37,62	1.415,26	22,97
G	118	85,22	32,78	1.074,53	12,61
H	44	76,78	-32,78	1.074,53	13,99
	$\sum 1.614$	$\sum 1.674$	$\sum 0$		$\sum = \chi^2 = 314,13$

Für Cramers V gilt:

$$V = \sqrt{\frac{\chi^2}{n(R-1)}}$$

mit $R = min(k, l)$ für k Zeilen und l Spalten.

Damit ist hier:

$$V = \sqrt{\frac{\chi^2}{n(R-1)}} = \sqrt{\frac{314,13}{1.614 \cdot (2-1)}} = 0,4412.$$

Cramers V weist mit 0,4412 einen mittelstarken Zusammenhang zwischen den beiden Variablen auf.

b) Auch Tschuprows T ermittelt den Zusammenhang zweier Variablen anhand von Chi-Quadrat χ^2:

$$T = \sqrt{\frac{\chi^2}{n\sqrt{(k-1)(l-1)}}},$$

wobei k die Anzahl der Zeilen und l die Anzahl der Spalten angibt. In diesem Beispiel ergibt sich für T:

$$T = \sqrt{\frac{314,13}{1614\sqrt{(4-1)(2-1)}}} = \sqrt{\frac{314,13}{1614 \cdot \sqrt{3}}} = 0,3352.$$

c) Lambda λ ist ein Maß proportionaler Fehlerreduktion. Da hier die Zeilenvariable die unabhängige und die Spaltenvariable die abhängige Variable ist, wird λ_c berechnet. Müsste man Vermutungen über die abhängige Variable Einstellung zum Schwangerschaftsabbruch ohne Kenntnis von der unabhängigen Variable Wahlverhalten machen, würde man für jede befragte Person auf „Ja" tippen, weil diese Einstellung unter allen Personen am häufigsten ist und würde damit in 849 von 1.614 Fällen richtig liegen. Gleichzeitig würde man aber auch in 765 Fällen eine falsche Einschätzung treffen. Der Fehler 1 (E_1) wäre also 765.

Zweitstimme	„Sollte ein straffreier Schwangerschaftsabbruch erlaubt sein?"		
	Ja	Nein	Gesamt
CDU/CSU	170	480	650
SPD	455	217	672
FDP	106	24	130
B90/G.	118	44	162
Gesamt	849	765	1.614

10.2 Lösungen   143

Kommt man zu besseren Einschätzungen der Einstellung zu Schwangerschaftsabbrüchen, wenn man Informationen über die Wahlentscheidung einer Testperson verwendet? Es müsste sich ja dann der aufgetretene Fehler reduzieren lassen, wenn ein Zusammenhang zwischen beiden Variablen besteht:

Wird eine Person mit Parteineigung für die CDU/CSU befragt, sollte man vermuten, dass sie Schwangerschaftsabbrüche nicht erlaubt sehen will, da die Mehrheit der CDU/CSU-Anhänger gegen Abtreibung ist. Man würde dann in 480 Fällen richtig liegen und 170-mal einen Fehler machen. Wird ein SPD-Wähler befragt, ist anzunehmen, dass er die Erlaubnis von Schwangerschaftsabbrüchen befürwortet, da das die Mehrheit der SPD-Wähler tut. Man würde dabei aber 217 Fehler machen. Nach der gleichen Strategie würde man bei den FDP-Wählern 106-mal richtig liegen und 24 Fehler machen, bei Grünen-Wählern würde man 44 Fehler machen.

Die Summe der Fehler bei dieser Methode ist dann:

$$E_2 = \sum_{i=1}^{n} (n_{i.} - \max n_{ij}).$$

(= Summe der Differenzen zwischen den Randhäufigkeiten aller Zeilen und dem Maximum der jeweiligen Zeile i).

Damit ist die Summe der Fehler also: $170 + 217 + 24 + 44 = 455 = E_2$.

Für λ_c gilt: $\lambda_c = \frac{E_1 - E_2}{E_1} = \frac{765 - 455}{765} = 0{,}4052$. Der Fehler E_1 könnte mit Hilfe der Information über die Parteipräferenz um 40 % gesenkt werden. In diesem Umfang besteht also ein Zusammenhang zwischen den beiden Variablen. Also weist auch λ auf einen mittelstarken Zusammenhang zwischen beiden Variablen hin.

10.2.5 Lösung der Aufgabe 10.1.5

Lambda λ ist ein Maß proportionaler Fehlerreduktion. Da hier die Zeilenvariable die unabhängige Variable ist, wird λ_c für die abhängige Spaltenvariable berechnet.

Müsste man Vermutungen über die abhängige Variable „Institutionelle Stabilität" ohne Kenntnisse über die unabhängige Variable „Leistungsstärke der Volkswirtschaft" machen, würde man bei jedem untersuchten Land auf eine institutionelle

Stabilität von „0" tippen, weil man damit in 46 von 116 Fällen richtig liegen würde. Gleichzeitig würde man aber in 70 Fällen eine falsche Einschätzung geben. Der Fehler 1 (E_1) wäre also 70.

Würde man nun zu besseren Schätzungen kommen, wenn man Informationen über die volkswirtschaftliche Leistungsstärke der Länder hat? In dem Maße, wie sich der Fehler 1 mit Hilfe der unabhängigen Variable reduzieren lässt, besteht ein Zusammenhang zwischen den beiden Variablen.

Handelt es sich bei einem untersuchten Land um eines mit Leistungsstärke „3", sollte man auch eine institutionelle Stabilität von „3" vermuten, da sie unter diesen Ländern am häufigsten vorkommt. Man wird mit dieser Vermutung in 15 Fällen richtig liegen und 28-mal (14 + 1 + 4 + 9) einen Fehler machen.

Der Gesamtfehler dieser Strategie ist also 4 + 22 + 28 + 5 + 1 = 60 Fehler (E_2).

$$\lambda = \frac{E_1 - E_2}{E_1} = \frac{70 - 60}{70} = 0,1429.$$

Aus $\lambda_c = 0,1429$ wird also geschlossen, dass ein sehr schwacher Zusammenhang zwischen den beiden Variablen besteht. Die Kenntnis über die unabhängige Variable bringt nur einen geringen Informationsgewinn über die abhängige Variable mit sich. Der Fehler, der bei bloßem Raten entsteht, wird durch die Information über die volkswirtschaftliche Leistungsfähigkeit um 14 % verringert.

10.2.6 Lösung der Aufgabe 10.1.6

Wenn zwischen Korporatismus und föderalem Staatsaufbau ein perfekter Zusammenhang besteht, müssten auf die Länder mit korporatistischen Staat-Verbände-Beziehungen alle hohe Rangplatzziffern entfallen und auf die pluralistischen Systeme alle niedrigen Platzziffern. In dem Maße, wie dies zutrifft, lässt sich von einem Zusammenhang zwischen beiden Variablen sprechen.

Dies lässt sich ermitteln, indem für jedes Land ausgezählt wird, wieviel niedrigere Rangziffern in der jeweils anderen Gruppe vorliegen. Im Extremfall sollten einmal Fälle der anderen Gruppe nur höhere oder nur niedrigere Rangplatzziffern aufweisen. Die Länder werden zuerst nach der ordinalen Variable geordnet und

10.2 Lösungen

anhand der dichotomen Variable in zwei Gruppen aufgeteilt. Die beiden rechten Spalten geben an, wie viele niedrigere Ziffern in der jeweils anderen Gruppe vorkommen. Wichtig sind die beiden daraus gebildeten Summen U (für das Merkmal 0) und V (für das Merkmal 1).

Land	Pluralistisch (0)	Korporatistisch (1)	niedrigere Ränge unter koporatitischen Ländern	niedrigere Ränge unter pluralistischen Ländern
DE		21		11
CH		20		11
BE		19		11
JP		18		11
CA	17		6	
FR	16		6	
US	15		6	
ES	14		6	
AT		13		7
FI		12		7
NL		11		7
SE		10		7
IT	9		2	
DK		8		6
PO	6		1	
NO		7		5
GR	5			
UK	4			
AU	3			
IE	2			
NZ	1			
	$n_0 = 11$	$n_1 = 10$	$U = 27$	$V = 83$
	$\overline{B}_0 = \frac{92}{11} = 8,36$	$\overline{B}_1 = \frac{139}{10} = 13,9$		

Die punktbiseriale Rangkorrelation vergleicht die ermittelten Summen niedriger Rangplatzziffern durch Differenzbildung $(U-V)$ und korrigiert mit der absoluten Anzahl der angestellten Vergleiche $(n_0 \cdot n_1)$. Die Formel lautet:

$$r_{rbis} = \frac{U-V}{n_0 \cdot n_1}.$$

Für dieses Beispiel ergibt sich:

$$r_{rbis} = \frac{U-V}{n_0 \cdot n_1} = \frac{27-83}{11 \cdot 10} = -0,51.$$

Das Ergebnis zeigt einen mittelstarken Zusammenhang an. Das negative Vorzeichen muss bei diesem symmetrischen Maß nicht interpretiert werden und ergibt sich aus der Zuordnung der 0/1-Kodierung bei der dichotomen Variable.

Für die punktbiseriale Rangkorrelation gibt es noch eine zweite Berechnungsmethode, die auf den durchschnittlichen Rangplätzen – $\overline{B}_0$ und $\overline{B}_1$ – beruht:

$$r_{rbis} = \frac{2}{n}\left(\overline{B}_0 - \overline{B}_1\right) = \frac{2}{21}(8,36 - 13,9) = -0,53.$$

Diese Methode führt zum gleichen Ergebnis (mit geringem Rundungsfehler).

10.2.7 Lösung der Aufgabe 10.1.7

Zur Beschreibung des Zusammenhangs zwischen einem dichotomen und einem intervallskalierten Merkmal wird die punktbiseriale Rangkorrelation angegeben: Die Fälle werden nach dem dichotomen Merkmal in zwei Gruppen aufgeteilt und für jede Gruppe wird der Durchschnitt des intervallskalierten Merkmals gebildet. Die Differenz der beiden Durchschnitte wird durch die Standardabweichung aller Fälle dividiert und um den Umfang der Stichprobe und der Teilmengen korrigiert:

$$r_{pbis} = \frac{\bar{y}_1 - \bar{y}_0}{S_y} \cdot \sqrt{\frac{n_0 \cdot n_1}{n^2}}.$$

10.2 Lösungen

Zunächst werden die beiden Teilmengen gebildet und die Durchschnitte berechnet:

Land	Unabhängigkeit der Notenbank	Durchschn. Inflationsrate	„0"	„1"
Australien	0	6,3 %	6,3 %	
Belgien	0	3,9 %	3,9 %	
Dänemark	0	4,9 %	4,9 %	
Deutschland	1	3,0 %		3,0 %
Finnland	0	5,4 %	5,4 %	
Frankreich	0	5,3 %	5,3 %	
Griechenland	0	17,3 %	17,3 %	
Großbritannien	0	6,1 %	6,1 %	
Irland	0	6,5 %	6,5 %	
Italien	0	8,7 %	8,7 %	
Japan	1	2,1 %		2,1 %
Kanada	0	4,9 %	4,9 %	
Neuseeland	0	8,0 %	8,0 %	
Niederlande	0	2,8 %	2,8 %	
Norwegen	0	5,9 %	5,9 %	
Österreich	1	3,5 %		3,5 %
Portugal	0	13,4 %	13,4 %	
Schweden	0	3,2 %	3,2 %	
Schweiz	1	6,7 %		6,7 %
Spanien	0	7,9 %	7,9 %	
USA	1	4,7 %		4,7 %
	n =	21	16	5
	$\sum$	130,50 %	110,50 %	20 %
	$\bar{y} = \frac{1}{n}\sum y_i$	$\bar{y} = \frac{130,5\%}{21} = 6,21\%$	$\bar{y}_0 = \frac{110,5\%}{16} = 6,91\%$	$\bar{y}_1 = \frac{20\%}{5} = 4\%$

Die Standardabweichung für alle 21 Fälle beträgt:

$$S_y = \sqrt{S_y^2} = \sqrt{\frac{1}{n}\sum_{i=1}^{n}(y_i - \bar{y})^2} = \sqrt{12,15} = 3,49.$$

Damit kann die punktbiseriale Rangkorrelation berechnet werden:

$$r_{pbis} = \frac{\bar{y}_1 - \bar{y}_0}{S_y} \cdot \sqrt{\frac{n_0 \cdot n_1}{n^2}} = \frac{4 - 6,91}{3,49} \cdot \sqrt{\frac{16 \cdot 5}{21^2}} = -0,3551.$$

Der Zusammenhang zwischen der Unabhängigkeit der Notenbank und der durchschnittlichen Inflationsrate ist negativ, aber nur schwach bis mittelstark. Das heißt unabhängige Zentralbanken führen in gewissem Grad zu niedrigeren Inflationsraten.

10.2.8 Lösung der Aufgabe 10.1.8

Eta η ist ein Zusammenhangsmaß für eine nominalskalierte, unabhängige Variable und eine intervallskalierte, abhängige Variable. Da Eta kein symmetrisches Maß ist, muss der Zusammenhang immer dergestalt sein, dass die unabhängige Variable nominalskaliert ist und die abhängige Variable mindestens Intervallskalenniveau besitzt.

Eta-Quadrat η^2 ist das Verhältnis der erklärten zur gesamten Streuung. Eta η wird daraus abgeleitet. Die erklärte Streuung ist die Variation, die die unabhängige Variable besitzt und die sie in die Gesamtstreuung einbringt. Ist das Verhältnis Eta η hoch, besteht ein starker Zusammenhang zwischen beiden Variablen, weil die abhängige Variable nur wenig Streuung zur Gesamtvariation beiträgt und die Gesamtstreuung hauptsächlich von der unabhängigen Variable ausgelöst wird und somit erklärt werden kann. Das bedeutet: Die Kenntnis der unabhängigen Variable lässt dann gute Voraussagen über die abhängige Variable zu.

10.2 Lösungen

Die Formel für Eta-Quadrat η^2 lautet:

$$\eta^2 = \sum_{j=1}^{k} n_j (\bar{y}_j - \bar{y})^2 : \sum_{i=1}^{n} (y_i - \bar{y})^2 = \text{erklärte Streuung : gesamte Streuung.}$$

Die erklärte Streuung $\sum_{j=1}^{k} n_j (\bar{y}_j - \bar{y})^2$ ist die von der nominalskalierten, unabhängigen Variable in die Daten eingebrachte Variation. Sie wird durch die Summe der quadrierten Differenzen zwischen den Mittelwerten $\bar{y}_j$ der einzelnen Kategorien der nominalen Variable und dem Gesamtdurchschnitt $\bar{y}$ ermittelt. Die Differenzen der Mittelwerte werden mit dem Umfang n_j der jeweiligen Kategorien gewichtet.

Bei der Berechnung von Eta η hilft eine Arbeitstabelle, in der die Mittelwerte aller Fälle – getrennt für die Kategorien der nominalen Variable – berechnet werden können.

Zunächst soll jedoch die Gesamtstreuung ermittelt werden:

Land	BIP pro Kopf in tausend US\$ y_i	$y_i - \bar{y}$	$(y_i - \bar{y})^2$
A	16	5	25
B	12	1	1
C	8	-3	9
D	20	9	81
E	10	-1	1
F	7	-4	16
G	11	0	0
H	9	-2	4
I	6	-5	25
Σ	99		162

Es ergibt sich mit $\bar{y} = 11$ die Varianz $S_y^2 = \frac{1}{9} \cdot 162 = 18$.

Nun wird das durchschnittliche BIP pro Kopf für die Länder, die nach *Freedom House* als „frei" klassifiziert werden, berechnet („1"):

Land	BIP pro Kopf in tausend US\$ y_i	$y_i - \bar{y}$	$(y_i - \bar{y})^2$
A	16	4	16
B	12	0	0
C	8	−4	16
Σ	36		32

Innerhalb dieser Ländergruppe beträgt die Streuung ($\bar{y}_{(1)} = 12$): $S^2_{y_{(1)}} = \frac{1}{3} \cdot 32 = 10{,}67$.

Für die Länder, die als „teilweise frei" („2") klassifiziert wurden, gilt:

Land	BIP pro Kopf in tausend US\$ y_i	$y_i - \bar{y}$	$(y_i - \bar{y})^2$
D	20	7,67	58,78
E	10	−2,33	5,44
F	7	−5,33	28,44
Σ	37		92,67

Und es ergibt sich innerhalb dieser Ländergruppe ($\bar{y}_{(2)} = 12{,}33$): $S^2 = \frac{1}{3} \cdot 92{,}67 = 30{,}89$.

Für die Länder schließlich, die als „unfrei" („3") klassifiziert wurden gilt:

Land	BIP pro Kopf in tausend US\$ y_i	$y_i - \bar{y}$	$(y_i - \bar{y})^2$
G	11	2,33	5,44
H	9	0,33	0,11
I	6	−2,67	7,11
Σ	26		12,67

Innerhalb dieser Ländergruppe ergibt sich ($\bar{y}_{(3)} = 8{,}67$): $S^2_{y_{(3)}} = \frac{1}{3} \cdot 12{,}67 = 4{,}22$.

Die erklärte Streuung ist demnach:

$$\sum_{j=1}^{k} n_j (\bar{y}_j - \bar{y})^2 = \left[3 \cdot (12-11)^2\right] + \left[3 \cdot (12{,}33-11)^2\right] +$$

10.2 Lösungen

$$+\left[3\cdot(8{,}67-11)^2\right]=24{,}59.$$

Für die gesamte Variation erhält man: $\sum_{i=1}^{n}(y_i-\bar{y})^2=162$. Damit errechnet sich ein Eta² η^2 von $24{,}59:162=0{,}152$. Die Wurzel daraus ist Eta $\eta=0{,}390$.

Alternativ kann Eta² η^2 auch über die Varianzen in den Teilgruppen berechnet werden:

$$\eta^2=\frac{\text{Gesamtvarianz - Nicht erklärte Varianz}}{\text{Gesamtvarianz}}=\frac{S_y^2-S_{NEV}^2}{S_y^2}$$

Dabei gilt:

$$S_{NEV}^2=\frac{\sum_{j=1}^{k}n_j S_j^2}{n}=\frac{(3\cdot 10{,}67)+(3\cdot 30{,}89)+(3\cdot 4{,}22)}{9}=15{,}26.$$

Und man erhält wiederum:

$$\eta^2=\frac{S_y^2-S_{NEV}^2}{S_y^2}=\frac{18-15{,}26}{18}=0{,}152.$$

Der Zusammenhang zwischen dem *Freedom-House*-Status und dem BIP pro Kopf ist also nur schwach.

Eta-Quadrat kann auch als PRE-Maß interpretiert werden: Bei Kenntnis des *Freedom-House*-Status kann der Fehler bei der Vorhersage des BIP pro Kopf um 15,2 % reduziert werden.

10.2.9 Lösung der Aufgabe 10.1.9

a) Zur Berechnung des Rangkorrelationskoeffizienten Rho ρ nach Spearman müssen beiden Variablen zunächst Rangplätze für die Merkmalsausprägungen zugeordnet werden. Liegen für mehrere Untersuchungsobjekte identische Ausprägungen vor, erhalten sie alle jeweils das arithmetische Mittel der zu vergebenden Rangziffern. Danach wird für jede Untersuchungseinheit die Differenz der Rangnummern der beiden Variablen bestimmt. Aus der Summe der quadrierten Differenzen berechnet sich der Rangkorrelationskoeffizient ρ nach der Formel:

$$\rho = r_s = 1 - \frac{6 \cdot \sum_{i=1}^{n} d_i^2}{n \cdot (n^2 - 1)}$$

mit d_i = Differenz der Rangplätze. Diese Formel kann hier näherungsweise verwendet werden, da relativ wenige Bindungen zwischen den Fällen vorliegen und nur eine Variable davon betroffen ist. Anderenfalls müsste eine Korrelation der Rangplätze nach Pearson berechnet werden.

Bei der Lösung der Aufgabe hilft folgende Arbeitstabelle:

Land	Einführung Sozialversicherung x_i	Stimmen linker Parteien y_i (%)	Rangplatz R_{x_i}	Rangplatz R_{y_i}	$d_i = R_{x_i} - R_{y_i}$	d_i^2
D	1883	36,16	1	11	−10	100
A	1887	42,07	2	13	−11	121
DK	1891	34,11	3,5	8	−4,5	20,25
S	1891	35,86	3,5	10	−6,5	42,25
B	1894	35,77	5	9	−4	16
FIN	1895	39,17	6,5	12	−5,5	30,25
NOR	1895	29,69	6,5	7	−0,5	0,25
UK	1897	24,00	8,5	5	3,5	12,25
IRL	1897	11,54	8,5	1	7,5	56,25
F	1898	28,03	10,5	6	4,5	20,25
I	1898	22,08	10,5	3	7,5	56,25
NL	1901	19,85	12	2	10	100
CH	1911	22,62	13	4	9	81
Σ					0	656

10.2 Lösungen

In die Formel eingesetzt:

$$\rho = r_s = 1 - \frac{6 \cdot \sum_{i=1}^{n} d_i^2}{n \cdot (n^2 - 1)} = 1 - \frac{6 \cdot 656}{13 \cdot (169 - 1)} = 1 - 1{,}802 = -0{,}802$$

zeigt sich ein sehr starker negativer Zusammenhang zwischen dem durchschnittlichen Stimmenanteil linker Parteien und dem Einführungszeitpunkt der ersten sozialen Sicherungsmaßnahmen. Je größer der Stimmenanteil linker Parteien war, desto früher wurde die Sozialversicherung eingeführt.

b) Für den Korrelationskoeffizienten r nach Pearson gilt: $r = \frac{Cov_{xy}}{S_x S_y}$, wobei die Kovarianz wie folgt definiert ist:

$$Cov_{xy} = \frac{1}{n} \sum_{i=1}^{n} (x_i - \bar{x})(y_i - \bar{y}).$$

Es wird also die Kovarianz der beiden Variablen x und y durch das Produkt der Standardabweichungen der beiden Variablen dividiert.

Die Arbeitstabelle auf S. 154 hilft bei der Berechnung der Varianzen, Standardabweichungen und der Kovarianz.

Alternativ könnte die Kovarianz auch über den Verschiebungssatz bestimmt werden:

$$Cov_{xy} = E(X \cdot Y) - E(X) \cdot E(Y) = \frac{1}{n} \sum_{i=1}^{n} (x_i y_i) - \frac{1}{n} \sum_{i=1}^{n} (x_i) \cdot \frac{1}{n} \sum_{i=1}^{n} (y_i) =$$

$$= \overline{xy} - \bar{x} \cdot \bar{y} = 55.501{,}27 - 1.895{,}23077 \cdot 29{,}3038462 = -36{,}278.$$

$$r = \frac{Cov_{xy}}{S_X S_Y} = \frac{-36{,}278}{6{,}553 \cdot 8{,}535} = -0{,}649.$$

Auch Pearsons Korrelationskoeffizient zeigt einen starken negativen Zusammenhang der beiden Variablen und bestätigt die Parteiendifferenzhypothese. Große Werte der einen Variable sind mit kleinen Werten der anderen Variable stark korreliert: Je höher der durchschnittliche Stimmenanteil linker Parteien war, desto niedriger ist die Jahreszahl des Einführungsjahres der ersten Sozialversicherungsmaßnahmen.

Somit stehen die empirischen Befunde im Einklang mit dem nach der Parteiendifferenzhypothese erwarteten Zusammenhang.

Land	Jahr der Einführung x_i	Anteil linker Parteien y_i	$(x_i - \bar{x})$	$(x_i - \bar{x})^2$	$(y_i - \bar{y})$	$(y_i - \bar{y})^2$	$(x_i - \bar{x})(y_i - \bar{y})$
D	1883	36,16 %	-12,231	149,597	6,856	47,005	-83,856
A	1887	42,07 %	-8,231	67,749	12,766	162,971	-105,077
DK	1891	34,11 %	-4,231	17,901	4,806	23,098	-20,334
S	1891	35,86 %	-4,231	17,901	6,556	42,981	-27,738
B	1894	35,77 %	-1,231	1,515	6,466	41,809	-7,960
FIN	1895	39,17 %	-0,231	0,053	9,866	97,338	-2,279
NOR	1895	29,69 %	-0,231	0,053	0,386	0,149	-0,089
UK	1897	24,00 %	1,769	3,129	-5,304	28,132	-9,383
IRL	1897	11,54 %	1,769	3,129	-17,764	315,560	-31,425
F	1898	28,03 %	2,769	7,667	-1,274	1,623	-3,528
I	1898	22,08 %	2,769	7,667	-7,224	52,186	-20,003
NL	1901	19,85 %	5,769	33,281	-9,454	89,378	-54,540
CH	1911	22,62 %	15,769	248,661	-6,684	44,676	-105,400
	Σ 24638	Σ 380,95	Σ 0,0	Σ 558,308	Σ 0,0	Σ 946,906	Σ -471,612
	$\bar{x}$ =1895,23	$\bar{y}$ = 29,30 %		S_x^2 = 42,947		S_y^2 = 72,839	Cov = -36,278
				S_x = 6,553		S_y = 8,535	

10.2.10 Lösung der Aufgabe 10.1.10

a) Zur Berechnung des Rangkorrelationskoeffizienten ρ nach Spearman müssen beiden Variablen zunächst Rangplätze für die Merkmalsausprägungen zugeordnet werden. Liegen für mehrere Untersuchungsobjekte identische Ausprägungen vor, wird ihnen jeweils das arithmetische Mittel der zu vergebenden Rangziffern zugewiesen. Danach wird für jede Untersuchungseinheit die Differenz der Rangnummern der beiden Variablen bestimmt. Aus der Summe der quadrierten Differenzen berechnet sich der Rangkorrelationskoeffizient nach der Formel:

$$\rho = r_s = 1 - \frac{6 \cdot \sum_{i=1}^{n} d_i^2}{n \cdot (n^2 - 1)}$$

mit d_i = Differenz der Rangplätze. Diese Formel lässt sich verwenden, wenn keine Bindungen zwischen den Gruppen ist ein Spezialfall der

Bei der Lösung der Aufgabe hilft folgende Arbeitstabelle:

Land	Kabinetts-sitzan-teile x_i	Steuer-quote y_i	Rangplatz R_{x_i}	Rangplatz R_{y_i}	$d_i = R_{x_i} - R_{y_i}$	d_i^2
A	20 %	30 %	4	4	0	0
B	30 %	50 %	5	7	-2	4
C	50 %	40 %	6	5	1	1
D	0 %	20 %	1	2	-1	1
E	10 %	25 %	3	3	0	0
F	5 %	18 %	2	1	1	1
G	80 %	45 %	7	6	1	1
H	90 %	60 %	8	8	0	0
					$\sum 0$	$\sum 8$

In die Formel eingesetzt

$$\rho = r_s = 1 - \frac{6 \cdot \sum_{i=1}^{n} d_i^2}{n \cdot (n^2 - 1)} = 1 - \frac{6 \cdot 8}{8 \cdot (64 - 1)} = 1 - 0,095 = 0,905$$

zeigt sich ein sehr starker positiver Zusammenhang zwischen den Kabinettssitzanteilen linker Parteien und der Steuerquote in einem Land. Je stärker linke Parteien in der Regierung vertreten sind, desto höher ist die Steuerquote.

b) Für die Bestimmung von Kendalls Rangkorrelationskoeffizient τ_a werden zwischen allen Fällen die Merkmalsausprägungen der beiden Variablen paarweise verglichen. Wenn beide Merkmalswerte der beiden Variablen eines Falles größer (oder kleiner) sind als die des Vergleichsfalles, wird das Paar „konkordant" (oder „gleichsinnig") genannt. Ist ein Merkmalswert größer und einer kleiner als der des Vergleichsfalles, spricht man von einem „diskordanten" Paar. Sind die beiden Werte für eine oder beide Variablen identisch, liegt ein gebundener Fall vor.

Die Anzahl der Paarvergleiche, die durchzuführen sind, ist „n über 2":

$$\binom{n}{2} = \frac{n(n-1)}{2}.$$

Fallen die Paarvergleiche überwiegend konkordant aus, nennt man die Assoziation positiv. Steigen die Werte der einen Variable an, steigen auch die Merkmalswerte der anderen Variable. Sind mehr Vergleiche diskordant, liegt ein negativer Zusammenhang vor: Wenn die Ausprägungen der einen Variablen ansteigen, nehmen die Werte der anderen Variablen ab.

Zur Durchführung des paarweisen Vergleichs können entweder die Merkmalsausprägungen oder die vergebenen Rangzahlen verwendet werden. Die Ergebnisse des Vergleiches werden in eine Tabelle eingetragen. Hier sind

$$\binom{8}{2} = \frac{8(8-1)}{2} = 28$$

Paarvergleiche durchzuführen.

10.2 Lösungen

Land	Kabinettssitz-anteile x_i	Steuerquote y_i	Rangplatz R_{x_i}	Rangplatz R_{y_i}
A	20 %	30 %	4	4
B	30 %	50 %	5	7
C	50 %	40 %	6	5
D	0 %	20 %	1	2
E	10 %	25 %	3	3
F	5 %	18 %	2	1
G	80 %	45 %	7	6
H	90 %	60 %	8	8

Zunächst wird Land A mit Land B verglichen. Es gilt $x_A < x_B$ und $y_A < y_B$, denn sowohl für das Merkmal x als auch für das Merkmal y sind die Werte des Landes B größer als die Merkmalsausprägungen des Landes A. Für das erste Merkmal x ist 20 < 30 und bei der y – Variable 30 < 50. Dieser Vergleich liefert also „<<" und wird in der Tabelle oben links eingetragen. In diese Spalte werden nun die Werte von Land A mit allen anderen Ländern eingetragen. In dieser ersten Spalte finden sich nur konkordante Fälle.

Tabelle zur Bestimmung der konkordanten und diskordanten Fälle:

Land	A	B	C	D	E	F	G	
Land B	<<	-						
Land C	<<	<>	-					
Land D	>>	>>	>>	-				
Land E	>>	>>	>>	<<	-			
Land F	>>	>>	>>	<>	>>	-		
Land G	<<	<>	<<	<<	<<	<<	-	
Land H	<<	<<	<<	<<	<<	<<	<<	-
konkor.	7	4	5	3	3	2	1	$\sum 25$
diskor.	0	2	0	1	0	0	0	$\sum 3$

Zur Berechnung des Rangkorrelationskoeffizienten τ_a stehen drei äquivalente Formeln zur Verfügung, je nachdem, ob mit der Anzahl der konkordanten (n_k) oder

der diskordanten (n_d) Fälle gerechnet werden soll.

Die Formeln führen jedoch alle zum selben Ergebnis:

$$\tau_a = \frac{4 \cdot n_k}{n(n-1)} - 1 = \frac{4 \cdot 25}{8(8-1)} - 1 = 0,7857.$$

$$\tau_a = 1 - \frac{4 \cdot n_d}{n(n-1)} = 1 - \frac{4 \cdot 3}{8(8-1)} = 0,7857.$$

$$\tau_a = \frac{n_k - n_d}{\frac{n(n-1)}{2}} = \frac{25 - 3}{28} = 0,7857.$$

Kendalls τ_a bestätigt den starken positiven Zusammenhang zwischen hohen Kabinettssitzanteilen linker Parteien und hohen Steuerquoten.

10.2.11 Lösung der Aufgabe 10.1.11

Für die Bestimmung von Kendalls Rangkorrelationskoeffizient τ_a sind hier

$$\binom{10}{2} = \frac{10(10-1)}{2} = 45$$

Paarvergleiche durchzuführen. Fallen die Paarvergleiche überwiegend konkordant aus, nennt man die Assoziation positiv. Steigen die Werte der einen Variable an, steigen auch die Merkmalswerte der anderen Variable. Sind dagegen mehr Vergleiche diskordant, liegt ein negativer Zusammenhang vor: Wenn die Ausprägungen der einen Variable ansteigen, nehmen die Werte der anderen Variable ab. Zur Durchführung des paarweisen Vergleichs können entweder die Merkmalsausprägungen oder die vergebenen Rangzahlen verwendet werden. Die Ergebnisse des Vergleiches werden in eine Tabelle eingetragen.

10.2 Lösungen

Land	Parteizusammen- setzung x_i	Schuldenstand y_i	Rangplatz R_{x_i}	Rangplatz R_{y_i}
BW	2,2	5.672	3	2
BY	1,8	4.056	1	1
HB	6,1	23.988	9	10
HH	6,2	12.035	10	8
HE	5,8	7.858	8	3
NI	3,9	8.133	6	5
NW	4,9	8.467	7	6
RP	2,0	7.919	2	4
SL	3,2	14.739	5	9
SH	2,6	9.087	4	7

Zunächst wird Baden-Württemberg mit Bayern verglichen. Es gilt $x_{BW} > x_{BY}$ und $y_{BW} > y_{BY}$, denn sowohl für das Merkmal x als auch für das Merkmal y sind die Werte Baden-Württembergs größer als die Merkmalsausprägungen (oder Rangplätze) Bayerns. Für das erste Merkmal x ist 2,2 > 1,8 und bei der y – Variable 5.672 > 4.056. Dieser Vergleich liefert also „>>" und wird in der unteren Tabelle oben links eingetragen.

	BW	BY	HB	HH	HE	NI	NW	RP	SL	Σ
BY	>>	-								
HB	<<	<<	-							
HH	<<	<<	<>	-						
HE	<<	<<	>>	>>	-					
NI	<<	<<	>>	>>	><	-				
NW	<<	<<	>>	>>	><	<<	-			
RP	><	<<	>>	>>	><	>>	>>	-		
SL	<<	<<	>>	><	><	><	><	<<	-	
SH	<<	<<	>>	>>	><	><	><	<<	>>	-
konkor.	8	8	6	5	0	2	1	2	1	33
diskor.	1	0	1	1	5	2	2	0	0	12

In diese Spalte werden nun die Ergebnisse der Vergleiche Baden-Württembergs mit allen anderen Ländern eingetragen. In dieser ersten Spalte finden sich acht konkordante Fälle und nur ein diskordanter Fall (Baden-Württemberg / Rheinland-Pfalz).

Zur Berechnung des Rangkorrelationskoeffizienten τ_a stehen drei äquivalente Formeln zur Verfügung, je nachdem, ob mit der Anzahl der konkordanten (n_k) oder der diskordanten (n_d) Fälle gerechnet werden soll.

Alle Formel führen jedoch zum selben Ergebnis:

$$\tau_a = \frac{4 \cdot n_k}{n(n-1)} - 1 = \frac{4 \cdot 33}{10(10-1)} - 1 = 0{,}4666.$$

$$\tau_a = 1 - \frac{4 \cdot n_d}{n(n-1)} = 1 - \frac{4 \cdot 12}{10(10-1)} = 0{,}4666.$$

$$\tau_a = \frac{n_k - n_d}{\frac{n(n-1)}{2}} = \frac{33 - 12}{45} = 0{,}4666.$$

Kendalls τ_a bestätigt den mittelstarken positiven Zusammenhang zwischen dem Index der Regierungszusammensetzung und der Staatsverschuldung pro Kopf.

10.2.12 Lösung der Aufgabe 10.1.12

Zur Berechnung von Goodman und Kruskals γ muss die Anzahl der konkordanten (n_k) und der diskordanten (n_d) Fälle bestimmt werden:

$$\gamma = \frac{n_k - n_d}{n_k + n_d}.$$

Dazu werden die Merkmalsausprägungen aller Fälle verglichen. Liegen die Merkmalswerte der beiden Variablen x und y bei Fall A gleichzeitig über oder unter denen von Fall B, spricht man von einem konkordanten Fall. Ist der Wert der x – Variable bei Fall A höher und der der y – Variable niedriger als bei Fall B (oder umgekehrt), sind die Fälle diskordant. Liegen gleiche Merkmalswerte vor, spricht man von gebundenen Fällen, die das Maß γ nicht berücksichtigt.

10.2 Lösungen

Wie führt man nun die Vergleiche mit den klassierten Daten einer Kreuztabelle durch? Für konkordante Fälle muss gelten: $x_A < x_B$ und $y_A < y_B$. Die Bedingungen $x_A > x_B$ und $y_A > y_B$ zeigen ebenfalls konkordante Fälle an, müssen aber hier nicht berücksichtigt werden, weil sie auf analoge Weise zum gleichen Ergebnis führen würden. In unserem Beispiel stellen für das erste Feld (unter 30 Jahre/niedrig) die Ausprägungen „30 bis 59 Jahre" und „über 60 Jahre" echt größere x – Werte dar, die die Bedingung $x_A < x_B$ erfüllen. Bei der y – Variablen sind „mittel" und „hoch" größere Ausprägungen. Konkordante Fälle, die beide Bedingungen erfüllen, sind also die vier Felder rechts und unterhalb des Vergleichsfeldes. Die Besetzungen dieser Felder müssen nun noch multipliziert und addiert werden um die Anzahl der konkordanten Fälle zur ersten Zelle zu erhalten. Da jedes Individuum der ersten Zelle mit den Untersuchungseinheiten in der anderen Zelle verglichen wird (alle diese Vergleiche liefern aber natürlich das gleiche Ergebnis), können einfach die Besetzungszahlen der jeweiligen Felder miteinander multipliziert werden.

Weitere konkordante Fälle sind nun noch für die Felder zu bestimmen, die ebenfalls noch Vergleichsfelder besitzen, die $x_A < x_B$ und $y_A < y_B$ erfüllen können. Das heißt praktisch: Felder, die noch Nachbarfelder besitzen, die rechts und darunter liegen. Alle konkordanten Fälle sind hier dargestellt:

Alter (Jahre)	n	m	h	n	m	h	n	m	h	n	m	h
unter 30	20			19								
30 bis 59		22	18		18	14					22	
über 60		17	35			35		17	35			35

Die Anzahl der konkordanten Fälle ist dann also:

$n_k = 20 \cdot 22 + 20 \cdot 18 + 20 \cdot 17 + 20 \cdot 35 + 19 \cdot 18 + 19 \cdot 35 + 14 \cdot 17 +$

$+ 14 \cdot 35 + 12 \cdot 35 = 4.345.$

Nun wird auch noch die Anzahl der diskordanten Fälle benötigt. Für sie muss gelten, dass $x_A < x_B$ und $y_A > y_B$ (oder wieder analog $x_A > x_B$ und $y_A < y_B$) ist. Alle Felder, die links und unterhalb des Vergleichsfeldes liegen, erfüllen diese Bedingungen:

Alter (Jahre)	n	m	h	n	m	h	n	m	h	n	m	h
unter 30			15	19								
30 bis 59	14	22		14					18		22	
über 60	10	17		10			10	17		10		

Zum Beispiel gilt beim Vergleich der beiden Felder mit Besetzung 15 und 22 $x_{(15)} > x_{(22)}$ und $y_{(15)} < y_{(22)}$.

Die Anzahl der diskordanten Fälle ist deshalb:

$n_d = 15 \cdot 14 + 15 \cdot 22 + 15 \cdot 10 + 15 \cdot 17 + 19 \cdot 14 + 19 \cdot 10 + 18 \cdot 10 +$

$+ 18 \cdot 17 + 22 \cdot 10 = 2.107$.

Insgesamt ergibt sich deshalb für Gamma:

$$\gamma = \frac{n_k - n_d}{n_k + n_d} = \frac{4.345 - 2.107}{4.345 + 2.107} = 0,3469$$

und damit ein schwacher, positiver Zusammenhang zwischen dem Alter der Testperson und ihrer Zufriedenheit mit dem politischen System.

Kendalls Rangkorrelationskoeffizient τ_b berücksichtigt – im Gegensatz zu Gamma γ – nun auch die gebundenen Fälle, das heißt Vergleiche, bei denen identische Merkmalsausprägungen in mindestens einer Variablen vorkommen und korrigiert Gamma γ damit.

Es können Bindungen in der x – Variable vorliegen (identische Merkmalsausprägungen), während die Werte der y – Variable verschieden sind. In dieser Tabelle wären die Felder b und c gegenüber dem Feld a auf diese Weise gebunden:

	Zufriedenheit mit dem politischen System			
Alter	niedrig	mittel	hoch	Gesamt
unter 30	20 (a)	19 (b)	15 (c)	54
30 bis 59 Jahre	14 (d)	22 (e)	18 (f)	54
über 60 Jahre	10 (g)	17 (h)	35 (i)	62
Gesamt	44	58	68	170

10.2 Lösungen

Bindungen in der x – Variable heißen T_x und werden nach folgender Formel berechnet:

$$T_x = a(b+c) + b \cdot c + d(e+f) + e \cdot f + g(h+i) + h \cdot i.$$

In diesem Beispiel erhält man:

$$T_x = 20(19+15) + 19 \cdot 15 + 14(22+18) + 22 \cdot 18 + 10(17+35) + 17 \cdot 35 = 3036.$$

Liegen Bindungen in der y – Variable vor, wie zum Beispiel in den Feldern d und g zum Feld a, wird T_y so berechnet:

$$T_y = a(d+g) + d \cdot g + b(e+h) + e \cdot h + c(f+i) + f \cdot i.$$

Und das ergibt in diesem Beispiel:

$$T_y = 20(14+10) + 14 \cdot 10 + 19(22+17) + 22 \cdot 17 + 15(18+35) + 18 \cdot 35 = 3160.$$

Für τ_b gilt nun:

$$\tau_b = \frac{n_k - n_d}{\sqrt{(n_k + n_d + T_x)(n_k + n_d + T_y)}} =$$

$$= \frac{4.345 - 2.107}{\sqrt{(4.345 + 2.107 + 3.036)(4.345 + 2.107 + 3.160)}} = 0{,}234.$$

Der Zusammenhang fällt mit τ_b auch positiv – aber schwächer – als mit γ aus.

Kendalls τ_c korrigiert die Differenz der konkordanten und diskordanten Fälle schließlich mit dem Minimum der Zeilen- und Spaltenzahl. Die Formel lautet:

$$\tau_c = \frac{n_k - n_d}{\frac{1}{2} \cdot n^2 \cdot \left(\frac{R-1}{R}\right)}$$

mit $R = min(k,l)$. Hier ist dann also

$$\tau_c = \frac{4.345 - 2.107}{\frac{1}{2} \cdot 170^2 \cdot \left(\frac{3-1}{2}\right)} = 0{,}2323.$$

Der schwache positive Zusammenhang wird auch von τ_c bestätigt.

10.2.13 Lösung der Aufgabe 10.1.13

Zur Berechnung von Goodman und Kruskals γ muss die Anzahl der konkordanten (n_k) und der diskordanten (n_d) Fälle bestimmt werden:

$$\gamma = \frac{n_k - n_d}{n_k + n_d}.$$

Für konkordante Fälle gilt: $x_A < x_B$ und $y_A < y_B$.

	1	2	3		1	2	3		1	2	3		1	2	3
1	21					16									
2		40	14				14		4					40	
3		26	32				32			26	32				32

Die Anzahl der konkordanten Fälle ist dann also:

$n_k = 21 \cdot 40 + 21 \cdot 14 + 21 \cdot 26 + 21 \cdot 32 + 16 \cdot 14 + 16 \cdot 32 + 4 \cdot 26 + 4 \cdot 32 + 40 \cdot 32 =$

$= 4.600.$

Für die diskordanten Fälle gilt: $x_A < x_B$ und $y_A > y_B$.

	1	2	3		1	2	3		1	2	3		1	2	3
1			3			16									
2	4	40			4						14			40	
3	0	26			0				0	26			0		

Die Anzahl der diskordanten Fälle ist damit:

$n_d = 3 \cdot 40 + 3 \cdot 4 + 3 \cdot 26 + 16 \cdot 4 + 14 \cdot 26 = 638.$

Insgesamt ergibt sich deshalb für Gamma:

$$\gamma = \frac{n_k - n_d}{n_k + n_d} = \frac{4.600 - 638}{4.600 + 638} = 0,7564$$

und damit ein starker positiver Zusammenhang zwischen dem staatlichen Schutz des privaten Eigentums und der Geldwertstabilität.

10.2.14 Lösung der Aufgabe 10.1.14

a) Eta η ist ein Zusammenhangsmaß für eine nominalskalierte, unabhängige Variable und eine intervallskalierte, abhängige Variable. Da Eta kein symmetrisches Zusammenhangsmaß ist, muss die nominalskalierte Variable immer die unabhängige Variable sein.
Die Formel für Eta-Quadrat η^2 lautet:

$$\eta^2 = \frac{\sum_{j=1}^{k} n_j (\bar{y}_j - \bar{y})^2}{\sum_{i=1}^{n} (y_i - \bar{y})^2}.$$

Wobei die erklärte Streuung $\sum_{j=1}^{k} n_j (\bar{y}_j - \bar{y})^2$ die von der nominalskalierten, unabhängigen Variable in die Daten eingebrachte Variation ist. Sie wird ermittelt durch die Summe der quadrierten Differenzen zwischen den Mittelwerten $\bar{y}_i$ der einzelnen Kategorien der nominalen Variable und des Gesamtdurchschnitts $\bar{y}$ und entspricht somit der Streuung zwischen den Gruppen. Die Differenzen der Mittelwerte werden mit dem Umfang n_j der jeweiligen Kategorien gewichtet. Bei der Berechnung von Eta η hilft eine Arbeitstabelle, in der die Mittelwerte aller Fälle – getrennt für die Kategorien der nominalen Variable – berechnet werden können:

Bundesland	Volatilität (1990-2004)	$y_i - \bar{y}$	$(y_i - \bar{y})^2$
Baden-Württemberg	11,32	−1,66	2,75
Bayern	6,95	−6,03	36,34
Berlin	16,55	3,57	12,76
Brandenburg	19,97	6,99	48,89
Bremen	15,83	2,85	8,13
Hamburg	18,77	5,79	33,55
Hessen	6,79	−6,19	38,29
Mecklenburg-Vorpommern	12,98	0,00	0,00
Niedersachsen	7,88	−5,10	25,99
Nordrhein-Westfalen	4,88	−8,10	65,58

Rheinland-Pfalz	6,00	−6,98	48,69
Saarland	12,03	−0,95	0,90
Sachsen	18,22	5,24	27,48
Sachsen-Anhalt	22,94	9,96	99,24
Schleswig-Holstein	9,13	−3,85	14,81
Thüringen	17,41	4,43	19,64
Σ			483,03

Für die Grundgesamtheit aller 16 Bundesländer ergibt sich:

$\bar{y} = 12,98$ und $S_y^2 = \frac{1}{16} \Sigma 483,03 = 30,19$.

Nun müssen der Durchschnittswert und die Abweichung vom Durchschnitt innerhalb der beiden Teilgruppen bestimmt werden. Hier zunächst für die westdeutschen Bundesländer:

Bundesland	Volatilität (1990-2004)	$y_i - \bar{y}_{(1)}$	$(y_i - \bar{y}_{(1)})^2$
Baden-Württemberg	11,32	1,36	1,86
Bayern	6,95	−3,01	9,05
Bremen	15,83	5,87	34,48
Hamburg	18,77	8,81	77,65
Hessen	6,79	−3,17	10,04
Niedersachsen	7,88	−2,08	4,32
Nordrhein-Westfalen	4,88	−5,08	25,79
Rheinland-Pfalz	6,00	−3,96	15,67
Saarland	12,03	2,07	4,29
Schleswig-Holstein	9,13	−0,83	0,69
Σ			183,82

Für die Gruppe der westdeutschen Länder erhält man:

$\bar{y}_{(1)} = 9,958$ und $S_{y_{(1)}}^2 = \frac{1}{10} \Sigma 183,82 = 18,38$.

10.2 Lösungen

Bundesland	Volatilität (1990-2004)	$y_i - \bar{y}_{(0)}$	$(y_i - \bar{y}_{(0)})^2$
Berlin	16,55	−1,46	2,14
Brandenburg	19,97	1,96	3,84
Mecklenburg-Vorpommern	12,98	−5,03	25,32
Sachsen	18,22	0,21	0,04
Sachsen-Anhalt	22,94	4,93	24,29
Thüringen	17,41	−0,60	0,36
Σ			55,98

Für Ostdeutschland ergibt sich parallel:

$\bar{y}_{(0)} = 18,01$ und $S^2_{y_{(0)}} = \frac{1}{6}\sum 55,98 = 9,33$.

Die erklärte Streuung ist demnach:

$\sum_{i=1}^{n} n_j (\bar{y}_j - \bar{y})^2 = \left[10 \cdot (9,96 - 12,98)^2\right] + \left[6 \cdot (18,01 - 12,98)^2\right] = 243,01$.

Für die gesamte Streuung erhält man: $\sum_{i=1}^{n}(y_i - \bar{y})^2 = 483,03$.

Damit ergibt sich ein Eta² η^2 von $243,01 : 483,03 = 0,503$. Die Wurzel daraus ist Eta: $\eta = 0,71$.

Alternativ kann Eta² η^2 auch über die Varianzen in den Teilgruppen berechnet werden:

$$\eta^2 = \frac{\text{Gesamtvarianz - Nicht erklärte Varianz}}{\text{Gesamtvarianz}} = \frac{S_y^2 - S_{NEV}^2}{S_y^2}.$$

Dabei lässt sich die nicht erklärte Varianz aus der Varianz innerhalb der Teilgruppen berechnen:

$$S_{NEV}^2 = \frac{\sum_{j=1}^{k} n_j S_j^2}{n} = \frac{(10 \cdot 18,38) + (6 \cdot 9,33)}{16} = 14,99.$$

Und es ergibt sich wiederum:

$$\eta^2 = \frac{S_y^2 - S_{NEV}^2}{S_y^2} = \frac{30,19 - 14,99}{30,19} = 0,503.$$

$$\eta = 0,71$$

Die Volatilität der Wahlergebnisse hängt also stark von der Region des Wahlgebietes (der Lage in West- oder Ostdeutschland) ab. Interpretiert man Eta-Quadrat als PRE-Maß, so kann man feststellen, dass Kenntnisse über die regionale Verortung eines Wahlergebnisses helfen, den Fehler bei der Vorhersage der Volatilität um 50,3 % verringert.

b) Da anzunehmen ist, dass die Wählerstruktur in urbanen Wahlgebieten flexibler ist, als in ländlich geprägter Umgebung, wo langfristige Parteibindungen noch stärker ausgeprägt sind, solle die unabhängige Variable Bevölkerungsgröße die Volatilität der Wahlergebnisse erklären. Für den Korrelationskoeffizienten r nach Pearson gilt:

$$r = \frac{Cov_{xy}}{S_x S_y},$$

wobei die Kovarianz wie folgt definiert ist:

$$Cov_{xy} = \frac{1}{n} \sum_{i=1}^{n} (x_i - \bar{x})(y_i - \bar{y}).$$

Es wird also die Kovarianz der beiden Variablen x und y durch das Produkt der Standardabweichungen der beiden Variablen dividiert.

Bei der Berechnung der Varianzen, Standardabweichungen und der Kovarianz hilft die Arbeitstabelle auf S. 169.

Alternativ kann die Kovarianz auch über den Verschiebungssatz bestimmt werden:

$$Cov_{xy} = E(X \cdot Y) - E(X) \cdot E(Y) = \frac{1}{n} \sum_{i=1}^{n} (x_i y_i) - \frac{1}{n} \sum_{i=1}^{n} (x_i) \cdot \frac{1}{n} \sum_{i=1}^{n} (y_i) =$$

$$= \overline{xy} - \bar{x} \cdot \bar{y} = 51,44 - 5,19 \cdot 12,98 = -15,92.$$

$$r = \frac{Cov(xy)}{S_x S_Y} = \frac{-15,92}{4,67 \cdot 5,495} = -0,620.$$

Pearsons Korrelationskoeffizient zeigt einen mittelstarken bis starken negativen Zusammenhang der beiden Variablen Volatilität und Bevölkerungsstärke eines Bundeslandes.

10.2 Lösungen

Land	Bevölkerungsgröße x_i	Volatilität y_i	$(x_i - \bar{x})$	$(x_i - \bar{x})^2$	$(y_i - \bar{y})$	$(y_i - \bar{y})^2$	$(x_i - \bar{x})(y_i - \bar{y})$
BW	10,66	11,32	5,47	29,92	-1,658	2,75	-9,07
BY	12,39	6,95	7,20	51,84	-6,028	36,34	-43,40
BE	3,92	16,55	-1,27	1,61	3,572	12,76	-4,54
BB	2,58	19,97	-2,61	6,81	6,992	48,89	-18,25
HB	0,66	15,83	-4,53	20,52	2,852	8,13	-12,92
HH	1,73	18,77	-3,46	11,97	5,792	33,55	-20,04
HE	6,10	6,79	0,91	0,83	-6,188	38,29	-5,63
MV	1,70	12,98	-3,49	12,18	0,002	0,00	-0,01
NI	7,98	7,88	2,79	7,78	-5,098	25,99	-14,22
NW	18,08	4,88	12,89	166,15	-8,098	65,58	-104,38
RP	4,06	6,00	-1,13	1,28	-6,978	48,69	7,89
SL	1,07	12,03	-4,12	16,97	-0,948	0,90	3,91
SN	4,35	18,22	-0,84	0,71	5,242	27,48	-4,40
ST	2,55	22,94	-2,64	6,97	9,962	99,24	-26,30
SH	2,82	9,13	-2,37	5,62	-3,848	14,81	9,12
TH	2,39	17,41	-2,80	7,84	4,432	19,64	12,41
	$\sum$ 83,04	$\sum$ 207,65	$\sum$ 0,0	$\sum$ 349,01	$\sum$ 0,0	$\sum$ 483,03	$\sum$ -254,66
	$\bar{\bar{x}} = 5,19$	$\bar{y} = 12,98$		$S_x^2 = 21,81$		$S_y^2 = 30,19$	Cov = -15,92
				$S_x = 4,670$		$S_y = 5,495$	

11 Regressionsanalyse

11.1 Aufgaben

Die Lösungen dieser Aufgaben finden Sie ab S. 181.

11.1.1 Aufgabe

Untersuchen Sie den Einfluss der Arbeitslosenrate auf den Stimmenanteil extremistischer Parteien. Folgende Verteilung der beiden Merkmale wird bei acht Parlamentswahlen in verschiedenen Ländern festgestellt:

Arbeitslosenrate (in %)	9	10	6	7	9	4	13	6
Anteil extremistischer Parteien (in %)	7	9	5	4	8	2	20	3

Wie hoch schätzen Sie den Anteil extremistischer Parteien bei einer Arbeitslosenrate von elf Prozent?

11.1.2 Aufgabe

Nach Mancur Olson (1985) bilden sich in lange bestehenden stabilen Demokratien Verteilungskoalitionen zwischen Interessengruppen. Das Alter von Demokratien kann als Indikator benutzt werden um die wachstumshemmende Wirkung von Verteilungskoalitionen empirisch zu untersuchen. Für neun Länder liegen (hypothetische) Daten vor um dazu eine Querschnittsstudie durchzuführen:

11.1 Aufgaben

Land	Demokratiealter (Jahre)	durchschnittliche Wachstumsraten
Australien	104	2,97
Kanada	138	3,17
Schweiz	157	1,76
Griechenland	31	3,66
Italien	57	3,07
Japan	59	3,21
Portugal	29	3,61
Finnland	99	3,75
Schweden	139	2,72

a) Fertigen Sie ein Streudiagramm dieser Daten an.

b) Bestimmen Sie die Regressionsgleichung. Bestätigt sich der theoretisch erwartete Zusammenhang, dass jüngere Demokratien ökonomisch erfolgreicher sind?

c) Das Alter der Demokratie in den USA beträgt 218 Jahre. Schätzen Sie daraus das amerikanische BIP-Wachstum.

11.1.3 Aufgabe

Der Parteiendifferenzlehre in ihrer einfachsten Form nach Hibbs (1977) zufolge, legen linke Parteien den Schwerpunkt ihres wirtschaftspolitischen Handelns auf die Bekämpfung von Arbeitslosigkeit. Dementsprechend müssten Länder mit lange andauernden Linksregierungen niedrigere Arbeitslosenraten aufweisen als andere Länder. Die folgende Tabelle gibt die Regierungsdauer linker Regierungschefs und die durchschnittliche Arbeitslosenquote für zehn europäische Länder über einen Zeitraum von 20 Jahren (1973 bis 1992) an.

Land	Durchschnittliche Zeit eines Linkspremiers an der Macht	Durchschnittliche Arbeitslosenquote
Deutschland	54,20%	5,35
Dänemark	47,50%	7,69
Frankreich	47,50%	7,51
Irland	0,00%	10,01
Italien	20,80%	9,20
Niederlande	22,90%	6,70
Norwegen	67,50%	2,82
Österreich	100,00%	2,59
Schweden	63,30%	2,11
Großbritannien	25,80%	7,39

a) Führen Sie eine Regressionsanalyse durch um den theoretisch erwarteten Zusammenhang empirisch zu prüfen. Bestätigen die Daten den erwarteten Zusammenhang?

b) Bestimmen Sie den Determinationskoeffizienten R^2.

c) Testen Sie mittels der t-Tabelle, ob die Regierungsdauer linker Regierungschefs einen signifikanten Einfluss auf die durchschnittliche Arbeitslosenquote ausübt (Vertrauenswahrscheinlichkeit = 99 %).

d) Sie erfahren, dass Belgien zu 5 % des betrachteten Zeitraums von linken Ministerpräsidenten regiert wurde. Wie hoch würden Sie in Belgien die durchschnittliche Arbeitslosenquote schätzen?

e) Fertigen Sie ein Streudiagramm an und tragen Sie die geschätzte Regressionsgerade ein. Zeigen Sie graphisch, dass die Regressionsgerade durch den Schwerpunkt der Punktewolke verläuft.

11.1.4 Aufgabe

Die sozioökonomische Demokratietheorie behauptet, dass das ökonomische Entwicklungsniveau (gemessen am BIP pro Kopf) die wichtigste Ursache für die Eta-

11.1 Aufgaben 173

blierung von Demokratien darstellt. Testen Sie für die elf Länder in nachstehender Tabelle, ob diese Hypothese zutrifft (Vertrauenswahrscheinlichkeit = 95 %). Berechnen Sie dazu die Regressionsgleichung und auch R^2. Anmerkung: BIP pro Kopf (logarithmiert), Demokratieindex nach Jaggers/Gurr (1995). 0 = Diktatur; 10 = voll entwickelte Demokratie.

Land	Demokratieindex	BIP pro Kopf 1960 (log)
Algerien	0,21	7,40
Benin	0,50	7,00
Tschad	0,00	6,60
Chile	2,84	7,90
Israel	9,23	8,10
Westdeutschland	10,00	8,79
Malaysia	8,32	7,26
Pakistan	2,48	6,46
Peru	4,31	7,61
Sri Lanka	6,50	7,14
USA	10,00	9,20

11.1.5 Aufgabe

Die *race-to-the-bottom*-These behauptet, dass Länder die hoch globalisiert sind, d.h. stark im Weltmarkt eingebunden sind, besonders stark dem internationalen Steuerwettbewerb ausgesetzt sind. Infolgedessen wird sich – so die Theorie – das Steueraufkommen des mobilen Faktors Kapital verringern. Folgende Tabelle stellt den Grad der außenwirtschaftlichen Verflechtung (Importe und Exporte in % des BIP) sowie den Anteil des Steueraufkommens (in % des BIP) auf den mobilen Faktor Kapital dar (10 Länder im Vergleich):

Land	Grad der außenwirtschaftlichen Verflechtung	Steueraufkommen des Faktors Kapital
A	34	7,7
B	12	8,2
C	60	2,3
D	18	5,6
E	70	4,3
F	22	9,6
G	38	3,9
H	54	4,2
I	66	2,8
J	45	1,9

Untersuchen Sie, ob die *race-to-the-bottom*-These empirisch bestätigt wird:

a) Bestimmen Sie dazu zunächst die Regressionsgleichung und interpretieren Sie diese.

b) Bestimmen Sie den Determinationskoeffizienten R^2 und erläutern Sie diesen.

c) Testen Sie mittels einer *t*-Tabelle, ob die außenwirtschaftliche Öffnung einen signifikanten Einfluss auf das Steueraufkommen besitzt (Vertrauenswahrscheinlichkeit = 99 %).

11.1.6 Aufgabe

Welche Arten von Ausreißern gibt es bei der Regressionsanalyse? Welche Konsequenzen haben Ausreißer? Wie kann man sie identifizieren und wie geht man am besten mit ihnen um?

11.1.7 Aufgabe

Was ist Heteroskedastizität? Welche Konsequenzen hat Heteroskedastizität, wie kann man dieses Problem identifizieren und wie geht man damit um?

11.1.8 Aufgabe

Interpretieren Sie die hier wiedergegebene Regressionsgleichung. Die Pro-Kopf-Einnahmen amerikanischer Städte im Jahre 1982 ist die abhängige Variable. Im Durchschnitt betrugen sie 687 US$. Untersucht wird, wie stark Direkte Demokratie, d.h. die Möglichkeit zu Bürgerinitiativen neben anderen Variablen, wie Einkommen der Bewohner, Bundes-, Staaten- und kommunale Zuweisungen, die Pro-Kopf-Einnahmen einer Stadt beeinflussen. In Klammern sind die Standardfehler der Koeffizienten angegeben.

Erklären Sie wie stark die abhängige Variable von den einzelnen unabhängigen Variablen beeinflusst wird und interpretieren Sie die sonstigen relevanten Informationen.

City Revenue Regression 1982	Revenue 1982	
Dummy = 1 if city has initiative	33.02	(10.32)
Dummy = 1 if city is in state with statewide initiative	40.72	(12.90)
Income	0.01	(0.00)
Federal aid	0.44	(0.07)
State aid	0.69	(0.05)
Local aid	-0.13	(0.14)
Population, logarithm	64.90	(4.84)
Dummy = 1 if southern city	16.19	(12.13)
Dummy = 1 if western city	-25.30	(15.11)
R^2	0.771	
n	5,493	

Quelle: Matsusaka 2004: 46.

11.1.9 Aufgabe

Was ist Autokorrelation? Welche Konsequenzen hat Autokorrelation. Wie kann man sie identifizieren und wie behandelt man dieses Problem?

11.1.10 Aufgabe

Was ist Multikollinearität? Welche Konsequenzen zieht Multikollinearität nach sich? Wie kann man sie identifizieren und wie behandelt man dieses Problem?

11.1.11 Aufgabe

Modellzusammenfassung

Modell	R	R-Quadrat	Korrigiertes R-Quadrat	Standardfehler des Schätzers
1	,871[a]	,759	,738	6,342

a. Einflußvariablen : (Konstante), ALQ95, DEUTSCH

ANOVA[b]

Modell		Quadratsumme	df	Mittel der Quadrate	F	Signifikanz
1	Regression	2907,077	2	1453,538	36,139	,000[a]
	Residuen	925,077	23	40,221		
	Gesamt	3832,154	25			

a. Einflußvariablen : (Konstante), ALQ95, DEUTSCH
b. Abhängige Variable

Koeffizienten[a]

Modell		Nicht standardisierte Koeffizienten		Standardisierte Koeffizienten	T	Signifikanz	Kollinearitätsstatistik	
		B	Standardfehler	Beta			Toleranz	VIF
1	(Konstante)	44,217	9,933		4,452	,000		
	DEUTSCH	,210	,077	,574	2,738	,012	,239	4,192
	ALQ95	-2,139	1,387	-,324	-1,542	,137	,239	4,192

a. Abhängige Variable

Abbildung 11.1: SPSS-Output des Regressionsergebnisses zur Ausfgabe 11.1.11.

Interpretieren Sie den in Abbildung 11.1 wiedergegebenen Output einer Regressionsanalyse. Die abhängige Variable hierbei ist der Ja-Stimmen-Anteil bei einer Volksabstimmung am 27.9.1997 in den 26 Schweizer Kantonen über die Finanzierung der Arbeitslosenversicherung. Diese Reform sah eine Kürzung der Arbeitslosengelder und eine Rückführung der Zuschüsse zur Arbeitslosenversicherung vor. Ein ‚Ja' bedeutet Zustimmung zur Kürzung. Als unabhängige Variablen gehen die durchschnittliche Arbeitslosenquoten in den einzelnen Kantonen (ALQ95) sowie der Anteil deutschsprachiger Bürger (DEUTSCH) in das Modell ein. Mit welchem Problem für das Regressionsmodell ist daher zu rechnen? Erläutern Sie kurz die zentralen Probleme und deren Konsequenzen für multivariate Regressionen.

11.1.12 Aufgabe

Eine Politologin will die unterschiedlich starke Repräsentation von Frauen in den Parlamenten von 22 Industrieländern erklären. Sie vertritt die Theorie, dass der Frauenanteil in den Parlamenten umso größer ist, je stärker die Linksparteien in den Ländern sind, je weniger ein Land katholisch geprägt ist und je reicher es ist. Eine multivariate Regressionsanalyse liefert nachfolgendes Ergebnis (abhängige Variable = Frauenanteil im Parlament).

Unabhängige Variablen	Unstandardisierter Regressionskoeffizient	t-Statistik
Konstante	18,242	(3,04)
Stärke der Linkspartei	0,118	(2,23)
Anteil der Katholiken an der Gesamtbevölkerung	−0,121	(−3,57)
BIP pro Kopf (in tausend US$)	−0,00661	(−1,23)
R^2	0,75	
n	22	

a) Interpretieren Sie die Einflussrichtung der unabhängigen Variablen. Stehen die empirischen Ergebnisse im Einklang mit der Theorie? Welche Variablen sind auf dem 5-%-Niveau signifikant? Interpretieren Sie R^2.

b) Der Durchschnitt der einzelnen unabhängigen Variablen beträgt 36,07 (Linkspartei), 6742,18 US$ (BIP pro Kopf) und 48,57 (Katholikenanteil). Wie groß ist der durchschnittliche Frauenanteil in den Parlamenten?

11.1.13 Aufgabe

Prof. A. stellt folgende Theorie auf:

Der Stimmenanteil für eine Linkspartei (LINKS) bei Landtagswahlen ist umso höher, je

- höher die Arbeitslosenquote (ALQ) ist
- geringer die Wahlbeteiligung ist (WAHL)
- weniger Parteien zur Wahl antreten (PARTEI)
- höher der Anteil der Protestanten in einem Bundesland (PROT) ist.

a) Übersetzen Sie diese Theorie in ein Regressionsmodell.

b) Prof. A. lässt für 65 Wahlen die entsprechenden Daten sammeln, berechnet ein multivariates Regressionsmodell und erhält folgendes Ergebnis (in Klammern ist die t-Statistik angegeben):

LINKS=25,4532 + 0,8921 ALQ + 0,09258 WAHL - 1,345 PARTEI + 0,1789 PROT.
         (2,80)   (4,56)   (1,23)   (8,14)   (0,67)

Das R^2 beträgt 0,56, der empirische F-Wert 5,45.

Interpretieren Sie vor dem Hintergrund der theoretischen Annahmen diese Befunde.

- Welche Variablen sind signifikant?
- Welche Schlussfolgerungen sollte Prof. A ziehen?
- Wie hoch ist der theoretische F-Wert für eine Vertrauenswahrscheinlichkeit von 99 %?
- Wird die Nullhypothese des F-Tests (b1 = b2 = b3 = b4 = 0) verworfen?
- Wie groß ist der entsprechende theoretische t-Wert?
- Wie groß ist der Stimmenanteil der Linkspartei, wenn sich – ceteris paribus – die Arbeitslosenquote um zehn Prozentpunkte erhöht?

11.1.14 Aufgabe

Interpretieren Sie die nachfolgende Regressionsgleichung. Es handelt sich dabei um eine Erklärung der Zahl der Steuerreformen in 23 westlichen Industrieländern durch verschiedene unabhängige Variablen. Die Regression wurde nach der Methode der kleinsten Quadrate (OLS) geschätzt.

Unabhängige Variablen	Zahl der Steuerreformen (t-Statistik in Klammern)	
Konstante	0,98	(0,18)
Kompetitiver Vetospielerindex	−1,07	(-2,48)
Misery-Index (Ø 1980-1997)*	0,26	(2,41)
Anteil bürgerlicher Minister (Ø 1980-1997)	0,01	(0,42)
Abgabenquote im Jahr 1980	0,13	(1,46)
adj. R^2	0,41	
F-Statistik	4,75	
n	23	

* Der Misery-Index ergibt sich aus der Addition von Arbeitslosenquote und Inflationsrate eines Landes.

11.1.15 Aufgabe

Die folgende Regressionsgleichung schätzt die Höhe des Diskontsatzes wie er von der Deutschen Bundesbank festgelegt wurde (Monatsdaten von 1951-1998).

Die Variablen sind:

1) eine Dummy Variable (0 - 1 kodiert) für das Bestehen des Wechselkursregimes von Bretton Woods (d.h. feste statt flexibler Wechselkurse)

2) und 3) die parteipolitische Zusammensetzung der Bundesregierung sowie des Zentralbankrates jeweils mit fünf Ausprägungen (1 = Hegemonie der CDU/CSU, 2 = Dominanz der CDU/CSU, 3 = Patt, 4 = Dominanz der SPD, 5 = Hegemonie der SPD).

4) die durchschnittliche Inflationsrate der vorangegangenen 4 Perioden.

5) eine Dummy Variable zur Erfassung des Zeitraums sechs Monate vor einer Bundestagswahl (mit 1 = die letzten 6 Monate vor der Wahl).

6) eine Dummy Variable für die Ölkrisen der 70er und 80er Jahre.

	b	Standardfehler	Beta	t
Konstante	4,099	0,173		23,753
1) Wechselkurssystem von Bretton Woods	-0,304	0,119	-0,096	-2,549
2) Zusammensetzung der Bundesregierung	-0,066	0,052	-0,056	-1,271
3) Zusammensetzung des Zentralbankrates	-0,087	0,046	-0,074	-1,890
4) Inflationsrate	0,269	0,028	0,417	9,775
5) Bundestagswahlkampf	-0,165	0,165	-0,035	-1,002
6) Dummyvariable für Ölkrisen	1,006	0,256	0,193	3,937

a) Interpretieren Sie die Regressionsgleichung und gehen Sie auf die einzelnen Variablen ein.

b) Welche spezifische Kontrollstatistik für Zeitreihendaten – um diese handelt es sich ja – müsste man hier angeben? Was würden Sie dabei für das vorliegende Beispiel erwarten?

11.2 Lösungen

11.2.1 Lösung der Aufgabe 11.1.1

Zur Lösung dieser Aufgabe ist eine Regressionsgerade zu ermitteln, die eine Prognose des Stimmenanteils ermöglicht. Zunächst ist dafür eine Regressionsgleichung aus den vorliegenden Daten zu schätzen, wobei von einem linearen Zusammenhang zwischen beiden Variablen auszugehen ist:

$$y = a + bx.$$

Sind die beiden Koeffizienten a und b bekannt, lässt sich durch das Einsetzen der Arbeitslosenrate von $x = 11\%$ ein Schätzwert für den Stimmenanteil extremistischer Parteien ermitteln.

Zuerst wird der Steigungskoeffizient b der Regressionsgeraden mit Hilfe der Kovarianz der beiden Variablen nach dieser Formel bestimmt:

$$b = \frac{Cov_{xy}}{S_x^2}.$$

Die Kovarianz lässt sich mit Hilfe der Arbeitstabelle auf S. 182 bestimmen oder durch Ansetzen des Verschiebungssatzes:

$$Cov_{xy} = E(X \cdot Y) - E(X) \cdot E(Y) = \frac{1}{n}\sum_{i=1}^{n}(x_i y_i) - \frac{1}{n}\sum_{i=1}^{n}(x_i) \cdot \frac{1}{n}\sum_{i=1}^{n}(y_i) =$$

$$= \overline{xy} - \bar{x} \cdot \bar{y} = 71,125 - 8 \cdot 7,25 = 13,125.$$

Man erhält den Steigungskoeffizienten:

$$b = \frac{\frac{1}{n}\sum_{i=1}^{n}(x_i - \bar{x})(y_i - \bar{y})}{\frac{1}{n}\sum_{i=1}^{n}(x_i - \bar{x})^2} = \frac{13,125}{7} = 1,875.$$

Mittels der Schwerpunkteigenschaft der Regressionsgeraden ($\bar{y} = a + b\bar{x}$) wird nun der Achsenabschnitt a bestimmt:

$$a = \bar{y} - b\bar{x} = 7{,}25 - 1{,}875 \cdot 8 = -7{,}75.$$

Wahl	ALQ x_i	Anteil Extreme y_i	$(x_i - \bar{x})$	$(x_i - \bar{x})^2$	$(y_i - \bar{y})$	$(y_i - \bar{y})^2$	$(x_i - \bar{x})(y_i - \bar{y})$
1	9	7	1	1	-0,25	0,0625	-0,25
2	10	9	2	4	1,75	3,0625	3,5
3	6	5	-2	4	-2,25	5,0625	4,5
4	7	4	-1	1	-3,25	10,5625	3,25
5	9	8	1	1	0,75	0,5625	0,75
6	4	2	-4	16	-5,25	27,5625	21
7	13	20	5	25	12,75	162,5625	63,75
8	6	3	-2	4	-4,25	18,0625	8,5
	Σ 64	Σ 58	Σ 0,0	Σ 56	Σ 0,0	Σ 227,5	Σ 105
	$\bar{x} = 8$	$\bar{y} = 7{,}25$		$S_x^2 = 7$		$S_y^2 = 28{,}4$	Cov $= 13{,}125$
				$S_x = 2{,}65$		$S_y = 5{,}33$	

11.2 Lösungen 183

Die Regressionsgerade lautet also:

$$\hat{y} = -7{,}75 + 1{,}875 \cdot x.$$

Wird nun $x = 11$ in die Gleichung eingesetzt, erhält man den Schätzwert $\hat{y} = -7{,}75 + 1{,}875 \cdot 11 = 12{,}875$. Also wäre in diesem Fall, d.h. bei einer Arbeitslosenrate von 11 %, mit einem Stimmenanteil von 12,88 % für extremistische Parteien zu rechnen.

11.2.2 Lösung der Aufgabe 11.1.2

a) Streudiagramm

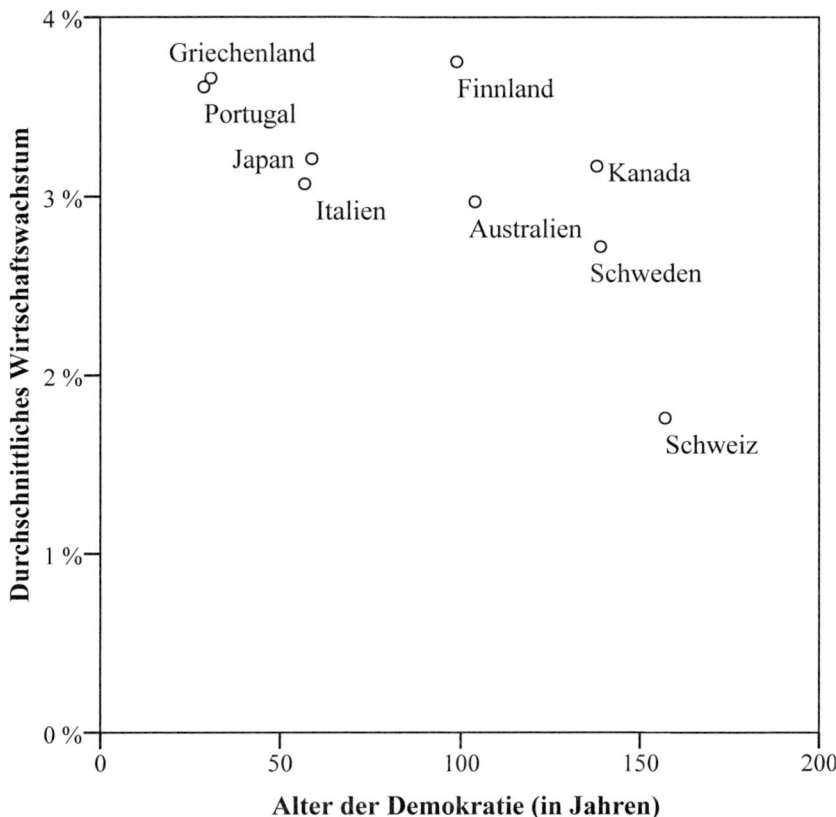

Abbildung 11.2: Streudiagramm zur Aufgabe 11.1.2.

b) Der erste Schritt zur Bestimmung der Regressionsgeraden ist die Berechnung der Steigung. Deren Berechungsformel lautet:

$$b = \frac{Cov_{xy}}{S_x^2}.$$

Land	Demo-kratie-alter x_i	Wachs-tum y_i	$(x_i - \bar{x})$	$(x_i - \bar{x})^2$	$(y_i - \bar{y})$	$(y_i - \bar{y})^2$	$(x_i - \bar{x})(y_i - \bar{y})$
AU	104	2,97	13,67	186,78	-0,13	0,02	-1,81
CA	138	3,17	47,67	2.272,11	0,07	0,00	3,23
CH	157	1,76	66,67	4.444,44	-1,34	1,80	-89,48
GR	31	3,66	-59,33	3.520,44	0,56	0,31	-33,09
IT	57	3,07	-33,33	1.111,11	-0,03	0,00	1,07
JP	59	3,21	-31,33	981,78	0,11	0,01	-3,38
PO	29	3,61	-61,33	3.761,78	0,51	0,26	-31,14
FI	99	3,75	8,67	75,11	0,65	0,42	5,61
SE	139	2,72	48,67	2.368,44	-0,38	0,15	-18,60
	Σ 813	Σ 27,92	Σ 0,0	Σ 18.722,00	Σ 0,0	Σ 2,97	Σ -167,59
	$\bar{x} = 90,33$	$\bar{y} = 3,10$		$S_x^2 = 2.080,22$		$S_y^2 = 0,33$	$Cov = -18,62$
				$S_x = 45,61$		$S_y = 0,57$	

Diese Arbeitstabelle hilft bei der Berechung der Kovarianz Cov_{xy}.

Damit ergibt sich für b:

$$b = \frac{\frac{1}{n}\sum_{i=1}^{n}(x_i - \bar{x})(y_i - \bar{y})}{\frac{1}{n}\sum_{i=1}^{n}(x_i - \bar{x})^2} = \frac{-18{,}62}{2.080{,}22} = -0{,}0089.$$

Alternativ lässt sich die Kovarianz auch mit Hilfe des Verschiebungssatzes ermitteln:

$$Cov_{xy} = E(X \cdot Y) - E(X) \cdot E(Y) = \frac{1}{n}\sum_{i=1}^{n}(x_i y_i) - \frac{1}{n}\sum_{i=1}^{n}(x_i) \cdot \frac{1}{n}\sum_{i=1}^{n}(y_i) =$$

$$= \overline{xy} - \bar{x} \cdot \bar{y} = 261{,}61 - 90{,}33 \cdot 3{,}10 = -18{,}62.$$

Damit lässt sich nun unter Anwendung der Schwerpunkteigenschaft der Regressionsgeraden ($\bar{y} = a + b\bar{x}$) der Achsenabschnitt a bestimmen: $a = \bar{y} - b\bar{x} = 3{,}10 - (-0{,}0089) \cdot 90{,}33 = 3{,}90$. Die Regressionsgerade lautet also:

$$y = 3{,}90 - 0{,}0089 \cdot x.$$

Das negative Vorzeichen des Steigungskoeffizienten bestätigt den negativen Zusammenhang der Theorie der Verteilungskoalitionen: Je älter eine gefestigte Demokratie ist, desto schwächer ist das ökonomische Wachstum.

c) Setzt man das Alter der amerikanischen Demokratie (218 Jahre) in die Gleichung ein, erhält man einen Schätzwert für das amerikanische Sozialproduktswachstum:

$$\hat{y} = 3{,}90 - 0{,}0089 \cdot 218 = 1{,}96.$$

Aufgrund des vermuteten Zusammenhanges schätzt man das durchschnittliche amerikanische Wirtschaftswachstum somit auf 1,96 %.

11.2.3 Lösung der Aufgabe 11.1.3

a) Zur Berechnung der Regressionsgeraden wird zunächst der Steigungskoeffizient b mit Hilfe der Kovarianz berechnet:

$$b = \frac{Cov_{xy}}{S_x^2}.$$

Land	Linksprämier x_i	ALQ y_i	$(x_i - \bar{x})$	$(x_i - \bar{x})^2$	$(y_i - \bar{y})$	$(y_i - \bar{y})^2$	$(x_i - \bar{x})(y_i - \bar{y})$
DE	54,2 %	5,35	9,25	85,56	-0,79	0,62	-7,28
DK	47,5 %	7,69	2,55	6,50	1,55	2,41	3,96
FR	47,5 %	7,51	2,55	6,50	1,37	1,89	3,5
IE	0,0 %	10,01	-44,95	2.020,50	3,87	15,00	-174,09
IT	20,8 %	9,2	-24,15	583,22	3,06	9,38	-73,97
NL	22,9 %	6,7	-22,05	486,20	0,56	0,32	-12,41
NO	67,5 %	2,82	22,55	508,50	-3,32	11,00	-74,80
AT	100,0 %	2,59	55,05	3.030,50	-3,55	12,58	-195,26
SE	63,3 %	2,11	18,35	336,72	-4,03	16,22	-73,90
UK	25,8 %	7,39	-19,15	336,72	1,25	1,57	-23,99
	Σ 449,5	Σ 61,37	Σ 0,0	Σ 7.430,95	Σ 0,0	Σ 70,99	Σ -628,25
	$\bar{x} = 44,95$	$\bar{y} = 6,14$		$S_x^2 = 743,09$		$S_y^2 = 7,10$	Cov = -62,82
				$S_x = 27,26$		$S_y = 2,66$	

11.2 Lösungen

Man erhält für b:

$$b = \frac{\frac{1}{n}\sum_{i=1}^{n}(x_i - \bar{x})(y_i - \bar{y})}{\frac{1}{n}\sum_{i=1}^{n}(x_i - \bar{x})^2} = \frac{-62,82}{743,09} = -0,085.$$

Mit Kenntnis des Steigungskoeffizienten b und mit Hilfe der Schwerpunkteigenschaft der Regressionsgeraden $(\bar{y} = a + b\bar{x})$ lässt sich deren Achsenabschnitt a bestimmen:

$$a = \bar{y} - b\bar{x} = 6,14 - (-0,085) \cdot 44,95 = 9,961.$$

Mit den beiden Koeffizienten a und b lässt sich die Regressionsgerade angeben:

$$\hat{y} = 9,961 - 0,085 \cdot x.$$

Der negative Regressionskoeffizient bestätigt die Hypothese der Parteiendifferenztheorie: Hohe Werte der Regierungsdauer linker Premiers führen zu niedrigeren Werten bei der ‚durchschnittlichen Arbeitslosenquote'.

b) Der Determinationskoeffizient (oder auch Bestimmtheitsmaß) R^2 gibt an, wie hoch der Anteil der erklärten Streuung an der gesamten Streuung ist (erklärte Streuung : Gesamtstreuung = ESS : TSS = R^2). R^2 ist das Quadrat des Korrelationskoeffizienten r nach Pearson: $R^2 = r^2$. Der Determinationskoeffizient R^2 kann auch nach dieser Formel berechnet werden:

$$R^2 = \frac{\sum_{i=1}^{n}(\hat{y}_i - \bar{y})^2}{\sum_{i=1}^{n}(y_i - \bar{y})^2}.$$

Die Arbeitstabelle zur Berechnung des Determinationskoeffizienten R^2 ist auf S. 188 abgebildet.

Land	ALQ	Schätzwert	Residuum	unerklärte St. (USS)		erklärte St. (ESS)		Gesamtst. (TSS)
	y_i	$\hat{y}_i$	$y_i - \hat{y}_i$	$(y_i - \hat{y}_i)^2$	$\hat{y}_i - \bar{y}$	$(\hat{y}_i - \bar{y})^2$	$y_i - \bar{y}$	$(y_i - \bar{y})^2$
DE	5,35	5,35	0,00	0,00	-0,78	0,61	-0,79	0,62
DK	7,69	5,92	1,77	3,12	-0,21	0,05	1,55	2,41
FR	7,51	5,92	1,59	2,52	-0,21	0,05	1,37	1,89
IE	10,01	9,96	0,05	0,00	3,82	14,62	3,87	15,00
IT	9,20	8,19	1,01	1,01	2,06	4,23	3,06	9,38
NL	6,70	8,01	-1,31	1,73	1,88	3,53	0,56	0,32
NO	2,82	4,22	-1,40	1,97	-1,91	3,66	-3,32	11,00
AT	2,59	1,46	1,13	1,27	-4,68	21,86	-3,55	12,58
SE	2,11	4,58	-2,47	6,10	-1,56	2,42	-4,03	16,22
UK	7,39	7,77	-0,38	0,14	1,63	2,66	1,25	1,57
			$\sum -0{,}03$	$\sum 17{,}87$	$\sum 0{,}03$	$\sum 53{,}69$	$\sum 0{,}00$	$\sum 70{,}99$

11.2 Lösungen

$$R^2 = \frac{\sum_{i=1}^{n}(\hat{y}_i - \bar{y})^2}{\sum_{i=1}^{n}(y_i - \bar{y})^2} = \frac{5,37}{7,10} = 0,756.$$

Die unabhängige Variable ‚Regierungsdauer' linker Premiers erklärt somit 75,6 % der Streuung der abhängigen Variable ‚durchschnittliche Arbeitslosenquote'.

c) Es ist ein *t*-Test (zum Sicherheitsniveau 99 %) bezüglich des Einflusses der unabhängigen Variable ‚Regierungsdauer' durchzuführen. Die zu überprüfenden Hypothesen lauten:

$$H_0 : b = 0 \text{ und } H_1 : b \neq 0.$$

Falls die Nullhypothese H_0 nicht verworfen werden kann, bedeutet dies, dass der Regressionskoeffizient keinen signifikanten Einfluss auf die abhängige Variable hat und die Variable ‚Regierungsdauer' nicht zur Erklärung der abhängigen Variable geeignet ist.

Die Teststatistik ist *t*-verteilt und lautet:

$$T_b = \frac{b}{S_b}.$$

Der kritische Bereich, in dem die Nullhypothese abgelehnt werden muss, ist:

$$|T_{b_0}| > t_{1-\frac{\alpha}{2}}(n-2).$$

Bevor die Testvariable berechnet werden kann, muss noch die Standardabweichung S_b des Koeffizienten bestimmt werden. Die Berechnungsformel lautet:

$$S_b = \sqrt{\frac{\sum_{i=1}^{n}(y_i - \hat{y}_i)^2}{\sum_{i=1}^{n}(x_i - \bar{x})^2 \cdot (n-2)}} = \sqrt{\frac{17,88}{7430,95 \cdot (10-2)}} = 0,017.$$

Es ergibt sich folgender empirischer t-Wert:

$$T_{b_0} = \frac{-0,085}{0,017} = -5.$$

Der empirische t-Wert wird nun mit dem theoretischen Wert aus der t-Verteilungstabelle (s. S. 363) verglichen. Das Signifikanzniveau α sei hier 1 %.

Für $|T_{b_0}| > t_{1-\frac{\alpha}{2}}(n-2)$ gilt: $t_{1-\frac{0,01}{2}}(10-2) = 3,36$.

Da der empirische t-Wert des Steigungsparameters b in den Ablehnbereich

$$|T_{b_0}| = -5 > t_{1-\frac{\alpha}{2}}(n-2) = -3,36$$

fällt, kann die Nullhypothese verworfen werden und b ist zum Sicherheitsniveau 99 % signifikant von null verschieden.

Die Amtsdauer linker Regierungschefs hat also in der Tat einen signifikanten Einfluss auf die durchschnittliche Arbeitslosenrate.

Abbildung 11.3 auf S. 191 zeigt das Ergebnis der Regressionsrechung, wie es das Statistikprogramm SPSS ausgibt. Versuchen Sie Ihre zuvor berechneten Ergebnisse in diesem Output wiederzufinden.

11.2 Lösungen

Aufgenommene/Entfernte Variablen[b]

Modell	Aufgenommene Variablen	Entfernte Variablen	Methode
1	Linkspremier[a]	.	Einschluß

a. Alle gewünschten Variablen wurden eingegeben.
b. Abhängige Variable: Arbeitslosenquote

Modellzusammenfassung[b]

Modell	R	R-Quadrat	Korrigiertes R-Quadrat	Standardfehler des Schätzers
1	,865[a]	,748	,717	1,49461

a. Einflußvariablen : (Konstante), Linkspremier
b. Abhängige Variable: Arbeitslosenquote

ANOVA[b]

Modell		Quadratsumme	df	Mittel der Quadrate	F	Sig.
1	Regression	53,115	1	53,115	23,777	,001[a]
	Nicht standardisierte Residuen	17,871	8	2,234		
	Gesamt	70,986	9			

a. Einflußvariablen : (Konstante), Linkspremier
b. Abhängige Variable: Arbeitslosenquote

Koeffizienten[a]

Modell		Nicht standardisierte Koeffizienten		Standardisierte Koeffizienten	T	Sig.
		RegressionskoeffizientB	Standardfehler	Beta		
1	(Konstante)	9,937	,911		10,902	,000
	Linkspremier	-,085	,017	-,865	-4,876	,001

a. Abhängige Variable: Arbeitslosenquote

Abbildung 11.3: SPSS-Output der Regressionsergebnisse zur Ausfgabe 11.1.3.

d) Nachdem in Belgien die Regierungsdauer eines linken Premiers 5 % des untersuchten Zeitraums betrug, kann dieser Wert in die geschätzte Regressionsgleichung eingesetzt und so eine Prognose der durchschnittlichen Arbeitslosenquote Belgiens berechnet werden. Dazu werden die Kenntnis des theoretischen Zusammenhangs und der vorliegenden empirischen Werte benutzt um eine neue Information zu erzeugen. Die Regressionsanalyse fällt daher in den Bereich der induktiven Statistik, die neue Informationen generiert. In das Regressionsmodell eingesetzt, ergibt sich für die durchschnittliche Arbeitslosenquote in Belgien:

$$\hat{y} = 9,961 - 0,085 \cdot 0,05 = 9,96.$$

Auf Grundlage der Parteiendifferenztheorie und der vorliegenden empirischen Daten wird die durchschnittliche Arbeitslosenquote in Belgien auf 9,93 % geschätzt.

e) In folgender Graphik sind das Streudiagramm und die Regressionsgerade oben genannter Daten dargestellt. Die beiden anderen Linien zeigen jeweils den Mittelwert der beiden Variablen an. Der Schwerpunkt der Punktewolke, welcher dem Schnittpunkt der Mittelwertsgeraden entspricht, liegt immer auf der Regressionsgeraden.

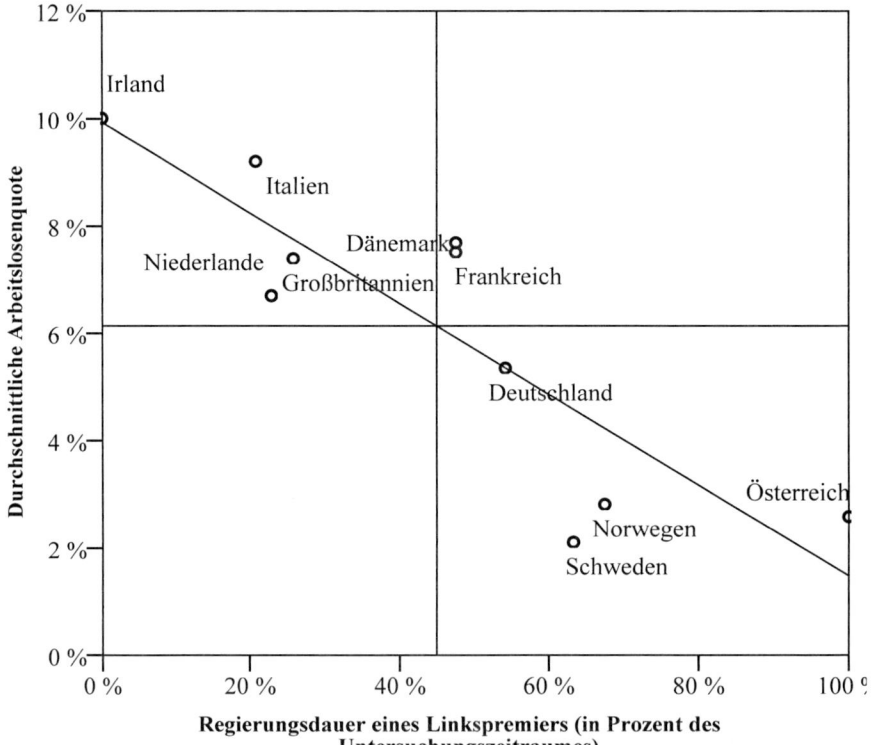

Abbildung 11.4: Streudiagramm zur Aufgabe 11.1.3.

11.2.4 Lösung der Aufgabe 11.1.4

Falls die Hypothese zutrifft, müsste sich eine Regressionsgerade mit signifikantem Steigungsparameter für diesen Zusammenhang finden lassen. Zur Bestimmung der Regressionsgeraden wird zunächst der Steigungskoeffizient b mit Hilfe der Kovarianz berechnet:

$$b = \frac{Cov_{xy}}{S_x^2}.$$

Die Arbeitstabelle zur Berechnung der Kovarianz ist auf S. 194 wiedergegeben. Man erhält für

$$b = \frac{\frac{1}{n}\sum_{i=1}^{n}(x_i - \bar{x})(y_i - \bar{y})}{\frac{1}{n}\sum_{i=1}^{n}(x_i - \bar{x})^2} = \frac{2,28}{0,67} = 3,403.$$

Damit lässt sich unter Ausnutzung der Schwerpunkteigenschaft der Regressionsgeraden ($\bar{y} = a + b\bar{x}$) der Achsenabschnitt a bestimmen:

$$a = \bar{y} - b\bar{x} = 4,94 - 3,403 \cdot 7,59 = -20,889.$$

Die Regressionsgerade lautet also:

$$\hat{y} = -20,889 + 3,403 \cdot x.$$

Da in dieser Geradengleichung Rundungsfehler vorliegen, soll mit der exakten Regressionsgeraden weitergerechnet werden:

$$\hat{y} = -21,01 + 3,42 \cdot x.$$

Land	BIP pro Kopf x_i	Demo-kratiein-dex y_i	$(x_i - \bar{x})$	$(x_i - \bar{x})^2$	$(y_i - \bar{y})$	$(y_i - \bar{y})^2$	$(x_i - \bar{x})(y_i - \bar{y})$
AL	7,40	0,21	-0,19	0,04	-4,73	22,42	0,89
BE	7,00	0,50	-0,59	0,34	-4,44	19,75	2,61
CD	6,60	0,00	-0,99	0,97	-4,94	24,45	4,88
CI	7,90	2,84	0,31	0,10	-2,10	4,43	-0,66
IL	8,10	9,23	0,51	0,26	4,29	18,37	2,20
D	8,79	10,00	1,20	1,45	5,06	25,56	6,08
MA	7,26	8,32	-0,33	0,11	3,38	11,39	-1,10
PA	6,46	2,48	-1,13	1,27	-2,46	6,07	2,78
PE	7,61	4,31	0,02	0,00	-0,63	0,40	-0,01
SL	7,14	6,50	-0,45	0,20	1,56	2,42	-0,70
US	9,20	10,00	1,61	2,60	5,06	25,56	8,15
	$\sum$ 83,46	$\sum$ 54,39	$\sum$ 0,0	$\sum$ 7,34	$\sum$ 0,0	$\sum$ 160,82	$\sum$ 25,11
	$\bar{x} = 7,59$	$\bar{y} = 4,94$		$S_x^2 = 0,67$		$S_y^2 = 14,62$	Cov = 2,28
				$S_x = 0,82$		$S_y = 3,82$	

Nun müssen die Regressionskoeffizienten a und b auf ihre Signifikanz überprüft werden. Dies geschieht jeweils mittels eines t-Tests, der folgende Hypothesen prüft:

$$H_0 : a = 0 \text{ und } H_1 : a \neq 0$$

bzw.

$$H_0 : b = 0 \text{ und } H_1 : b \neq 0.$$

11.2 Lösungen

Falls die Nullhypothese H_0 nicht verworfen werden kann, bedeutet dies, dass der betreffende Koeffizient keinen signifikanten Einfluss auf die abhängige Variable hat und die betreffende Variable x nicht zur Erklärung der abhängigen Variable y geeignet ist.

Die Teststatistiken sind t-verteilt und lauten:

$$T_{a_0} = \frac{a}{S_a} \text{ bzw. } T_{b_0} = \frac{b}{S_b}.$$

Die Ablehnbereiche der Hypothesen sind jeweils:

$$|T_{a_0}| > t_{1-\frac{\alpha}{2}}(n-2) \text{ bzw. } |T_{b_0}| > t_{1-\frac{\alpha}{2}}(n-2).$$

Um den Test durchzuführen, müssen die Standardabweichungen der Koeffizienten bestimmt werden (S_a, S_b). Die Formeln zur Berechnung der Standardabweichungen sind (für die Werte siehe unten):

$$S_a = \sqrt{\frac{\sum_{i=1}^{n}(y_i - \hat{y})^2 \cdot \sum_{i=1}^{n} x_i^2}{\sum_{i=1}^{n}(x_i - \bar{x})^2 \cdot (n-2) \cdot n}} = \sqrt{\frac{74,90 \cdot 640,58}{7,34 \cdot (11-2) \cdot 11}} = 8,126 \text{ bzw.}$$

$$S_b = \sqrt{\frac{\sum_{i=1}^{n}(y_i - \hat{y})^2}{\sum_{i=1}^{n}(x_i - \bar{x})^2 \cdot (n-2)}} = \sqrt{\frac{74,90}{7,34 \cdot (11-2)}} = 1,065.$$

Damit ergeben sich für die Teststatistiken folgende empirische t-Werte:

$$T_{a_0} = \frac{-21,01}{8,126} = -2,586$$

bzw.

$$T_{b_0} = \frac{3,42}{1,065} = 3,211.$$

Diese empirischen t-Werte werden nun mit den theoretischen Werten aus der t-Verteilungstabelle verglichen. Das Signifikanzniveau α sei jeweils 5 %.

Für beide zweiseitigen (!) Testprobleme gilt der gleiche t-Wert, denn für

$$| T_{a_0} | > t_{1-\frac{\alpha}{2}} (n-2) \text{ bzw. } | T_{b_0} | > t_{1-\frac{\alpha}{2}} (n-2) \text{ gilt:}$$

$$t_{1-\frac{0,05}{2}} (11-2) = 2,262.$$

Der Vergleich:
$$| T_{a_0} | = 2,586 > t_{1-\frac{\alpha}{2}} (n-2) = 2,262$$

zeigt, dass die Nullhypothese für den Achsenabschnitt a verworfen werden kann. Auch der empirische t-Wert des Steigungsparameters b fällt nicht in den Ablehnbereich:

$$| T_{b_0} | = 3,211 > t_{1-\frac{\alpha}{2}} (n-2) = 2,262.$$

Die Nullhypothese kann daher verworfen werden; b ist zum Niveau von 5 % signifikant von null verschieden. Beide Koeffizienten a und b besitzen also Erklärungskraft für die unabhängige Variable.

Dabei bedeutet der positive Korrelationskoeffizient b, dass der Demokratieindex um 3,42 Punkte steigt, wenn das logarithmierte BIP pro Kopf um eins zunimmt. Der Achsenabschnitt a ist nicht sinnvoll zu interpretieren, da ihm zufolge ein Land mit einem BIP von null einen negativen Demokratieindex von -21,01 erwarten lassen müsste.

Der Determinationskoeffizient (oder das Bestimmtheitsmaß) R^2 gibt an, wie hoch der Anteil der erklärten Streuung an der gesamten Streuung ist (R^2 = ESS : TSS = erklärte Streuung : Gesamtstreuung). Inhaltlich ist R^2 damit das Quadrat des Korrelationskoeffizienten r nach Pearson. Es gilt: $R^2 = r^2$. Aber R^2 kann auch nach dieser Formel berechnet werden:

$$R^2 = \frac{\sum_{i=1}^{n} (\hat{y}_i - \bar{y})^2}{\sum_{i=1}^{n} (y_i - \bar{y})^2}.$$

Die Arbeitstabelle zur Berechnung des Determinationskoeffizienten R^2 ist auf S. 197 dargestellt.

11.2 Lösungen

Land	Demokra-tieindex	Schätzwert	Residuum	unerklärte St. (USS)		erklärte St. (ESS)		Gesamtst. (TSS)
	y_i	$\hat{y}_i$	$y_i - \hat{y}_i$	$(y_i - \hat{y}_i)^2$	$\hat{y}_i - \bar{y}$	$(\hat{y}_i - \bar{y})^2$	$y_i - \bar{y}$	$(y_i - \bar{y})^2$
AL	0,21	4,30	-4,09	16,76	-0,64	0,41	-4,73	22,42
BE	0,50	2,94	-2,44	5,93	-2,01	4,04	-4,44	19,75
CD	0,00	1,57	-1,57	2,46	-3,38	11,41	-4,94	24,45
CI	2,84	6,01	-3,17	10,08	1,07	1,14	-2,10	4,43
IL	9,23	6,70	2,53	6,41	1,75	3,08	4,29	18,37
D	10,00	9,06	0,94	0,89	4,11	16,93	5,06	25,56
MA	8,32	3,82	4,50	20,21	-1,12	1,25	3,38	11,39
PA	2,48	1,09	1,39	1,94	-3,86	14,87	-2,46	6,07
PE	4,31	5,02	-0,71	0,51	0,08	0,01	-0,63	0,40
SL	6,50	3,41	3,09	9,52	-1,53	2,34	1,56	2,42
US	10,00	10,46	-0,46	0,21	5,52	30,44	5,06	25,56
			Σ 0,00	Σ 74,90	Σ 0,00	Σ 85,92	Σ 0,00	Σ 160,82

$$R^2 = \frac{\sum_{i=1}^{n}(\hat{y}_i - \bar{y})^2}{\sum_{i=1}^{n}(y_i - \bar{y})^2} = \frac{85,92}{160,82} = 0,534.$$

Die unabhängige Variable ‚logarithmiertes BIP pro Kopf' erklärt also 53,4 % der Streuung der abhängigen Variable ‚Demokratieindex'.

Mit der F-Statistik lässt sich ein Test auf die Signifikanz des Bestimmtheitsmaßes und damit auf die gesamte Regression durchführen. Ausgehend von der Nullhypothese, dass kein Zusammenhang zwischen abhängiger und unabhängiger Variable besteht, und mit dem angestrebten Sicherheitsniveau von 95 % wird ein empirischer F-Wert ermittelt: $F = \frac{r^2(n-2)}{1-r^2}$. Dieser Wert drückt das Verhältnis der erklärten zur nicht erklärten Varianz aus. Für diese Daten ist $F = \frac{0,534(11-2)}{1-0,534} = 10,32$. Aus einer F-Verteilungstabelle (s. ab S. 364) wird bei der Vertrauenswahrscheinlichkeit von 95 % und einem Zähler- und neun Nennerfreiheitsgraden der Wert 5,12 abgelesen. Dieser Wert ist kleiner als der empirisch ermittelte Wert. Damit kann die Nullhypothese abgelehnt werden. Die Regressionsgleichung ist mit einer Sicherheitswahrscheinlichkeit von 95 % signifikant.

11.2.5 Lösung der Aufgabe 11.1.5

a) Zur Bestimmung der Regressionsgeraden, muss zuerst die Kovarianz berechnet werden. Dabei hilft die Arbeitstabelle auf S. 199.

Die Steigung der Regressionsgeraden lässt sich nun aus der Kovarianz nach dieser Formel berechnen:

$$b_1 = \frac{Cov_{xy}}{S_x^2} = \frac{-35,95}{379,2} = -0,095.$$

Der Achsenabschnitt wird mit Hilfe der Schwerpunkteigenschaft der Regressionsgeraden bestimmt: $a = \bar{y} - b_1 \cdot \bar{x} = 5,05 - (-0,095) \cdot 41,9 = 9,03$.

Damit lautet die Regressionsgerade: $\hat{y} = 9,03 - 0,095 \cdot x$ und bestätigt den negativen Effekt des Offenheitsgrades auf das Kapitalsteueraufkommen, also die race-to-the-bottom-These.

11.2 Lösungen

Land	Offen-heits-grad x_i	Steuern y_i	$(x_i - \bar{x})$	$(x_i - \bar{x})^2$	$(y_i - \bar{y})$	$(y_i - \bar{y})^2$	$(x_i - \bar{x})(y_i - \bar{y})$
A	34	7,7	-7,9	62,41	2,65	7,02	-20,94
B	12	8,2	-29,9	894,01	3,15	9,92	-94,19
C	60	2,3	18,1	327,61	-2,75	7,56	-49,78
D	18	5,6	-23,9	571,21	0,55	0,30	-13,15
E	70	4,3	28,1	789,61	-0,75	0,56	-21,08
F	22	9,6	-19,9	396,01	4,55	20,70	-90,55
G	38	3,9	-3,9	15,21	-1,51	1,32	4,48
H	54	4,2	12,1	146,41	-0,85	0,72	-10,29
I	66	2,8	24,1	580,81	-2,25	5,06	-54,23
J	45	1,9	3,1	9,61	-3,15	9,92	-9,77
	Σ 419	Σ 50,5	Σ 0,0	Σ 3.792,9	Σ 0,0	Σ 63,11	Σ -359,45
	$\bar{x} = 41,9$	$\bar{y} = 5,05$		$S_x^2 = 379,2$		$S_y^2 = 6,31$	Cov = -35,95
				$S_x = 19,48$		$S_y = 2,51$	

b) Da die Kovarianz bereits bekannt ist, kann der Determinationskoeffizient R^2 über den Pearson-Korrelationskoeffizienten schnell berechnet werden:

Es gilt: $R^2 = r^2$ und damit ist: $R^2 = (0{,}735)^2 = 0{,}541$.

Das Bestimmtheitsmaß R^2 gibt den Anteil der vom Regressionsmodell erklärten Streuung an der Gesamtstreuung an. Die außenwirtschaftliche Verflechtung kann damit 54,1 % der Varianz des Kapitalsteueraufkommens erklären. Damit hat die unabhängige Variable eine recht gute Erklärungskraft, was für den postulierten Zusammenhang spricht.

c) Nun ist ein *t*-Test über den Regressionskoeffizienten durchzuführen:

Die Hypothesen lauten:

$H_1 : b \neq 0 \rightarrow$ zweiseitiger Test $\quad H_o : b = 0$

Für das Signifikanzniveau ist $\alpha = 1\%$ vorgegeben.

Die zu berechnende Testgröße ist $t = \frac{b_j}{S_{b_j}}$ mit der Standardabweichung

$$S_b = \sqrt{\frac{\sum_{i=1}^{n}(y_i - \hat{y})^2}{\sum_{i=1}^{n}(x_i - \bar{x}) \cdot (n-2)}}.$$

Um $\sum_{i=1}^{n}(y_i - \hat{y})^2$ zu bestimmen, müssen die $\hat{y}$-Werte mit der Regressionsgleichung geschätzt werden. Dabei hilft folgende Arbeitstabelle:

Land	Steuern y_i	$\hat{y}_i = 9{,}03 - 0{,}095 \cdot x_i$	$(y_i - \hat{y}_i)$	$(y_i - \hat{y}_i)^2$
A	7,7	5,8	1,90	3,61
B	8,2	7,89	0,31	0,10
C	2,3	3,33	−1,03	1,06
D	5,6	7,32	−1,72	2,96
E	4,3	2,38	1,92	3,69
F	9,6	6,94	2,66	7,08
G	3,9	5,42	−1,52	2,31
H	4,2	3,9	0,30	0,09
I	2,8	2,76	0,04	0,00
J	1,9	4,755	−2,86	8,15
Σ				29,04

Damit lassen sich die Standardabweichung und die Testgröße berechnen:

$$S_b = \sqrt{\frac{\sum_{i=1}^{n}(y_i - \hat{y})^2}{\sum_{i=1}^{n}(x_i - \bar{x}) \cdot (n-2)}} = \sqrt{\frac{29{,}04}{3.792{,}9 \cdot (10-2)}} = 0{,}0311.$$

$$t = \frac{-0{,}095}{0{,}0311} = -3{,}05.$$

11.2 Lösungen

Bei einer einseitigen Fragestellung, wie in der Aufgabenstellung, liest man aus der Tabelle der *t*-Verteilung (S. 363) für einen einseitigen Test zum Niveau 1 % bei acht Freiheitsgraden den Wert 2,90 ab.

Der Vergleich der beiden Werte zeigt, dass der empirische Wert den theoretischen dem Betrag nach übersteigt. Damit kann die Nullhypothese abgelehnt werden und der Koeffizient ist zum Niveau 1 % signifikant.

Anmerkung: Bei einer zweiseitigen Fragestellung („ob ein Zusammenhang besteht") beträgt der *t*-Wert 3,36 und liegt damit oberhalb des empirischen Wertes, was zu einer Annahme der Nullhypothese führen würde.

11.2.6 Lösung der Aufgabe 11.1.6

Ausreißer sind Werte, die relativ weit von der Masse der Verteilung entfernt liegen.

Bei der Erstellung von Boxplots unterscheidet man zwischen Werten, die 1,5 Kastenlängen (= Abstand der Merkmalswerte zwischen dem 1. und 3. Quartil) vom 1. oder 3. Quartil entfernt liegen – den Ausreißern – und Werten, die mehr als drei Kastenlängen vom 25 % bzw.75 %-Perzentil entfernt sind. Diese heißen Extremwerte.

In einem einfachen Scatterplot oder in einem *Stem-and-Leaf*-Diagramm lassen sich Ausreißer bereits optisch gut erkennen.

Hit Hilfe der Mahalanobis-Distanz können Ausreißer von einer Regressionsgeraden untersucht werden. Dieses Maß berechnet dazu den Abstand eines Merkmalswerts vom Durchschnitt der übrigen Fälle. Große Distanzwerte weisen auf potentielle Ausreißer und Extremwerte hin.

Ein anderes Maß für die Ausreißereigenschaft von Beobachtungen ist der Hebelwert (*leverage value*). Er beruht auf der Mahalanobis-Distanz und normiert deren Wertebereich auf [0 bis $\frac{(n-1)}{n}$], wodurch sie besser interpretierbar wird. Da Ausreißer einen sehr starken Einfluss auf die Regressionsgerade haben, kann ein einzelner Wert die gesamte Regressionsgerade aus ihrer Position hebeln und in seine Richtung drehen. Dadurch wird die Steigung *b* beeinflusst. Der Hebelwert drückt also den Einfluss eines einzelnen Falles auf die Anpassung der gesamten Regressionsfunktion aus. Entsprechend ist bei großen Hebelwerten ($h_i > 0,5$) Vorsicht geboten.

Der Cook-Abstand schließlich gibt den Einfluss eines einzelnen Falles auf die Residualwerte der anderen Fälle an. Hohe Werte weisen auch hier auf einen großen Einfluss des jeweiligen Wertes hin.

Treten Ausreißer auf, sollte deren Ursache erforscht werden. Zunächst sind Mess- und Übertragungsfehler in den Daten auszuschließen. Sollte der abweichende Wert jedoch zutreffen, ist eine genauere Einzeluntersuchung notwendig. Wenn die Abweichung von den anderen Fällen hinreichend erklärt werden kann und damit die Unvergleichbarkeit der Fälle begründet ist, kann dieser Fall aus der Untersuchung ausgeschlossen werden. Üblicherweise werden dann die Ergebnisse sowohl mit als auch ohne Ausreißerwerte angegeben. Kritische Fälle sollten jedoch nicht leichtfertig verworfen werden, da sonst die Fallzahl sinkt und damit das Repräsentativitätskriterium verletzt wird. Die Aufgabe einer statistischen Untersuchung besteht außerdem darin, die vorgefundene Komplexität zu erklären und nicht, sie zu schönen.

11.2.7 Lösung der Aufgabe 11.1.7

Heteroskedastizität bezeichnet eine veränderliche Streuung der Residuen. Gleiche Varianz bei allen Residuen (Homoskedastizität) ist jedoch eine wichtige Voraussetzung für das lineare Regressionsmodell. Ist diese Bedingung nicht erfüllt, kann das Ziel der „Effizienz" eines Schätzers nicht mehr sichergestellt werden. Ein effizienter Schätzer hat in der Gruppe der unverzerrten Schätzer die geringste Varianz.

Eine veränderliche (meist zunehmende) Varianz lässt sich oft schon im Streudiagramm der Werte oder aber in einem Streudiagramm der Residuen optisch erkennen. Typischerweise streuen heteroskedastische Residuen keil- oder trichterförmig um die Regressionsgerade. Formal kann Heteroskedastizität mit dem so genannten „White-Test" oder dem „Goldfeld-Quandt-Test" nachgewiesen werden. Der Goldfeld-Quandt-Test berechnet zwei separate Regressionsgleichungen,

11.2 Lösungen 203

für große und kleine Werte der unabhängigen Variable und schätzt mit einem F-Test, wie stark sich die quadrierten Residuen in beiden Gruppen unterscheiden. Liegt Heteroskedastizität vor (wie dies häufig bei Daten, die mit dem Einkommen im Zusammenhang stehen, der Fall ist), kann man versuchen, die Variablen geeignet zu transformieren (z.B.: logarithmieren) und anschließend die Regression mit einer neu gebildeten homoskedastischen Variable durchzuführen. Alternativ kann man auch eine GLS-Regression (*generalised-least-squares*-Regression) mit den heteroskedastischen Werten rechnen.

11.2.8 Lösung der Aufgabe 11.1.8

Die abhängige Variable wird in US$ gemessen. Der erste Koeffizient (33.02) sagt aus, dass die Pro-Kopf-Einnahmen von Städten, in denen die Möglichkeit zu Bürgerinitiativen besteht um 33.02 US$ höher liegen, als in Städten, in denen diese Möglichkeit nicht besteht. Nun ist aber auch zu überprüfen, ob der Koeffizient ebenfalls signifikant ist. Da in Klammern die Standardabweichungen angegeben sind, müssen die jeweiligen *t*-Werte noch berechnet werden:

$$t_i = \frac{b_i}{s_b} = \frac{33,02}{10,32} = 3,19.$$

Für den ersten Koeffizienten liegt der empirische *t*-Wert 3,19 über dem Grenzwert für 2-seitige Tests bei 5-%-Signifikanzniveau (1,96) und sogar über dem für 1-%-Signifikanzniveau (2,58). Damit ist dieser Koeffizient hoch signifikant, was man mit „***" markieren kann.

11.2.9 Lösung der Aufgabe 11.1.9

Wenn Autokorrelation vorliegt, beeinflussen sich die Werte der unabhängigen Variable gegenseitig und sind nicht – wie beim Regressionsmodell vorausgesetzt – unabhängig. Dieses Phänomen tritt bei Zeitreihen auf, da hier die Werte in einer natürlichen Ordnung vorliegen und Werte der vorangegangenen Periode nachfolgende Beobachtungen beeinflussen können. Führen hohe Werte in der Vorperiode zu hohen beobachteten Werten in der darauf folgenden, spricht man von positiver Autokorrelation. Entsprechend liegt negative Autokorrelation vor, wenn hohe

Werte der Vorperiode zu niedrigen Werten in der nächsten Periode führen. Autokorrelation hat zur Folge, dass die Signifikanz der Regressionskoeffizienten überschätzt wird. Optisch ist Autokorrelation daran zu erkennen, dass die Residuen nicht mehr zufällig um die Trendgerade streuen, sondern einer Systematik unterliegen. Formal kann das Vorliegen von Autokorrelation mit dem „Durbin-Watson-Test" überprüft werden. Autokorrelierte Werte können trendbereinigt werden, indem man von jedem Merkmalswert den Wert der Vorperiode abzieht (erste Differenzen bildet) und somit nur noch die Veränderungen zur Vorperiode als Variable verwendet. Das heißt man geht praktisch von der Untersuchung von Bestandsmassen zur Untersuchung von Bewegungsmassen über, denn Bestandsmassen sind zwangsläufig autokorreliert, da sie sich nur langfristig ändern können.

11.2.10 Lösung der Aufgabe 11.1.10

Multikollinearität bezeichnet den Umstand, dass bei multivariaten Verfahren (wie z.B. der Regression) die unabhängigen Variablen miteinander korreliert sein können. Liegen starke Korrelationen zwischen den unabhängigen Variablen vor, so wird der Standardfehler der Regressionskoeffizienten größer und deshalb deren Signifikanz geringer. Die Schätzeigenschaft der Regressionsgleichung bleibt davon unberührt, jedoch nimmt die Erklärungskraft des Regressionsmodells ab, so dass das paradoxe Ergebnis eintreten kann, dass ein großer F-Wert das Gesamtmodell bestätigt, während gleichzeitig niedrige t-Werte für die einzelnen Regressionsparameter deren Signifikanz widersprechen. Starke Korrelationen zwischen den unabhängigen Variablen lassen sich mit Hilfe einer Korrelationsmatrix der unabhängigen Variablen oder des „Klein-Tests" auffinden. Die Intuition hinter dem Klein-Test ist, mittels Hilfsregressionen den Zusammenhang zwischen den unabhängigen Variablen zu schätzen, und die dabei gewonnenen R^2 in Form der Toleranz (=1-R^2) oder dem Varianz-Inflationsfaktors VIF (=1/(1-R^2)) auszudrücken. Da bei einer starken Korrelation (ab r = 0,7) von Multikollinearität auszugehen ist, ist bei einer Toleranz < 0,51 und einem VIF > 2 Vorsicht geboten. Der gegenseitigen Abhängigkeit der unabhängigen Variablen kann durch Ausschluss der überflüssigen Variablen begegnet werden.

11.2.11 Lösung der Aufgabe 11.1.11

Bei dieser Regression tritt das Problem der Multikollinearität auf. Anscheinend sind die beiden unabhängigen Variablen untereinander nicht unabhängig, sondern korreliert.

Die durchschnittliche Arbeitslosenquote ist unter Umständen in den deutschsprachigen Kantonen niedriger oder höher als in den anderen Kantonen. Damit erklären sich die unabhängigen Variablen gegenseitig und verlieren an Aussagekraft für die zu erklärende Variable.

Einen ersten Hinweis gibt die empirische F-Statistik, die mit 36,14 sehr groß ist (der kritische Wert liegt der F-Tabelle zu folge für $\alpha = 1\%$ zwischen 5,72 und 5,61 (s. Tabelle ab S. 364)), wobei aber gleichzeitig relativ niedrige t-Werte vorliegen. Die zur Berechnung verwendete Software SPSS hat zwei zusätzliche Informationen an die Ausgabe angehängt, die helfen, das Ausmaß der Multikollinearität zu beurteilen. Zur Berechnung des Maßes „Toleranz" wurde von dem Programm für jede unabhängige Variable eine Regression auf alle jeweils übrigen unabhängigen Variablen durchgeführt. „Toleranz" ist jeweils der Wert $1 - R^2$ dieser Regressionen. Niedrige Werte dieser „Toleranz" lassen also auf hohe Kollinearität der unabhängigen Variablen schließen. Der VIF (Varianz-Inflation-Faktor) ist der Kehrwert der Toleranz, also $\frac{1}{1-R^2}$. Entsprechend weisen hier niedrige Werte (nahe eins) auf fehlende Kollinearität hin. Sowohl die Toleranz (0,239) als auch der VIF (4,192) zeigen in diesem Fall jedoch ein starkes Kollinearitätsproblem an.

Andere Probleme, die bei multiplen Regressionen auftreten können, sind (s.o.):

- Ausreißer,
- Autokorrelation sowie
- Heteroskedastizität.

11.2.12 Lösung der Aufgabe 11.1.12

a) Diese Regression bestätigt die Theorie der Politologin hinsichtlich der Bedeutung der Stärke linker Parteien sowie des Katholikenanteils. In der Tat führen größere Werte der Variable „Stärke der Linkspartei" zu einem höheren Frauenanteil im Parlament, wie am positiven Vorzeichen des Regressionskoeffizienten $(+0,118)$ abgelesen werden kann. Auch der negative Korrelationskoeffizient für die Variable „Anteil der Katholiken" an der Gesamtbevölkerung $(-0,121)$ weist auf den Zusammenhang hin, der von der Forscherin vermutet wurde: je niedriger der Anteil der katholischen Bevölkerung in einem Land, desto größer ist der Frauenanteil im Parlament. Diese beiden Variablen sind nach der Faustregel zum 5-%-Niveau signifikant, da ihre t-Werte größer zwei sind. Zum Vergleich: Aus der t-Tabelle liest man bei vier Freiheitsgraden zum Signifikanzniveau von 5 % den t-Wert 2,101 ab.

Die dritte Einflussgröße „BIP pro Kopf" zeigt jedoch nicht die erwartete Einflussrichtung: Der empirische Zusammenhang ist negativ. Je höher das BIP, desto niedriger ist der Anteil der weiblichen Abgeordneten. Allerdings ist diese Variable zum Sicherheitsniveau von 95 % nicht signifikant. Aus dem niedrigen Koeffizienten von -0,000661 allein kann jedoch nicht auf den geringen Einfluss dieser Variable geschlossen werden: Bei einer Variation des durchschnittlichen BIP pro Kopf um ca. 5.000 US\$, ergibt sich ein Einfluss von $-0,000661 \cdot 5.000 = -3,305$. Aufgrund des Maßstabes der unabhängigen Variable von tausend US\$, ergeben sich deutliche Auswirkungen auf die unabhängige Variable. Ausgehend von der Konstanten (18,242 %) verringert sich allein mit dem Einfluss der sozioökonomischen Größe BIP-pro-Kopf der durchschnittliche Frauenanteil im Parlament um 3,3 Prozentpunkte.

b) Der durchschnittliche Frauenanteil im Parlament lässt sich aufgrund der Schwerpunkteigenschaft der Regressionsgeraden aus den Mittelwerten der unabhängigen Variablen berechnen. Zu diesem Zweck werden die Mittelwerte in das Regressionsmodell eingesetzt:

Ø Frauenanteil = 18,242 + 0,118 ·Ø Linkspartei - 0,121 · Ø Katholikenanteil - 0,000661 · Ø BIP p.K.

Ø Frauenanteil = $18,242 + 0,118 \cdot 36,07 - 0,121 \cdot 48,57 - 0,000661 \cdot 6742,18 =$ 12,16.

Man schätzt einen durchschnittlichen Frauenanteil von 12,16 % für alle 22 Länder.

11.2.13 Lösung der Aufgabe 11.1.13

a) Das Regressionsmodell müsste aufgrund der theoretischen Annahmen so aussehen:

$$\text{LINKS} = a + b_1 \cdot \text{ALQ} - b_2 \cdot \text{WAHL} - b_3 \cdot \text{PARTEI} + b_4 \cdot \text{PROT}.$$

Die Variablen „Arbeitslosenquote" und „Anteil der Protestanten" haben einen positiven, „Höhe der Wahlbeteiligung" und „Anzahl der kandidierenden Parteien" einen negativen Einfluss auf die abhängige Variable „Stimmenanteil der Linksparteien".

b) Die theoretisch erwarteten Einflussrichtungen der Arbeitslosenquote (positiv), der kandidierenden Parteien (negativ) und des Anteils der protestantischen Bevölkerung (positiv) werden von den Daten bestätigt. Nur die Wahlbeteiligung hat nicht die erwartete Wirkungsrichtung. Die Daten weisen darauf hin, dass sich eine höhere Wahlbeteiligung positiv, aber nur sehr schwach auf die abhängige Variable auswirkt: Ein Prozentpunkt mehr Wahlbeteiligung erhöht den Stimmenanteil linker Parteien um 0,1 Prozentpunkte. Signifikant (zum üblichen 5-%-Niveau) sind jedoch nur die Arbeitslosenquote und die Anzahl kandidierender Parteien.

Der Anteil der Protestanten besitzt lediglich eine sehr geringe Signifikanz von 0,67. Damit ist die Gefahr groß, dass diese unabhängige Variable keine Erklärungskraft für den gesuchten Stimmenanteil linker Parteien hat. Ebenso wie auf die Variable „Wahlbeteiligung", deren Einflussrichtung nicht theoretisch fundiert ist, sollte auf die vierte Variable verzichtet, und das Regressionsmodell auf die theoretisch fundierten und signifikanten Variablen beschränkt werden.

Das Bestimmtheitsmaß $R^2 = 0,56$ fällt für diese vier Variablen recht hoch aus. Es werden also 56 % der gesamten Streuung durch die vier Variablen erklärt.

Der theoretische F-Wert zur Vertrauenswahrscheinlichkeit von 99 % wird aus der Tabelle der F-Verteilung (ab S. 364) mit vier Zähler- und 60 Nennerfreiheitsgraden näherungsweise mit abgelesen 3,72 abgelesen werden (der exakte Wert beträgt 3,65). Da der empirisch ermittelte F-Wert mit 5,45 diesen theoretischen F-Wert übersteigt, kann die Nullhypothese (b1 = b2 = b3 = b4 = 0) verworfen werden. Die Regression ist also als ganzes signifikant.

Soll ein Test auf die Signifikanz der einzelnen Steigungsparameter durchgeführt werden, überprüft man die Nullhypothese:

$$H_0 : b_1 = 0 \text{ bzw. } H_1 : b_1 \neq 0.$$

Es handelt sich daher um einen zweiseitigen Test zum Signifikanzniveau $\alpha = 95\,\%$.

Folgender t-Wert kann aus der Tabelle der t-Verteilung (S. 363) näherungsweise abgelesen werden:

$$t_{1-\frac{\alpha}{2}}(n-2) = t_{1-\frac{0,05}{2}}(65-2) = 2,00.$$

Wenn sich die Arbeitslosenquote um zehn Prozentpunkte – bei Konstanz aller anderen unabhängigen Variablen – erhöht, steigt der Stimmenanteil linker Parteien um 8,9 Prozentpunkte.

11.2.14 Lösung der Aufgabe 11.1.14

Die unabhängige Variable mit dem deutlichsten Einfluss auf die Anzahl der Steuerreformen ist der Index kompetitiver Vetospieler. Der Einfluss dieser Variable ist negativ: Nimmt der Vetospielerindex um rund eine Einheit zu, verringert sich die Anzahl der Steuerreformen um eine Einheit. Der Koeffizient dieser Variable ist mit einem t-Wert von -2,48 nach der Daumenregel zum Sicherheitsniveau von 95 % signifikant.

Auch der Misery-Index hat einen t-Wert größer 2 und dürfte damit ebenfalls einen signifikanten Einfluss auf die unabhängige Variable haben. Nur ist der Zusammenhang hier positiv: Höhere Werte des Misery-Index führen zu größeren Werten der unabhängigen Variable.

Der Anteil bürgerlicher Minister ist eine Variable mit relativ niedrigem t-Wert (0,42) und zum Sicherheitsniveau von 5 % nicht signifikant. Folglich sollte diese Variable aus dem Regressionsmodell ausgeschlossen werden, denn ihr Erklärungsbeitrag ist nicht gesichert. Auch die Abgabenquote im Jahr 1980 besitzt keinen signifikanten Einfluss.

Die F-Statistik muss noch mit dem theoretischen F-Wert (Tabelle ab S. 364) verglichen werden: Dieser liegt für vier Zähler- und 18 Nennerfreiheitsgrade (19 Nennerfreiheitsgrade sind nicht tabelliert) bei 2,93. Die empirische F-Statistik liegt über diesem Wert, womit die Regression signifikant ist.

Der angepasste Determinationskoeffizient $R^2_{adj.}$ sollte bei multivariaten Regressionen als Bestimmtheitsmaß verwendet werden. Dieses Maß ist um die Anzahl der unabhängigen Variablen korrigiert, da sich das normale R^2 mit jeder zusätzlichen unabhängigen Variable erhöht. Dieses Regressionsmodell erklärt 41 % der gesamten Streuung der abhängigen Variable.

Nach diesem Ergebnis sollten die beiden insignifikanten Variablen aus dem Regressionsmodell eliminiert, und eine neue Berechnung mit den verbleibenden Einflussgrößen vorgenommen werden.

11.2.15 Lösung der Aufgabe 11.1.15

a) Da es sich um eine multivariate Regression handelt, ist das adjustierte $R^2_{adj.}$ zu betrachten um den Anteil der durch das Modell erklärten Varianz an der Gesamtvarianz der abhängigen Variablen abzulesen. Der Wert von 0,277 stellt dabei ein schwaches Ergebnis für ein Modell mit sechs Variablen dar. Die t-Werte der einzelnen Variablen zeigen an, dass die Hälfte von ihnen keinen signifikanten Einfluss (auf dem 5 % Niveau) hat, weil die t-Werte unterhalb des Grenzwertes 1,96 (für eine Signifikanz von 5 %) liegen. Interessanter Weise sind es genau die politischen Variablen ‚parteipolitische Zusammensetzung' und ‚Wahlzeitpunkt', die keine Bedeutung für die Entscheidungen der Bundesbank hatten.

Die Spalte der Beta-Werte gibt das relative Gewicht der einzelnen Variablen an. Den deutlich größten Einfluss hat demnach die Inflationsrate, gefolgt von den Ölkrisen und dem Wechselkursregime.

Das Ergebnis dieses Regressionsmodells liefert einen Beleg für die politische Unabhängigkeit der Bundesbankentscheidungen. Diese hat sich bei ihrer Zinspolitik nicht von politischen Einflüssen, sondern allein von ökonomischen Notwendigkeiten leiten lassen.

Die Vorzeichen der Koeffizienten bestätigen die vermuteten Wirkungsrichtungen: Zunehmende Inflation veranlasste die Bundesbank zu Zinserhöhungen, in Zeiten der Ölkrise wurden die Zinsen hoch gehalten und so lange die Wechselkurse unter dem Bretton-Woods-System fest waren, waren die Zinsen niedriger.

b) Da es sich um Zeitreihendaten handelt, muss auf das Problem der Autokorrelation geachtet werden. Es ist anzunehmen, dass bei diesen Daten positive Autokorrelation vorliegt. Der Durbin-Watson-Test würde bei Vorliegen einer positiven Autokorrelation einen Wert der Testgröße nahe 0 anzeigen.

12 Clusteranalyse

12.1 Aufgaben

Die Lösungen dieser Aufgaben finden Sie ab S. 217.

12.1.1 Aufgabe

Was ist Sinn und Zweck der Clusteranalyse?

Was kann man alles klassifizieren? Geben Sie einige Beispiele.

12.1.2 Aufgabe

Welche Ähnlichkeits- und Distanzmaße kennen Sie? Was sind die Unterschiede?

12.1.3 Aufgabe

Drücken Sie für Frankreich, Belgien und die Niederlanden die Ähnlichkeit der konstitutionellen Strukturen mit Hilfe geeigneter Indikatoren aus. Verwenden Sie dazu das Ähnlichkeitsmaß nach Russel & Rao sowie den *Simple-Matching*-Koeffizienten. Interpretieren Sie Ihre Ergebnisse.

Ähnlichkeitsmaß	Definition
Russel & Rao	$RR = \frac{a}{S}$
Simple Matching	$SMK = \frac{(a+d)}{S}$

Es gelten die üblichen Notationen für eine 4-Felder-Matrix.

Konstitutionelle Strukturen für Belgien, Frankreich und die Niederlande Stand Mitte 90er Jahre („1" ≙ Eigenschaft vorhanden):

Eigenschaft	Belgien	Frankreich	Niederlande
Monarch als Staatsoberhaupt	1	0	1
Präsident als Staatsoberhaupt	0	1	0
Zweikammersystem	1	1	1
Föderalismus	1	0	0
Verhältniswahlsystem	1	0	1
EU-Mitglied	1	1	1
Schwieriges Verfahren zur Verfassungsänderung	1	1	1
Juristische Überprüfung von Gesetzen	1	1	1
Unabhängige Zentralbank	0	0	0
Formale Wahl des Regierungschefs erforderlich	0	0	0
Zersplitterung des Parteiensystems („1" = hoch)	1	1	1
Rücktritt nach verlorener Vertrauensabstimmung	1	0	1

12.1.4 Aufgabe

Führen Sie eine Clusteranalyse für die folgenden sieben Länder durch. Berechnen Sie die euklidischen Distanzen anhand der gegebenen ökonomischen Daten. Warum ist hierfür eine z-Standardisierung notwendig? Fusionieren Sie die Länder jeweils

a) nach dem Single-Linkage- und nach dem Complete-Linkage-Verfahren.

b) Zeichnen Sie die Dendrogramme für beide Verfahren.

c) Bestimmen Sie jeweils die optimale Clusterzahl mit Hilfe einer geeigneten Heuristik und beurteilen Sie die Güte der gefundenen Clusterlösungen.

12.1 Aufgaben

Land	reales Wirtschafts-wachstum		Arbeitslosen-quote		Inflation		Staatsschulden-quote in Prozent des BIP	
	Original	z-Wert	Original	z-Wert	Original	z-Wert	Original	z-Wert
USA	2,00	-0,16	5,60	-0,91	2,80	0,20	64,30	-0,58
J	0,90	-1,88	3,20	-1,67	-0,10	-1,51	80,70	0,10
D	1,90	-0,31	9,40	0,28	1,80	-0,39	61,60	-0,69
F	2,20	0,16	11,70	1,00	1,70	-0,45	60,00	-0,76
I	3,00	1,41	12,00	1,09	5,40	1,73	122,00	1,81
UK	2,40	0,47	8,20	-0,10	3,40	0,56	60,00	-0,76
CAN	2,30	0,31	9,50	0,31	2,20	-0,15	99,60	0,88
$\bar{x}$	2,10	0,00	8,51	0,00	2,46	0,00	78,31	0,00
S	0,64	1,00	3,19	1,00	1,70	1,00	24,20	1,00

12.1.5 Aufgabe

Die folgende Tabelle stellt die euklidische Distanzmatrix für die ideologischen Abstände zwischen den relevanten Parteien in Schweden dar. Grundlage sind die Daten von Laver/Hunt (1992). Zur Berechnung der Distanzen wurden vier Policy-Dimensionen herangezogen.

a) Verschmelzen Sie die einzelnen Cluster nach dem Single-Linkage-Verfahren.

b) Zeichnen Sie das zugehörige Dendrogramm.

c) Welche optimale Clusterzahl ergibt sich nach dem Scree-Test?

Partei	CD	K	CP	MP	M	PP	SD
Christdemokraten (CD)	-						
Kommunisten (K)	19,47	-					
Zentrum (CP)	5,46	15,26	-				
Grüne (MP)	12,32	9,44	7,08	-			
Konservative (M)	7,44	21,12	7,20	12,90	-		
Liberale (PP)	10,43	17,09	6,22	8,12	6,89	-	
Sozialisten (SD)	12,65	7,75	7,82	2,48	13,79	9,64	-

12.1.6 Aufgabe

Führen Sie für die Daten von Aufgabe 12.1.5 eine Clusteranalyse mit dem *Complete-Linkage*-Verfahren durch. Zeichnen Sie das zugehörige Dendrogramm und bestimmen Sie die optimale Clusteranzahl.

12.1.7 Aufgabe

Wie ist das Vorgehen bei der Ward-Methode? Welches Distanzmaß ist bei diesem Verfahren zu verwenden?

12.1.8 Aufgabe

Wie ist allgemein die Vorgehensweise bei hierarchisch-agglomerativen Fusionierungsverfahren?

12.1.9 Aufgabe

Erläutern Sie die Homogenitätsmaße zur Beurteilung einer gefundenen Clusterlösung. Welche anderen Maße zur Beurteilung einer Clusterlösung kennen Sie außerdem? Beschreiben Sie deren Vorgehensweise.

12.1.10 Aufgabe

Die nachfolgende Tabelle stellt die Distanzmatrix von sozioökonomischen und politisch-institutionellen Eigenschaften (hypothetische Daten) unterschiedlicher Länder dar. Je größer die Distanzen, desto größer ist die Unterschiedlichkeit zwischen den Ländern. Verschmelzen Sie die einzelnen Länder jeweils

a) nach dem Complete-Linkage- und dem Single-Linkage-Verfahren.

b) Zeichnen Sie die zugehörigen Dendrogramme. Welche optimale Clusterzahl ergibt sich jeweils?

c) Welche optimale Clusterzahl ergibt sich jeweils nach dem Scree-Test?

Land	D	AUT	CH	SWE	DK	NOR	UK	USA
Deutschland	-							
Österreich	6,5	-						
Schweiz	9,5	8,7	-					
Schweden	12,4	10,7	17,9	-				
Dänemark	11,8	13,1	18,4	7,5	-			
Norwegen	12,8	12,6	18,2	6,8	7,7	-		
Großbritannien	17,5	20,1	15,4	14,2	11,5	13,4	-	
USA	16,3	17,2	11,0	25,7	22,4	23,5	8,4	-

12.1.11 Aufgabe

Im Auftrag des Bundesfamilienministeriums und der *Zeit* wurde von der Prognos AG der Familienatlas 2005 erstellt. Darin werden alle 439 Landkreise und Städte der Bundesrepublik hinsichtlich ihrer Familienfreundlichkeit, nach folgenden fünf Indikatoren bewertet: Demografie, Betreuungsinfrastruktur, Bildung und Arbeitsmarkt, Familie und Beruf sowie Sicherheit und Wohlstand.

a) Fassen Sie die ausgewählten Beispiele nach der Complete-Linkage-Methode zu Clustern zusammen und bestimmen Sie die optimale Anzahl der Cluster. (Alle Werte wurden für Gesamtdeutschland z-transformiert.)

b) Veranschaulichen Sie Ihre Ergebnisse mit einem Dendrogramm.

Stadt	Demo-grafie	Betreu-ungsin-frastruk-tur	Bildung und Arbeits-markt	Familie und Beruf	Sicher-heit und Wohl-stand
Bremen	-0,68	-0,12	0,22	0,03	2,75
Heidelberg	-2,37	-0,05	-1,25	2,48	-0,24
Braunschweig	-1,38	-0,16	-0,01	0,98	0,55
München	-0,98	0,25	-0,97	-0,16	-0,03
Bochum	-1,06	-0,50	0,04	-0,21	0,88
Heilbronn	1,31	-0,72	-0,84	-1,24	-1,43

12.2 Lösungen

12.2.1 Lösung der Aufgabe 12.1.1

Die Clusteranalyse hilft, Gruppen ähnlicher Objekte zu identifizieren und somit einzelne Fälle sinnvoll zusammenzufassen. Ziel dabei ist, dass die Objekte innerhalb der gebildeten Gruppen möglichst homogen sein sollen; die Gruppen sich zueinander jedoch möglichst stark unterscheiden.

Mittels der Clusteranalyse können Merkmalsträger wie z.B. Individuen (Wähler, Kunden), aber auch Aggregate (Länder, Parteien, Unternehmen) sowie Merkmale (wie z.B. die ganze Bandbreite soizio-ökonomischer Indikatoren) in Gruppen eingeteilt werden.

12.2.2 Lösung der Aufgabe 12.1.2

Ähnlichkeitsmaße beschreiben die übereinstimmenden Eigenschaften von Elementen. Reziprok dazu sind Distanzmaße, die die Unterschiede zwischen den Objekten messen. Ähnlichkeitsmaße werden für nominalskalierte (bzw. dichotome) Variablen verwendet, da bei diesen nur Übereinstimmung oder Unterschiedlichkeit festgestellt werden kann. Die Anzahl der Übereinstimmungen kann einfach ausgezählt werden und als Maß für die Ähnlichkeit zweier Elemente dienen.

2x2-Tabelle zur Berechnung von Ähnlichkeitsmaßen:

	Objekt 2		
Objekt 1	Eigenschaft vorhanden (1)	Eigenschaft nicht vorhanden (0)	Summe
Eigenschaft vorhanden (1)	a	b	$a + b$
Eigenschaft nicht vorhanden (0)	c	d	$c + d$
Summe	$a + c$	$b + d$	$\sum\sum = a+b+c+d = S$

Die Zellen geben an, wie oft übereinstimmende Merkmalsausprägungen vorliegen. Eine ganze Reihe von Operationalisierungen sind denkbar, um aus der Anzahl der übereinstimmenden Merkmale Ähnlichkeitsmaße zu konstruieren.

- Neben den Korrelationsmaßen, wie Phi ϕ oder Yules Q, gehört das Ähnlichkeitsmaß nach Russel & Rao: $RR = \frac{a}{S}$ zu den bekanntesten Ähnlichkeitsmaßen. Danach wird einfach das Verhältnis der übereinstimmend auftretenden Merkmalsausprägungen zu allen untersuchten Variablen gebildet. Problematisch an diesem Maß ist allerdings, dass die Wertung als Übereinstimmung von der Definition eines Merkmals abhängt.

- Der *Simple-Matching*-Koeffizient wertet aus diesem Grund gleichzeitiges Fehlen oder Auftreten eines Merkmals jeweils als Übereinstimmung:

$$SMK = \frac{a+d}{S}.$$

- Der Koeffizient nach Jaccard $JI = \frac{a}{a+b+c}$ bildet das Verhältnis aus gemeinsam aufgetretenen Eigenschaften zu all den Wertepaaren, in denen das betrachtete Merkmal mindestens einmal auftritt.

- Ähnlich dazu ist das Maß nach Dice. Es gewichtet übereinstimmende Merkmalsausprägungen dabei doppelt: $D = \frac{2a}{2a+b+c}$. Ebenso gewichten Sokal & Sneath, nur zählen sie nun auch wieder gemeinsame Absenzen zu den Übereinstimmungen: $SSI = \frac{2(a+d)}{2(a+d)+b+c}$.

Distanzmaße werden für metrisch skalierte Variablen verwendet. Sie ermöglichen die bei Intervall- oder Verhältnisskalenniveau messbaren Unterschiede in den Merkmalsausprägungen zu erfassen. Ein einfaches Maß ist die *City-Block*-Metrik:

$$d_{km}^{CITY} = \sum_{i=1}^{n} \mid x_{ki} - x_{mi} \mid.$$

Dabei werden die Beträge der Differenzen der Merkmalsausprägungen der beiden Objekte k und m über alle n Variablen aufsummiert.

Da dieses Distanzmaß aber empfindlich auf den verwendeten Maßstab der Variablen reagiert, müssen alle Werte durch eine z-Transformation standardisiert wer-

12.2 Lösungen

den um unabhängig vom Maßstab untereinander vergleichbar zu werden:

$$z_{ij} = \frac{x_{ij} - \bar{x}_j}{S_j}.$$

Das bekannteste Distanzmaß ist die euklidische Distanz. Hierbei quadriert man – ähnlich wie bei der Standardabweichung – die Differenzen, summiert sie auf und zieht anschließend die Wurzel aus der Summe:

$$d_{km}^{EUKL} = \sqrt{\sum_{i=1}^{n} (x_{ki} - x_{mi})^2}.$$

Dadurch gehen nicht mehr alle Differenzen gleichmäßig in das Maß ein, sondern große Abweichungen werden stärker gewichtet und erhöhen das Distanzmaß überproportional.

Sehr ähnlich dazu ist die quadrierte euklidische Distanz, bei der (ebenso wie bei der Varianz) die Wurzel aus der Quadratsumme nicht gezogen wird:

$$d_{km}^{QEUKL} = \sum_{i=1}^{n} (x_{ki} - x_{mi})^2.$$

Alle diese drei Distanzmaße sind Spezialfälle der Minkowski-Metrik und lassen sich aus dieser ableiten:

$$d_{km}^{Minkowski} = \left[\sum_{i=1}^{n} |x_{ki} - x_{mi}|^r \right]^{\frac{1}{r}}.$$

12.2.3 Lösung der Aufgabe 12.1.3

Um die Ähnlichkeitsmaße zu berechnen, werden für jedes Paar von Objekten die Anzahl der übereinstimmenden Eigenschaften in einer 4-Felder-Tafel festgehalten.

	Objekt 2		
Objekt 1	Eigenschaft vorhanden (1)	Eigenschaft nicht vorhanden (0)	Summe
Eigenschaft vorhanden (1)	a	b	$a+b$
Eigenschaft nicht vorhanden (0)	c	d	$c+d$
Summe	$a+c$	$b+d$	$\sum\sum = a+b+c+d = S$

Für die drei hier zu vergleichenden Länder ergeben sich folgende Tafeln:

	Frankreich		
Belgien	Eigenschaft vorhanden (1)	Eigenschaft nicht vorhanden (0)	Summe
Eigenschaft vorhanden (1)	5	4	9
Eigenschaft nicht vorhanden (0)	1	2	3
Summe	6	6	12

	Niederlande		
Belgien	Eigenschaft vorhanden (1)	Eigenschaft nicht vorhanden (0)	Summe
Eigenschaft vorhanden (1)	8	1	9
Eigenschaft nicht vorhanden (0)	0	3	3
Summe	8	4	12

12.2 Lösungen

Niederlande	Frankreich		Summe
	Eigenschaft vorhanden (1)	Eigenschaft nicht vorhanden (0)	
Eigenschaft vorhanden (1)	5	3	8
Eigenschaft nicht vorhanden (0)	1	3	4
Summe	6	6	12

Man kann nun die Werte ablesen, die zur Berechnung der Ähnlichkeitsmaße benötigt werden:

$$\text{Russel \& Rao } RR = \frac{a}{S}$$

$$RR^{B/F} = \frac{5}{12} = 0,42.$$

$$RR^{B/NL} = \frac{8}{12} = 0,67.$$

$$RR^{NL/F} = \frac{5}{12} = 0,42.$$

$$\text{Simple Matching } SMK = \frac{a+d}{S}$$

$$SMK^{B/F} = \frac{5+2}{12} = 0,58.$$

$$SMK^{B/NL} = \frac{8+3}{12} = 0,92.$$

$$SMK^{NL/F} = \frac{5+3}{12} = 0,67.$$

Beide Indikatoren sind Ähnlichkeitsmaße. Sie beschreiben den Anteil der in jeweils beiden Ländern gemeinsam vorliegenden Eigenschaften. Desto mehr Eigenschaften übereinstimmen, desto größer ist die institutionelle Ähnlichkeit der Länder. Das Maß nach Russel & Rao zählt dabei nur die jeweils vorhandenen

Eigenschaften, während der *Simple-Matching*-Koeffizient gemeinsame Absenzen auch als Übereinstimmungen zählt. Damit lässt sich in diesem Beispiel die Kombination Belgien/Frankreich besser von der Verbindung Frankreich/Niederlande differenzieren, weil mehr Eigenschaften der Länder in die Messung mit einfließen.

Die größte Ähnlichkeit besteht nach beiden Kennzahlen zwischen Belgien und den Niederlanden. Nur mit dem *Simple-Matching*-Koeffizienten können den Kombinationen Belgien/Frankreich und Frankreich/Niederlande unterschiedliche Ähnlichkeitsgrade zugeordnet werden. Das Ähnlichkeitsmaß nach Russel & Rao unterscheidet die Differenzen der beiden Länderpaare nicht.

Bei einer Cluster-Analyse werden also zuerst Belgien und die Niederlande zu einem Cluster zusammengefasst. Im zweiten Schritt hängt es vom verwendeten Distanzmaß ab, ob alle drei Länder direkt zu einem Cluster zusammengefasst werden, oder ob die Clusterung in drei Stufen erfolgt.

12.2.4 Lösung der Aufgabe 12.1.4

Für die Berechnung der Distanzen werden nicht die ursprünglichen Rohdaten verwendet, sondern die durch die *z*-Transformation standardisierten Werte. Zur Standardisierung wird von jedem einzelnen Wert der Mittelwert der Variable abgezogen und das Resultat durch die Standardabweichung der Variable geteilt. Die *z*-Werte ergeben sich also nach dieser Formel:

$$z_{ij} = \frac{x_{ij} - \bar{x}_j}{S_j}.$$

Werden nun alle Variablen auf diese Weise standardisiert, können daraus die euklidischen Distanzen berechnet werden, ohne dass die unterschiedlichen Maßeinheiten der Variablen das Distanzmaß beeinflussen. Würde man die Variablen nicht standardisieren, so würde die Staatsverschuldung alle anderen Einflussgrößen dominieren, da ihre absoluten Werte sehr viel höher sind als die übrigen Kenngrößen (60 % bis 122 % gegenüber beispielsweise 0 % bis 3 % Wirtschaftswachstum). Werden sämtliche Werte jedoch um ihren Mittelwert und ihre Standardabweichung bereinigt, sind sie alle dimensionslos und daher untereinander vergleichbar.

12.2 Lösungen

Zur Berechnung der euklidischen Distanz zweier Länder quadriert man die Differenzen der z-Werte, summiert sie auf und zieht anschließend die Wurzel:

$$d_{km}^{EUKL} = \sqrt{\sum_{i=1}^{n} (x_{ki} - x_{mi})^2}.$$

Für die Distanz USA/Japan ergibt sich beispielsweise:

$$\{[(-0,16)-(-1,88)]^2 + [(-0,91)-(-1,67)]^2 + [(0,20)-(-1,51)]^2 +$$

$$+ [(-0,58)-(0,10)]^2\}^{\frac{1}{2}} = (1,72^2 + 0,76^2 + 1,71^2 - 0,68^2)^{\frac{1}{2}} = \sqrt{6,92} = 2,63.$$

Dieser Wert wird nun in die Tabelle eingetragen, die anderen Distanzen werden analog berechnet.

	USA	J	D	F	I	UK	CAN
USA	-						
Japan	2,63	-					
Deutschland	1,34	2,85	-				
Frankreich	2,05	3,63	0,87	-			
Italien	3,81	5,64	3,79	3,59	-		
Großbritannien	1,10	3,61	1,29	1,53	3,21	-	
Kanada	1,99	3,34	1,71	1,81	2,49	1,84	-

I. *Single-Linkage*-Verfahren:

a) Clusterbildung

Die beiden Objekte mit der geringsten Distanz, die zuerst zusammengefasst werden, sind Deutschland und Frankreich mit einer Distanz von 0,87. Nun müssen die Distanzen aller anderen Objekte zu diesem Cluster {Deutschland ; Frankreich} berechnet werden.

Nach der *Single-Linkage*-Methode wird als Distanz zu einem Cluster die Entfernung zum naheliegendsten Clusterelement verwendet. Für die USA ist der Abstand zum Cluster {Deutschland ; Frankreich} die Distanz zu Deutschland (1,34), weil sie geringer ist als die Distanz zu Frankreich (2,05).

Formal lautet die Bedingung für die *Single-Linkage*-Methode:

D(A ; B + C) = min{D(A , B) ; D(A , C)}.

Angewandt auf dieses Zahlenbeispiel ergibt sich:

D(USA ; D + F) = min{D(USA ; D) ; D(USA ; F)}

D(USA ; D + F) = min{1,34 ; 2,05} = 1,34

D(J ; D + F) = min{D(J ; D) ; D(J ; F)}

D(J ; D + F) = min{2,85 ; 3,63} = 2,85

D(I ; D + F) = min{D(I ; D) ; D(I ; F)}

D(I ; D + F) = min{3,79 ; 3,59} = 3,59

D(UK ; D + F) = min{D(UK ; D) ; D(UK ; F)}

D(UK ; D + F) = min{1,29 ; 1,53} = 1,29

D(CAN ; D + F) = min{D(CAN ; D) ; D(CAN ; F)}

D(CAN ; D + F) = min{1,71 ; 1,81} = 1,71.

Damit lautet die reduzierte Distanz-Tabelle:

	USA	J	{D ; F}	I	UK	CAN
USA	-					
Japan	2,63	-				
{D ; F}	1,34	2,85	-			
Italien	3,81	5,64	3,59	-		
Großbritannien	1,10	3,61	1,29	3,21	-	
Kanada	1,99	3,34	1,71	2,49	1,84	-

Nun besteht mit 1,10 die geringste Distanz zwischen Großbritannien und den USA. Diese beiden Länder werden zu einem weiteren Cluster verbunden und anschließend die neuen Distanzen der übrigen Objekte zu diesem Cluster bestimmt.

D(J ; UK + USA) = min{D(J ; UK) ; D(J ; USA)}

D(J ; UK + USA) = min{3,61 ; 2,63} = 2,63

$D(D + F ; UK + USA) = \min\{D(D + F ; UK) ; D(D + F ; USA)\}$

$D(D + F ; UK + USA) = \min\{1,29 ; 1,34\} = 1,29$

$D(I ; UK + USA) = \min\{D(I ; UK) ; D(I ; USA)\}$

$D(I ; UK + USA) = \min\{3,21 ; 3,81\} = 3,21$

$D(CAN ; UK + USA) = \min\{D(CAN ; UK) ; D(CAN ; USA)\}$

$D(CAN ; UK + USA) = \min\{1,84 ; 1,99\} = 1,84$.

	J	{D ; F}	I	{UK ; USA}	CAN
Japan	-				
{D ; F}	2,85	-			
Italien	5,64	3,59	-		
{UK ; USA}	2,63	1,29	3,21	-	
Kanada	3,34	1,71	2,49	1,84	-

Im dritten Schritt der Clusterbildung werden nun die beiden bestehenden Cluster zusammengefasst, da die Distanz zwischen ihnen die niedrigste unter allen vorhandenen Objekten ist (1,29).

Die Distanzen der übrigen Staaten zu diesem Cluster lauten dann:

$D(J ; D + F + UK + USA) = \min\{D(J ; D + F) ; D(J ; UK + USA)\}$

$D(J ; D + F + UK + USA) = \min\{2,85 ; 2,63\} = 2,63$

$D(I ; D + F + UK + USA) = \min\{D(I ; D + F) ; D(I ; UK + USA)\}$

$D(I ; D + F + UK + USA) = \min\{3,59 ; 3,21\} = 3,21$

$D(CAN ; D + F + UK + USA) = \min\{D(CAN ; D + F) ; D(CAN ; UK + USA)\}$

$D(CAN ; D + F + UK + USA) = \min\{1,71 ; 1,84\} = 1,71$.

	J	I	{D ; F ; UK ; USA}	CAN
Japan	-			
Italien	5,64	-		
{D ; F ; UK ; USA}	2,63	3,21	-	
Kanada	3,34	2,49	1,71	-

Als vierte Clusterstufe wird auf Basis der Distanz von 1,71 Kanada dem Cluster hinzugefügt.

D(J ; D + F + UK + USA + CAN) = min{D(J ; D + F + UK + USA) ; D(J ; CAN)}

D(J ; D + F + UK + USA + CAN) = min{2,63 ; 3,34} = 2,63

D(I ; D + F + UK + USA + CAN) = min{D(I ; D + F + UK + USA) ; D(I ; CAN)}

D(I ; D + F + UK + USA + CAN) = min{3,21 ; 2,49} = 2,49.

	J	I	{D ; F ; UK ; USA ; CAN}
Japan	-		
Italien	5,64	-	
{D ; F ; UK ; USA ; CAN}	2,63	2,49	-

Im fünften Schritt wird Italien (2,49) in den Cluster aufgenommen. Als letztes Land folgt schließlich Japan mit einer Distanz von 2,63.

Bei der Erstellung eines Dendrogramms werden die Fusionierungsstufen auf den Wertebereich [0 ; 25] standardisiert um Vergleiche mit anderen hierarchischen Clusteranalysen zu ermöglicht. Während SPSS auf den Wertebereich [0 ; 25] normiert, bezieht das Statistikprogramm STATA Ergebnisse auf den Bereich [0 ; 250].

1. Stufe: (D / F) = 0,87 · 25 : 2,63 = 8,27

2. Stufe: (UK / USA) = 1,10 · 25 : 2,63 = 10,46

3. Stufe: (D + F / UK + USA) = 1,29 · 25 : 2,63 = 12,26

4. Stufe: (D + F + UK + USA / CAN) = 1,71 · 25 : 2,63 = 16,25

5. Stufe: (D + F + UK + USA + CAN / I) = 2,49 · 25 : 2,63 = 23,67

6. Stufe: (D + F + UK + USA + CAN + I / J) = 2,63 · 25 : 2,63 = 25,00.

12.2 Lösungen

b) Dendrogramm

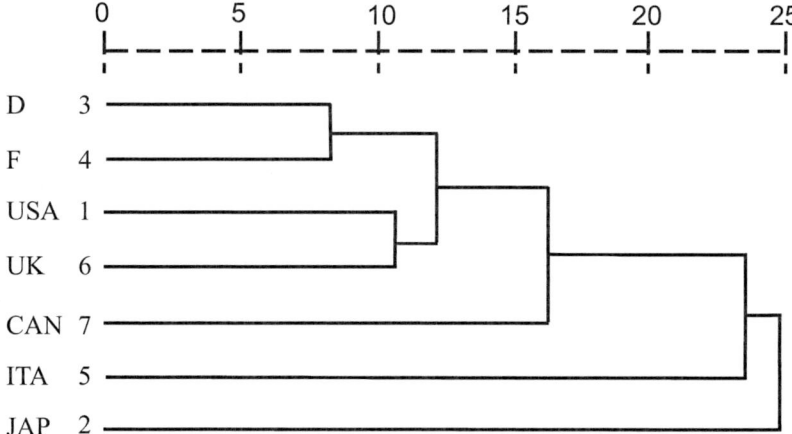

Abbildung 12.1: Dendrogramm zur Aufgabe 12.1.4 nach dem *Single-Linkage-Verfahren*

c) Bestimmung der optimalen Clusterzahl

Die optimale Clusteranzahl soll mit Hilfe des Scree-Tests ermittelt werden. Dazu werden die Fusionierungsstufen und die zugehörige Anzahl der Cluster in ein Diagramm (vgl. Abbildung 12.2 auf S. 228) eingetragen. Dort, wo im Diagramm des Scree-Tests ein deutlicher Knick zu erkennen ist, kann die optimale Anzahl der Cluster abgelesen werden. Hier sollten also die Fälle so lange zusammengefasst werden, bis nur noch drei oder vier Cluster übrig bleiben.

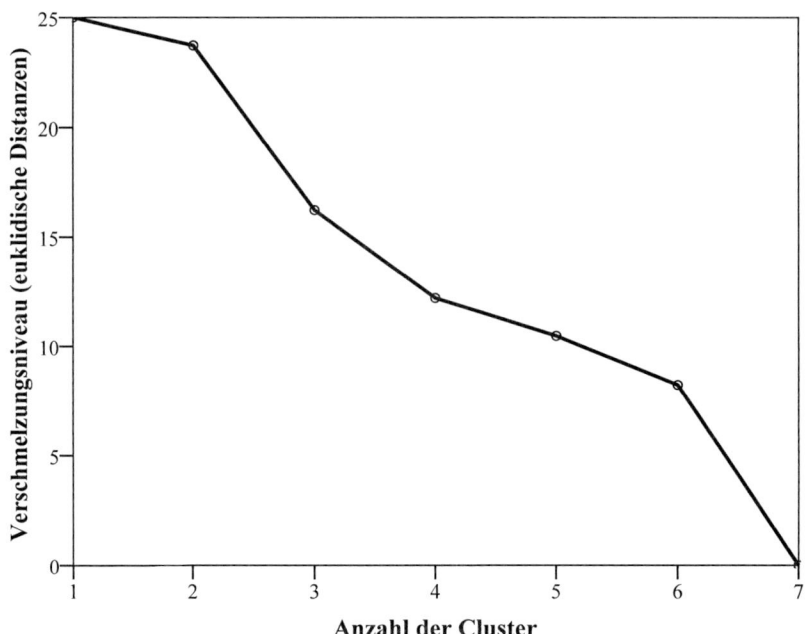

Abbildung 12.2: Scree-Test zur Aufgabe 12.1.4 nach dem *Single-Linkage-Verfahren*

II. *Complete-Linkage*-Verfahren:

a) Clusterbildung

Die verwendete Methode hat auf die erste Aggregationsstufe noch keinen Einfluss. Daher werden nun zunächst auch wieder Deutschland und Frankreich zu einem Cluster verbunden. Die Distanzen der anderen Fälle zu diesem Cluster bestimmen sich nun jedoch nach der größten Entfernung zu einem Clusterelement.

Das heißt formal:

$D(A ; B + C) = \max\{D(A , B) ; D(A , C)\}$.

$D(USA ; D + F) = \max\{D(USA ; D) ; D(USA ; F)\}$

$D(USA ; D + F) = \max\{1{,}34 ; 2{,}05\} = 2{,}05$

$D(J ; D + F) = \max\{D(J ; D) ; D(J ; F)\}$

$D(J ; D + F) = \max\{2{,}85 ; 3{,}63\} = 3{,}63$

12.2 Lösungen

$D(I\,;\,D+F) = \max\{D(I\,;\,D)\,;\,D(I\,;\,F)\}$

$D(I\,;\,D+F) = \max\{3{,}79\,;\,3{,}59\} = 3{,}79$

$D(UK\,;\,D+F) = \max\{D(UK\,;\,D)\,;\,D(UK\,;\,F)\}$

$D(UK\,;\,D+F) = \max\{1{,}29\,;\,1{,}53\} = 1{,}53$

$D(CAN\,;\,D+F) = \max\{D(CAN\,;\,D)\,;\,D(CAN\,;\,F)\}$

$D(CAN\,;\,D+F) = \max\{1{,}71\,;\,1{,}81\} = 1{,}81$

Damit lautet die reduzierte Distanz-Tabelle:

	USA	J	{D ; F}	I	UK	CAN
USA	-					
Japan	2,63	-				
{D ; F}	2,05	3,63	-			
Italien	3,81	5,64	3,79	-		
Großbritannien	1,10	3,61	1,53	3,21	-	
Kanada	1,99	3,34	1,81	2,49	1,84	-

Auch hier besteht nun mit 1,10 die geringste Distanz zwischen Großbritannien und den USA.

$D(J\,;\,UK+USA) = \max\{D(J\,;\,UK)\,;\,D(J\,;\,USA)\}$

$D(J\,;\,UK+USA) = \max\{3{,}61\,;\,2{,}63\} = 3{,}61$

$D(D+F\,;\,UK+USA) = \max\{D(D+F\,;\,UK)\,;\,D(D+F\,;\,USA)\}$

$D(D+F\,;\,UK+USA) = \max\{1{,}53\,;\,2{,}05\} = 2{,}05$

$D(I\,;\,UK+USA) = \max\{D(I\,;\,UK)\,;\,D(I\,;\,USA)\}$

$D(I\,;\,UK+USA) = \max\{3{,}21\,;\,3{,}81\} = 3{,}81$

$D(CAN\,;\,UK+USA) = \max\{D(CAN\,;\,UK)\,;\,D(CAN\,;\,USA)\}$

$D(CAN\,;\,UK+USA) = \max\{1{,}84\,;\,1{,}99\} = 1{,}99$

	{USA ; UK}	J	{D ; F}	I	CAN
{USA ; UK}	-				
Japan	3,61	-			
{D ; F}	2,05	3,63	-		
Italien	3,81	5,64	3,79	-	
Kanada	1,99	3,34	1,81	2,49	-

Nun wird – anders als bei der *Single-Linkage*-Methode – Kanada dem {D ; F}-Cluster hinzugefügt.

D(J ; D + F + CAN) = max{D(J ; D + F) ; D(J ; CAN)}

D(J ; D + F + CAN) = max{3,63 ; 3,34} = 3,63

D(I ; D + F + CAN) = max{D(I ; D + F) ; D(I ; CAN)}

D(I ; D + F + CAN) = max{3,79 ; 2,49} = 3,79

D(UK + USA ; D + F + CAN) = max{D(UK + USA ; D + F) ; D(UK + USA ; CAN)}

D(UK + USA ; D + F + CAN) = max{2,05 ; 1,99} = 2,05

	{USA ; UK}	J	{D ; F ; CAN}	I
{USA ; UK}	-			
Japan	3,61	-		
{D ; F ; CAN}	2,05	3,63	-	
Italien	3,81	5,64	3,79	-

Anschließend werden die beiden bestehenden Cluster mit einer Distanz von 2,05 verknüpft.

D(J ; D + F + CAN + UK + USA) = max{D(J ; D + F + CAN) ; D(J ; UK + USA)}

D(J ; D + F + CAN + UK + USA) = max{3,63 ; 3,61} = 3,63

D(I ; D + F + CAN + UK + USA) = max{D(I ; D + F + CAN) ; D(I ; UK + USA)}

D(I ; D + F + CAN + UK + USA) = max{3,79 ; 3,81} = 3,81

12.2 Lösungen

	J	{D ; F ; CAN ; USA ; UK}	I
Japan	-		
{D ; F ; CAN ; USA ; UK}	3,63	-	
Italien	5,64	3,81	-

Als nächstes wird nach dieser Methode Japan dem Cluster angefügt.

D(I ; D + F + CAN + UK + USA + J) =

= max{D(I ; D + F + CAN + UK + USA) ; D(I ; J)}

D(I ; D + F + CAN + UK + USA + J) = max{3,81 ; 5,64} = 5,64

	{D ; F ; CAN ; USA ; UK ; J}	I
{D ; F ; CAN ; USA ; UK ; J}	-	
Italien	5,64	-

Italien kann mit der *Complete-Linkage*-Methode zuletzt in den Cluster aufgenommen werden.

Zur Darstellung im Dendrogramm werden die Fusionsstufen wieder standardisiert:

1. Stufe: (D / F) = 0,87 · 25 : 5,64 = 3,86

2. Stufe: (UK / USA) = 1,10 · 25 : 5,64 = 4,88

3. Stufe: (D + F / CAN) = 1,81 · 25 : 5,64 = 8,02

4. Stufe: (D + F + CAN / UK + USA) = 2,05 · 25 : 5,64 = 9,09

5. Stufe: (D + F + CAN + UK + USA / J) = 3,63 · 25 : 5,64 = 16,09

6. Stufe: (D + F + CAN + UK + USA + J / I) = 5,64 · 25 : 5,64 = 25.

b) Dendrogramm

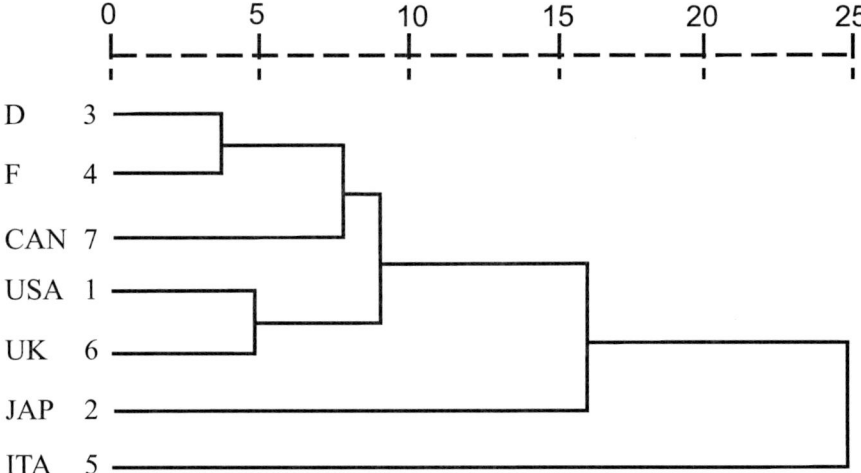

Abbildung 12.3: Dendrogramm zur Aufgabe 12.1.4 nach dem *Complete-Linkage*-Verfahren

c) Bestimmung der optimalen Clusterzahl

Für den Scree-Test werden nochmals die Clusterzahl und die Fusionierungsstufen in einem Diagramm abgetragen (siehe Abbildung 12.4 auf S. 233).

Anders als beim *Single-Linkage*-Verfahren, kann man einen Knick bei drei oder fünf Clustern erkennen. Also sollte die Zahl der Cluster bei Anwendung des *Complete-Linkage*-Verfahrens auf drei beschränkt werden.

Nach der *Complete-Linkage*-Methode steht Kanada dem Cluster {Deutschland; Frankreich} viel näher als nach der *Single-Linkage*-Methode. Auch die Reihenfolge der am weitesten entfernten Länder (Japan oder Italien) kehrt sich bei der Verwendung unterschiedlicher Methoden um.

12.2 Lösungen

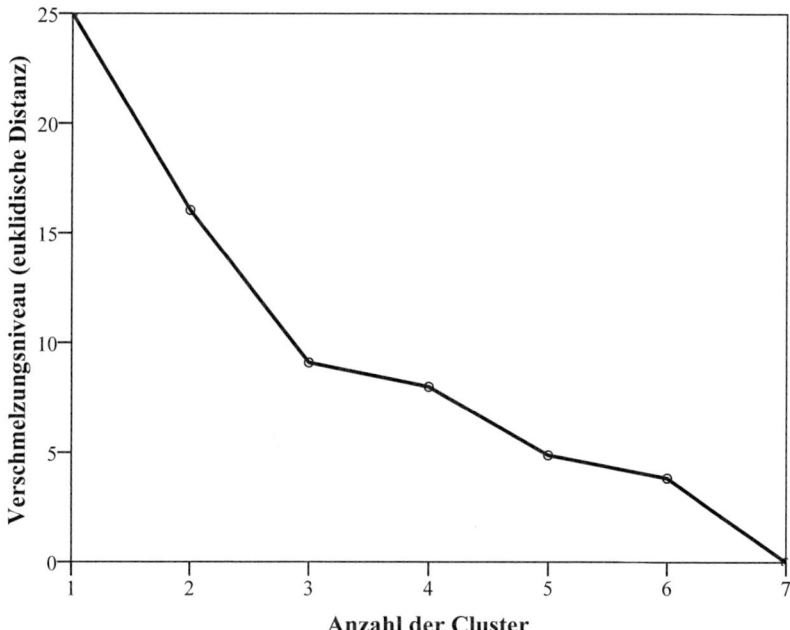

Abbildung 12.4: Scree-Test zur Aufgabe 12.1.4 nach dem *Complete-Linkage*-Verfahren

12.2.5 Lösung der Aufgabe 12.1.5

a) Bei der Clusterbildung nach dem hierarchisch-agglomerativen Fusionierungsverfahren werden die Objekte schrittweise zu Clustern zusammengefasst. Die beiden Objekte mit den geringsten Abständen werden als erstes fusioniert. Danach werden die Abstände der anderen Objekte zu diesem Cluster berechnet. Anschließend wird anhand des geringsten Abstandes eine neue Verschmelzung vorgenommen. Dieses Verfahren wird so lange wiederholt, bis alle Objekte zu einem einzigen Cluster zusammengefasst sind.

Der geringste Abstand in dieser Tabelle ist 2,48. Deshalb werden die Grünen und die sozialistische Partei zum ersten Cluster {SD ; MP} zusammengefasst. Jetzt müssen die Abstände der anderen Parteien zu diesem Cluster berechnet werden. Dazu soll das *Single-Linkage*-Verfahren verwendet werden. Das bedeutet, dass die geringste Entfernung eines Objekts außerhalb des Clusters zu einem Clusterbestandteil als Kriterium für die neue Distanz verwendet wird.

Formal lautet die Bedingung des *Single-Linkage*-Verfahrens:

D(A ; B + C) = min{D(A , B) ; D(A , C)}.

Für die CD ergibt sich damit der Abstand zum Cluster {SD ; MP}:

D(CD ; SD + MP) = min{D(CD ; SD) ; D(CD ; MP)}

D(CD ; SD + MP) = min{12,65 ; 12,32} = 12,32.

Entsprechend gilt für die anderen Parteien:

D(K ; SD + MP) = min{D(K ; SD) ; D(K ; MP)}

D(K ; SD + MP) = min{7,75 ; 9,44} = 7,75

D(CP ; SD + MP) = min{D(CP ; SD) ; D(CP ; MP)}

D(CP ; SD + MP) = min{7,82 ; 7,08} = 7,08

D(M ; SD + MP) = min{D(M ; SD) ; D(M ; MP)}

D(M ; SD + MP) = min{13,79 ; 12,90} = 12,90

D(PP ; SD + MP) = min{D(PP ; SD) ; D(PP ; MP)}

D(PP ; SD + MP) = min{9,64 ; 8,12} = 8,12.

Aus den Entfernungen lässt sich eine neue (reduzierte) Distanzmatrix aufstellen:

	CD	K	CP	{SD ; MP}	M	PP
Christdemokraten (CD)	-					
Kommunisten (K)	19,47	-				
Zentrum (CP)	5,46	15,26	-			
{SD ; MP}	12,32	7,75	7,08	-		
Konservative (M)	7,44	21,12	7,20	12,90	-	
Liberale (PP)	10,43	17,09	6,22	8,12	6,89	-

Nun wird wieder die geringste Distanz gesucht um die betreffenden Fälle zu aggregieren. Diese liegt mit 5,46 zwischen der Zentrumspartei und den Christdemokraten vor. Also bilden diese beiden Parteien den zweiten Cluster, zu dem dann wiederum die Abstände der anderen Objekte berechnet werden müssen.

12.2 Lösungen

$D(K ; CP + CD) = \min\{D(K ; CP) ; D(K ; CD)\}$

$D(K ; CP + CD) = \min\{15{,}26 ; 19{,}47\} = 15{,}26$

$D(SD + MP ; CP + CD) = \min\{D(SD + MP ; CP) ; D(SD + MP ; CD)\}$

$D(SD + MP ; CP + CD) = \min\{7{,}08 ; 12{,}32\} = 7{,}08$

$D(M ; CP + CD) = \min\{D(M ; CP) ; D(M ; CD)\}$

$D(M ; CP + CD) = \min\{7{,}20 ; 7{,}44\} = 7{,}20$

$D(PP ; CP + CD) = \min\{D(PP ; CP) ; D(PP ; CD)\}$

$D(PP ; CP + CD) = \min\{6{,}22 ; 10{,}43\} = 6{,}22$

	K	{CP ; CD}	{SD ; MP}	M	PP
Kommunisten (K)	-				
{CP ; CD}	15,26	-			
{SD ; MP}	7,75	7,08	-		
Konservative (M)	21,12	7,20	12,90	-	
Liberale (PP)	17,09	6,22	8,12	6,89	-

Die geringste Distanz besteht jetzt mit 6,22 zwischen den Liberalen und dem Cluster {CP ; CD}. Deshalb werden die Liberalen nun in diesen Cluster aufgenommen.

$D(K ; CP + CD + PP) = \min\{D(K ; CP + CD) ; D(K ; PP)\}$

$D(K ; CP + CD + PP) = \min\{15{,}26 ; 17{,}09\} = 15{,}26$

$D(SD + MP ; CP + CD + PP) = \min\{D(SD + MP ; CP + CD) ; D(SD + MP ; PP)\}$

$D(SD + MP ; CP + CD + PP) = \min\{7{,}08 ; 8{,}12\} = 7{,}08$

$D(M ; CP + CD + PP) = \min\{D(M ; CP + CD) ; D(M ; PP)\}$

$D(M ; CP + CD + PP) = \min\{7{,}20 ; 6{,}89\} = 6{,}89$

	K	{CP ; CD ; PP}	{SD ; MP}	M
Kommunisten (K)	-			
{CP ; CD ; PP}	15,26	-		
{SD ; MP}	7,75	7,08	-	
Konservative (M)	21,12	6,89	12,90	-

Auf der nächsten Stufe werden die Konservativen diesem Cluster zugeordnet, weil hier nur eine Distanz von 6,89 vorliegt.

D(K ; CP + CD + PP + M) = min{D(K ; CP + CD + PP) ; D(K ; M)}

D(K ; CP + CD + PP + M) = min{15,26 ; 21,12} = 15,26

D(SD + MP ; CP + CD + PP + M) =

= min{D(SD + MP ; CP + CD + PP) ; D(SD + MP ; M)}

D(SD + MP ; CP + CD + PP + M) = min{7,08 ; 12,90} = 7,08

	K	{CP ; CD ; PP ; M}	{SD ; MP}
Kommunisten (K)	-		
{CP ; CD ; PP ; M}	15,26	-	
{SD ; MP}	7,75	7,08	-

Nun besteht die geringste Distanz (7,08) zwischen den beiden Clustern. Die kommunistische Partei kann erst im letzten Schritt mit einer Distanz von 7,75 mit den anderen Parteien verknüpft werden.

b) Dendrogramm

Die Fusionierungsschritte können in einem Dendrogramm dargestellt werden, das auf den Wertebereich [0 ; 25] standardisiert wird.

1. Stufe: (SD / MP) = 2,48 · 25 : 7,75 = 8,00

2. Stufe: (CP / CD) = 5,46 · 25 : 7,75 = 17,61

3. Stufe (CP + CD / PP) = 6,22 · 25 : 7,75 = 20,06

4. Stufe: (CP + CD + PP / M) = 6,89 · 25 : 7,75 = 22,23

5. Stufe: (SD + MP / CP + CD + PP + M) = 7,08 · 25 : 7,75 = 22,84

6. Stufe: (SD + MP + CP + CD + PP + M / K) = 7,75 · 25 : 7,75 = 25,00

12.2 Lösungen

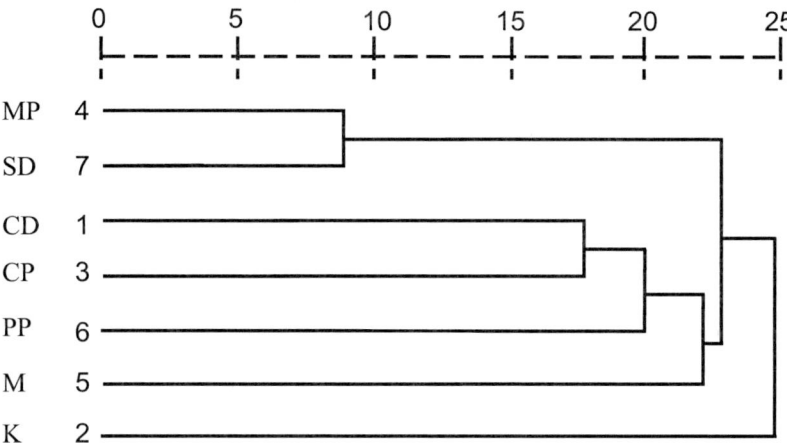

Abbildung 12.5: Dendrogramm zur Aufgabe 12.1.5 nach dem *Single-Linkage-Verfahren*

c) Bestimmung der optimalen Clusterzahl

Um die optimale Anzahl der Cluster zu bestimmen, wird der Scree-Test angewandt. Dazu werden die Fusionsstufen und die betreffende Clusteranzahl in ein Diagramm eingetragen (siehe Abbildung 12.6 auf S. 238). Dort, wo ein deutlicher Knick in der Kurve zu erkennen ist, liegt die optimale Clusteranzahl. Dementsprechend sollten hier alle Parteien zusammengefasst werden, bis nur zwei Cluster bestehend aus dem großen Parteiencluster und der kommunistischen Partei übrig bleiben.

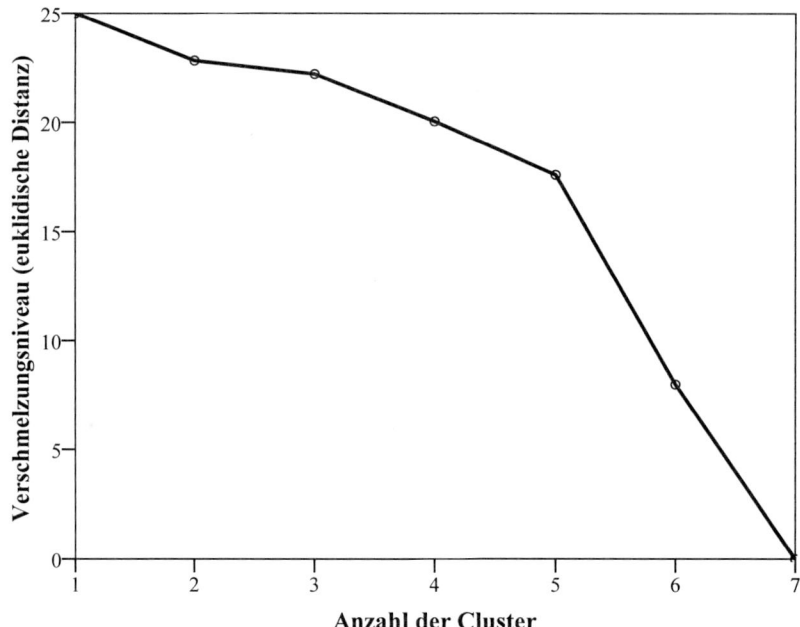

Abbildung 12.6: Scree-Test zur Aufgabe 12.1.5 nach dem *Single-Linkage*-Verfahren

12.2.6 Lösung der Aufgabe 12.1.6

Auf der ersten Stufe der *Complete-Linkage*-Methode werden – wie auch beim der *Single-Linkage*-Verfahren – die beiden ähnlichsten Objekte zum ersten Cluster fusioniert. Lediglich die Distanzen der übrigen Objekte zu diesem neu gebildeten Cluster werden nach der *Complete-Linkage*-Methode auf andere Art bestimmt: Als Kriterium für das Distanzmaß zu einem Cluster gilt nun der größte Abstand zu einem Objekt, das dem Cluster angehört.

Entsprechend lautet auch hier der erste Cluster {SD ; MP}, zu dem die Abstände nun jedoch nach dieser Formel bestimmt werden:

$D(A ; B + C) = \max\{D(A , B) ; D(A , C)\}$.

Für die CD ergibt sich damit der Abstand zum Cluster {SD ; MP}:

$D(CD ; SD + MP) = \max\{D(CD ; SD) ; D(CD ; MP)\}$

12.2 Lösungen

D(CD ; SD + MP) = max{12,65 ; 12,32} = 12,65.

Folglich gilt für die anderen Parteien:

D(K ; SD + MP) = max{D(K ; SD) ; D(K ; MP)}

D(K ; SD + MP) = max{7,75 ; 9,44} = 9,44

D(CP ; SD + MP) = max{D(CP ; SD) ; D(CP ; MP)}

D(CP ; SD + MP) = max{7,82 ; 7,08} = 7,82

D(M ; SD + MP) = max{D(M ; SD) ; D(M ; MP)}

D(M ; SD + MP) = max{13,79 ; 12,90} = 13,79

D(PP ; SD + MP) = max{D(PP ; SD) ; D(PP ; MP)}

D(PP ; SD + MP) = max{9,64 ; 8,12} = 9,64.

	CD	K	CP	M	PP	{SD ; MP}
Christdemokraten (CD)	-					
Kommunisten (K)	19,47	-				
Zentrum (CP)	5,46	15,26	-			
Konservative (M)	7,44	21,12	7,20	-		
Liberale (PP)	10,43	17,09	6,22	6,89	-	
{SD ; MP}	12,65	9,44	7,82	13,79	9,64	-

Die geringste Distanz besteht mit 5,46 zwischen der Zentrumspartei und den Christdemokraten. Also bilden diese beiden den zweiten Cluster, zu dem dann die neuen Distanzen zu berechnen sind.

D(K ; CP + CD) = max{D(K ; CP) ; D(K ; CD)}

D(K ; CP + CD) = max{15,26 ; 19,47} = 19,47

D(SD + MP ; CP + CD) = max{D(SD + MP ; CP) ; D(SD + MP ; CD)}

D(SD + MP ; CP + CD) = max{7,82 ; 12,65} = 12,65

D(M ; CP + CD) = max{D(M ; CP) ; D(M ; CD)}

$D(M ; CP + CD) = \max\{7{,}20 ; 7{,}44\} = 7{,}44$

$D(PP ; CP + CD) = \max\{D(PP ; CP) ; D(PP ; CD)\}$

$D(PP ; CP + CD) = \max\{6{,}22 ; 10{,}43\} = 10{,}43$

	{CP ; CD}	K	M	PP	{SD ; MP}
{CP ; CD}	-				
Kommunisten (K)	19,47	-			
Konservative (M)	7,44	21,12	-		
Liberale (PP)	10,43	17,09	6,89	-	
{SD ; MP}	12,65	9,44	13,79	9,64	-

Der Abstand, zu dem nun die dritte Clusterbildung vorgenommen wird, ist 6,89: Die Parteien M und PP werden zum dritten Cluster zusammengefasst. Die Abstände dieses Clusters zu den übrigen Objekten sind dann:

$D(K ; PP + M) = \max\{D(K ; PP) ; D(K ; M)\}$

$D(K ; PP + M) = \max\{17{,}09 ; 21{,}12\} = 21{,}12$

$D(CP + CD ; PP + M) = \max\{D(CP + CD ; PP) ; D(CP + CD ; M)\}$

$D(CP + CD ; PP + M) = \max\{10{,}43 ; 7{,}44\} = 10{,}43$

$D(SD + MP ; PP + M) = \max\{D(SD + MP ; PP) ; D(SD + MP ; M)\}$

$D(SD + MP ; PP + M) = \max\{9{,}64 ; 13{,}79\} = 13{,}79$.

	{CP ; CD}	K	{PP ; M}	{SD ; MP}
{CP ; CD}	-			
Kommunisten (K)	19,47	-		
{PP ; M}	10,43	21,12	-	
{SD ; MP}	12,65	9,44	13,79	-

Auf der vierten Clusterstufe wird nun die kommunistische Partei in den Cluster aufgenommen, den die sozialistische und die grüne Partei bilden: {SD ; MP ; K}.

Die neuen Abstände zwischen den Cluster lauten dann:

D(PP + M ; SD + MP + K) = max{D(PP + M ; SD + MP) ; D(PP + M ; K)}

D(PP + M ; SD + MP + K) = max{13,79 ; 21,12} = 21,12

D(CP + CD ; SD + MP + K) = max{D(CP + CD ; SD + MP) ; D(CD + CD ; K)}

D(CP + CD ; SD + MP + K) = max{12,65 ; 19,47} = 19,47.

	{CP ; CD}	{SD ; MP ; K}	{PP ; M}
{CP ; CD}	-		
{SD ; MP ; K}	19,47	-	
{PP ; M}	10,43	21,12	-

Nun können nur noch ganze Cluster zusammengeschlossen werden. Die beiden Gruppen mit dem niedrigsten Distanzmaß sind die Cluster {PP ; M} und {CP ; CD}. Sie bilden den nächsten Cluster {PP ; M ; CP ; CD}.

Die Distanzstufe, auf der die beiden verbliebenen Cluster {PP ; M ; CP ; CD} und {SD ; MP ; K} verbunden werden können, ist aus der Tabelle leicht abzulesen: Nach der *Complete-Linkage*-Methode muss es die größte Distanz zwischen den Clusterbestandteilen und damit also 21,12 sein.

Die Distanz 21,12 war der größte Abstand, der in der Ursprungstabelle zu finden war. Deshalb hätte die Distanzstufe für die letzte Clusterbildung schon von Anfang an vorausgesagt werden können.

Zur Darstellung der Cluster in einem Dendrogramm werden die Fusionsstufen auf den Wertebereich [0 ; 25] standardisiert.

1. Stufe: (SD / MP) = 2,48 · 25 : 21,12 = 2,94

2. Stufe: (CP / CD) = 5,46 · 25 : 21,12 = 6,46

3. Stufe: (PP / M) = 6,89 · 25 : 21,12 = 8,16

4. Stufe: (SD + MP / K) = 9,44 · 25 : 21,12 = 11,17

5. Stufe: (PP + M / CP + CD) = 10,43 · 25 : 21,12 = 12,35

6. Stufe: (PP + M + CP + CD / SD + MP + K) = 21,12 · 25 : 21,12 = 25

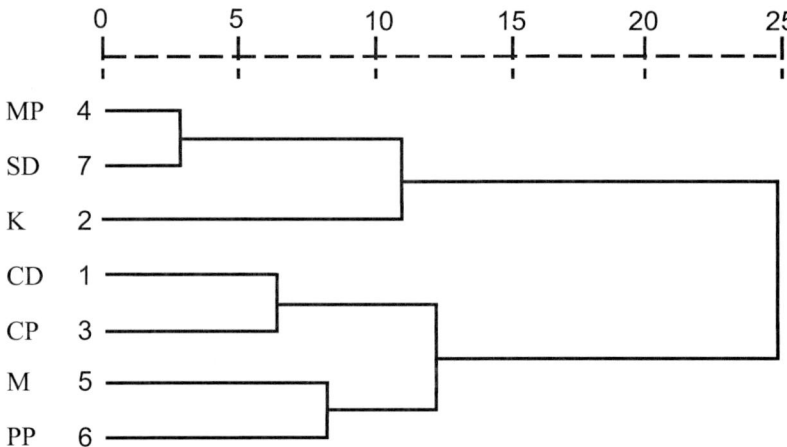

Abbildung 12.7: Dendrogramm zur Aufgabe 12.1.6 nach dem *Complete-Linkage-Verfahren*

Bei der Bestimmung der optimalen Clusterzahl mit Hilfe des Scree-Tests werden die Fusionierungsstufen und die Anzahl der Cluster in ein Diagramm eingetragen (vgl. Abbildung 12.8 auf S. 243). An der Stelle, an der das Diagramm einen deutlichen Knick aufweist, liegt die optimale Aggregationsstufe. Hier sollte also nur so lange fusioniert werden, bis zwei Cluster übrig bleiben. Denn dann sind die verbleibenden Parteiengruppen untereinander relativ homogen, aber zueinander deutlich verschieden.

12.2 Lösungen 243

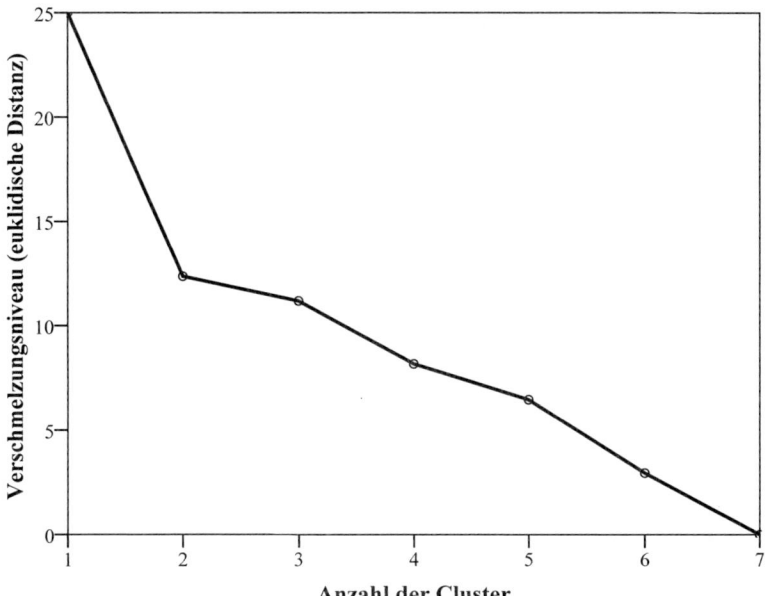

Abbildung 12.8: Scree-Test zur Aufgabe 12.1.6 nach dem *Complete-Linkage-Verfahren*

12.2.7 Lösung der Aufgabe 12.1.7

Nach der Ward-Methode werden nicht mehr diejenigen Elemente verschmolzen, die die geringste Distanz zueinander besitzen, sondern diejenigen, die beim Verschmelzen die größtmögliche Homogenität des Clusters gewährleisten. Deshalb ist für diese Methode nicht ein Distanzmaß, sondern ein Homogenitätsmaß der Clusterstruktur notwendig. Es wird ein theoretisches Clusterzentrum („Zentroid") ermittelt, zu dem dann die quadrierten euklidischen Distanzen innerhalb des Clusters berechnet werden. Die Summe der quadrierten euklidischen Distanzen zum Clusterzentrum soll bei jedem Fusionierungsschritt um den kleinstmöglichen Wert ansteigen. Diese Methode hat zur Folge, dass zunächst viele, relativ kleine Cluster gebildet werden. Im weiteren Verlauf bilden sich ähnlich große Cluster.

12.2.8 Lösung der Aufgabe 12.1.8

Hierarchisch-agglomerative Verfahren starten mit möglichst stark differenzierten Fällen und fassen diese dann schrittweise zusammen. Die größtmögliche Differenzierung besteht, wenn jeder Fall einzeln vorliegt. Die Unterschiede zwischen den Objekten werden nach einer festzulegenden Methode bestimmt, z.B. mit dem Ähnlichkeitsmaß nach Russel & Rao oder per *Simple-Matching*-Koeffizient. Die beiden Objekte, die die geringsten Unterschiede besitzen, werden nun zuerst zusammengefasst (agglomeriert). Danach werden die neuen Differenzen zu dem auf diese Weise gebildeten Cluster berechnet, und es wird erneut nach dem Objektpaar gesucht, das sich am ähnlichsten ist um es zu verschmelzen. Auf diese Weise nimmt die Anzahl der Objekte bei jedem Schritt um eins ab. Einmal gebildete Cluster können nicht mehr aufgelöst werden. Die Fusionierung wird so lange fortgeführt, bis alle Objekte zu einem einzigen Cluster verbunden sind.

12.2.9 Lösung der Aufgabe 12.1.9

Die Clusteranalyse soll möglichst homogene Gruppen der Untersuchungsobjekte bilden. Zur Beurteilung der Clusterlösung werden deshalb Homogenitätsmaße herangezogen. Ein anschauliches Kriterium für Ähnlichkeit ist die Varianz. Für jede Variable kann das Verhältnis der Varianz innerhalb der Gruppe zur gesamten Varianz unter allen Objekten berechnet werden. Dieses Verhältnis ist F-verteilt:

$$F = \frac{V(j;C)}{V(j)}.$$

Je geringer dieser Verhältniswert ist, desto größer ist die Homogenität der Clusterelemente hinsichtlich dieser Variable, denn die Varianz zwischen den Clusterobjekten (im Zähler) ist dann kleiner als die Gesamtvarianz im Nenner. Aus diesem Grund ist eine Clusterlösung mit einem F-Wert von 1 oder größer problematisch, da in solchen Fällen die Varianz im Cluster genauso groß oder noch größer als die Varianz ohne Clusterbildung ist.

Die Güte einer Clusterlösung kann optisch an dem bekannten Baumdiagramm abgelesen werden. Das Diagramm zeigt die Verschmelzungsstufen des Clusterprozesses an. Durch Abschneiden auf einer geeigneten Stufe, entstehen homogene Gruppen auf ähnlich niedrigen Fusionsstufen.

Der inverse Scree-Test stellt die Fusionsstufen und die jeweils zugehörige Clusterzahl gegenüber. Steigen die Entfernungen, zu denen die Objekte zusammengefasst werden, gleichmäßig an, ergibt sich im Diagramm eine Gerade. Dort aber, wo die Entfernungen überproportional ansteigen, zeigen sich Sprungstellen (so genannte Ellbogen). An solchen Stellen müssen bei der Clusterbildung relativ große Entfernungen zwischen den Objekten in Kauf genommen werden. Dieser Fusionsschritt sollte daher zur Erhaltung der größeren Clusterhomogenität nicht mehr durchgeführt werden. Aus dem Diagramm lässt sich dann an diesen Sprungstellen die optimale Anzahl der Cluster ablesen.

Überproportionale Sprungstellen können evtl. auch bereits ohne Diagramm aus der Liste der Fusionsstufen abgelesen werden.

12.2.10 Lösung der Aufgabe 12.1.10

I. *Single-Linkage*-Verfahren:

a) Clusterbildung

Bei jeder Clustering-Methode werden zunächst die beiden ähnlichsten Objekte zusammengefasst. In dem vorliegenden Beispiel sind sich Deutschland und Österreich am ähnlichsten: Ihr Distanzmaß beträgt nur 6,5. Die Abstände aller anderen Länder müssen nun zu diesem so gebildeten Cluster neu bestimmt werden. Nach der *Single-Linkage*-Methode wird der Abstand des am nächsten gelegenen Clusterelements gewählt, also die geringste Distanz.

Formal lautet die Bedingung:

$D(A \,;\, B + C) = \min\{D(A \,,\, B) \,;\, D(A \,,\, C)\}$.

Zunächst wird der Abstand des Clusters zur Schweiz bestimmt: Zu wählen ist die kürzere der beiden Distanzen Deutschland/Schweiz und Österreich/Schweiz.

$D(CH \,;\, D + AUT) = \min\{D(CH \,;\, D) \,;\, D(CH \,;\, AUT)\}$

$D(CH \,;\, D + AUT) = \min\{9,5 \,;\, 8,7\} = 8,7$.

Entsprechend gilt für die anderen Länder:

D(SWE ; D + AUT) = min{D(SWE ; D) ; D(SWE ; AUT)}

D(SWE ; D + AUT) = min{12,4 ; 10,7} = 10,7

D(DK ; D + AUT) = min{D(DK ; D) ; D(DK ; AUT)}

D(DK ; D + AUT) = min{11,8 ; 13,1} = 11,8

D(NOR ; D + AUT) = min{D(NOR ; D) ; D(NOR ; AUT)}

D(NOR ; D + AUT) = min{12,8 ; 12,6} = 12,6

D(UK ; D + AUT) = min{D(UK ; D) ; D(UK ; AUT)}

D(UK ; D + AUT) = min{17,5 ; 20,1} = 17,5

D(USA ; D + AUT) = min{D(USA ; D) ; D(USA ; AUT)}

D(USA ; D + AUT) = min{16,3 ; 17,2} = 16,3.

	{D ; AUT}	CH	SWE	DK	NOR	UK	USA
{D ; AUT}	-						
Schweiz	8,7	-					
Schweden	10,7	17,9	-				
Dänemark	11,8	18,4	7,5	-			
Norwegen	12,6	18,2	6,8	7,7	-		
Großbritannien	17,5	15,4	14,2	11,5	13,4	-	
USA	16,3	11,0	25,7	22,4	23,5	8,4	-

Im zweiten Schritt werden dann Norwegen und Schweden mit einer Distanz von 6,8 fusioniert. Die neuen Abstände sind dann:

D(D + AUT ; NOR + SWE) = min{D(D + AUT ; NOR) ; D(D + AUT ; SWE)}

D(D + AUT ; NOR + SWE) = min{12,6 ; 10,7} = 10,7

D(CH ; NOR + SWE) = min{D(CH ; NOR) ; D(CH ; SWE)}

D(CH ; NOR + SWE) = min{18,2 ; 17,9} = 17,9

D(DK ; NOR + SWE) = min{D(DK ; NOR) ; D(DK ; SWE)}

12.2 Lösungen

D(DK ; NOR + SWE) = min{7,7 ; 7,5} = 7,5

D(UK ; NOR + SWE) = min{D(UK ; NOR) ; D(UK ; SWE)}

D(UK ; NOR + SWE) = min{13,4 ; 14,2} = 13,4

D(USA ; NOR + SWE) = min{D(USA ; NOR) ; D(USA ; SWE)}

D(USA ; NOR + SWE) = min{23,5 ; 25,7} = 23,5.

	{D ; AUT}	CH	{NOR ; SWE}	DK	UK	USA
{D ; AUT}	-					
Schweiz	8,7	-				
{NOR ; SWE}	10,7	17,9	-			
Dänemark	11,8	18,4	7,5	-		
Großbritannien	17,5	15,4	13,4	11,5	-	
USA	16,3	11,0	23,5	22,4	8,4	-

Als drittes wird Dänemark dem skandinavischen Cluster hinzugefügt, da diese beiden Objekte die geringste Distanz zueinander (7,5) aufweisen.

D(D + AUT ; NOR + SWE + DK) =

= min{D(D + AUT ; NOR + SWE) ; D(D + AUT ; DK)}

D(D + AUT ; NOR + SWE + DK) = min{10,7 ; 11,8} = 10,7

D(CH ; NOR + SWE + DK) = min{D(CH ; NOR + SWE) ; D(CH ; DK)}

D(CH ; NOR + SWE + DK) = min{17,9 ; 18,4} = 17,9

D(UK ; NOR + SWE + DK) = min{D(UK ; NOR + SWE) ; D(UK ; DK)}

D(UK ; NOR + SWE + DK) = min{13,4 ; 11,5} = 11,5

D(USA ; NOR + SWE + DK) = min{D(USA ; NOR + SWE) ; D(USA ; DK)}

D(USA ; NOR + SWE + DK) = min{23,5 ; 22,4} = 22,4

	{D ; AUT}	CH	{NOR ; SWE ; DK}	UK	USA
{D ; AUT}	-				
Schweiz	8,7	-			
{NOR ; SWE ; DK}	10,7	17,9	-		
Großbritannien	17,5	15,4	11,5	-	
USA	16,3	11,0	22,4	8,4	-

Nun besteht die geringste Distanz mit 8,4 zwischen Großbritannien und den USA.

D(D + AUT ; UK + USA) = min{D(D + AUT ; UK) ; D(D + AUT ; USA)}

D(D + AUT ; UK + USA) = min{17,5 ; 16,3} = 16,3

D(CH ; UK + USA) = min{D(CH ; UK) ; D(CH ; USA)}

D(CH ; UK + USA) = min{15,4 ; 11,0} = 11,0

D(NOR + SWE + DK ; UK + USA) =

= min{D(NOR + SWE + DK ; UK) ; D(NOR + SWE + DK ; USA)}

D(NOR + SWE + DK ; UK + USA) = min{11,5 ; 22,4} = 11,5

	{D ; AUT}	CH	{NOR ; SWE ; DK}	{UK ; USA}
{D ; AUT}	-			
Schweiz	8,7	-		
{NOR ; SWE ; DK}	10,7	17,9	-	
{UK ; USA}	16,3	11,0	11,5	-

Als letztes einzelnes Land wird die Schweiz mit einer Distanz von 8,7 dem Cluster {D ; AUT} zugeordnet.

D(NOR + SWE + DK ; D + AUT + CH) =

= min{D(NOR + SWE + DK ; D + AUT) ; D(NOR + SWE + DK ; CH)}

D(NOR + SWE + DK ; D + AUT + CH) = min{10,7 ; 17,9} = 10,7

D(UK + USA ; D + AUT + CH) =

12.2 Lösungen

= min{D(UK + USA ; D + AUT) ; D(UK + USA ; CH)}

D(UK + USA ; D + AUT + CH) = min{16,3 ; 11,0} = 11,0

	{D ; AUT ; CH}	{NOR ; SWE ; DK}	{UK ; USA}
{D ; AUT ; CH}	-		
{NOR ; SWE ; DK}	10,7	-	
{UK ; USA}	11,0	11,5	-

Mit der Distanz von 10,7 werden nun die beiden Cluster {D + AUT + CH} und {NOR + SWE + DK} fusioniert.

D(UK + USA ; D + AUT + CH + NOR + SWE + DK) =

= min{D(UK + USA ; D + AUT + CH) ; D(UK + USA ; NOR + SWE + DK)}

D(UK + USA ; D + AUT + CH + NOR + SWE + DK) = min{11,0 ; 11,5} = 11,0

Zuletzt fasst man die beiden großen Cluster mit der Distanz 11,0 zusammen.

b) Dendrogramm

Um ein Dendrogramm zu zeichnen, werden die Fusionierungsstufen auf den Bereich [0 ; 25] standardisiert.

1. Stufe: (D / AUT) = 6,5 · 25 : 11,0 = 14,77

2. Stufe: (NOR / SWE) = 6,8 · 25 : 11,0 = 15,45

3. Stufe: (NOR + SWE / DK) = 7,5 · 25 : 11,0 = 17,05

4. Stufe: (UK / USA) = 8,4 · 25 : 11,0 = 19,09

5. Stufe: (D + AUT / CH) = 8,7 · 25 : 11,0 = 19,77

6. Stufe: (D + AUT + CH / NOR + SWE + DK) = 10,7 · 25 : 11,0 = 24,32

7. Stufe: (D + AUT + CH + NOR + SWE + DK / UK + USA) =

= 11,0 · 25 : 11,0 = 25,00

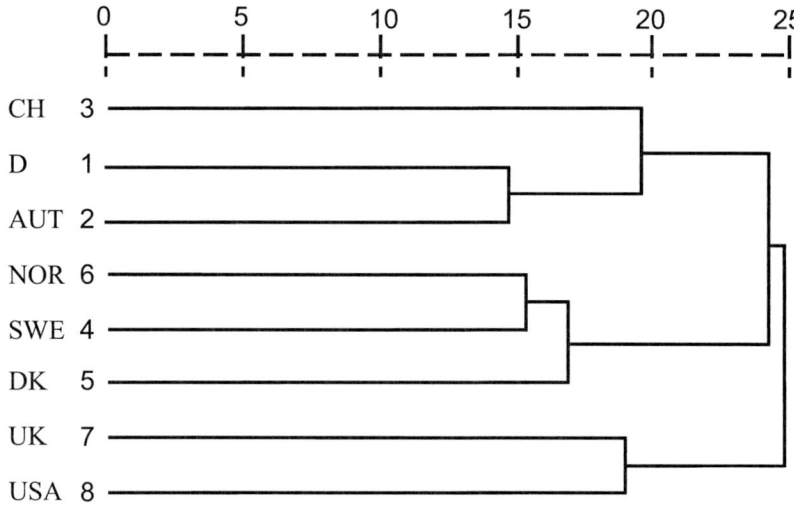

Abbildung 12.9: Dendrogramm zur Aufgabe 12.1.10 nach dem *Single-Linkage-Verfahren*

c) Scree-Test

Für einen Scree-Test müssen die Fusionierungsstufen und die Anzahl der Cluster in ein Diagramm eingetragen werden (siehe Abbildung 12.10 auf S. 251).

Das Diagramm weist bei drei Clustern einen deutlichen Knick auf. Deshalb sollte die Anzahl der Cluster auf drei beschränkt werden.

12.2 Lösungen

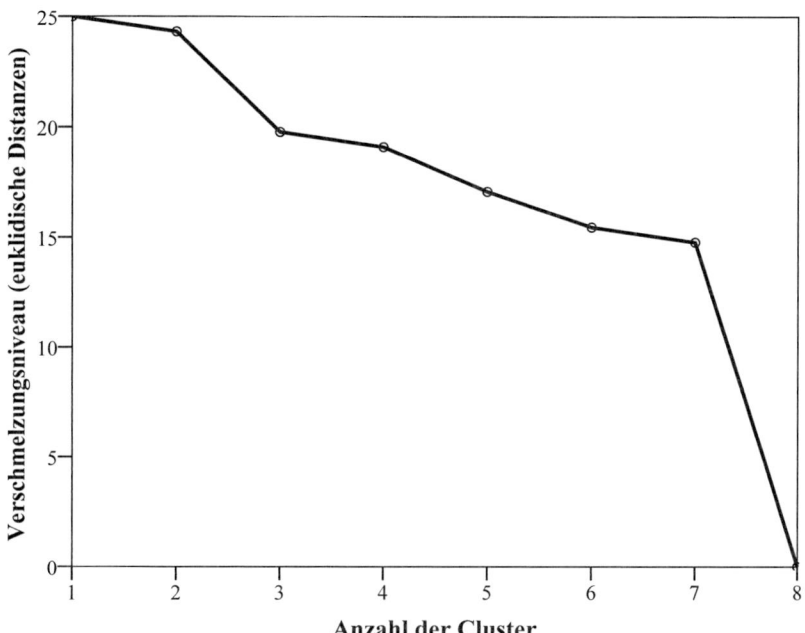

Abbildung 12.10: Scree-Test zur Aufgabe 12.1.10 nach dem *Single-Linkage*-Verfahren

II. *Complete-Linkage*-Verfahren:

a) Clusterbildung

Bei jeder Clustering-Methode werden im ersten Schritt die beiden ähnlichsten Objekte zusammengefasst. Die Distanzen zu diesem neuen Cluster werden aber jeweils anders bestimmt: Beim *Complete-Linkage*-Verfahren soll der Abstand eines Clusters zu einem Objekt durch die Distanz zum am weitesten entfernten Clusterbestandteil angegeben werden.

Formal lautet die Bedingung:

$D(A ; B + C) = \max\{D(A , B) ; D(A , C)\}$.

Zunächst wird wieder der Abstand des Clusters {D ; AUT} zur Schweiz bestimmt: In diesem Fall ist das die größere der Entfernungen Deutschland-Schweiz oder Österreich-Schweiz.

$D(CH ; D + AUT) = \max\{D(CH ; D) ; D(CH ; AUT)\}$

D(CH ; D + AUT) = max{9,5 ; 8,7} = 9,5

Entsprechend gilt für die anderen Länder:

D(SWE ; D + AUT) = max{D(SWE ; D) ; D(SWE ; AUT)}

D(SWE ; D + AUT) = max{12,4 ; 10,7} = 12,4

D(DK ; D + AUT) = max{D(DK ; D) ; D(DK ; AUT)}

D(DK ; D + AUT) = max{11,8 ; 13,1} = 13,1

D(NOR ; D + AUT) = max{D(NOR ; D) ; D(NOR ; AUT)}

D(NOR ; D + AUT) = max{12,8 ; 12,6} = 12,8

D(UK ; D + AUT) = max{D(UK ; D) ; D(UK ; AUT)}

D(UK ; D + AUT) = max{17,5 ; 20,1} = 20,1

D(USA ; D + AUT) = max{D(USA ; D) ; D(USA ; AUT)}

D(USA ; D + AUT) = max{16,3 ; 17,2} = 17,2.

	{D ; AUT}	CH	SWE	DK	NOR	UK	USA
{D ; AUT}	-						
Schweiz	9,5	-					
Schweden	12,4	17,9	-				
Dänemark	13,1	18,4	7,5	-			
Norwegen	12,8	18,2	6,8	7,7	-		
Großbritannien	20,1	15,4	14,2	11,5	13,4	-	
USA	17,2	11,0	25,7	22,4	23,5	8,4	-

Auch hier wird mit der Fusionsstufe 6,8 der Cluster Norwegen / Schweden {NOR ; SWE} gebildet. Die neuen Abstände sind dann:

D(D + AUT ; NOR + SWE) = max{D(D + AUT ; NOR) ; D(D + AUT ; SWE)}

D(D + AUT ; NOR + SWE) = max{12,8 ; 12,4} = 12,8

D(CH ; NOR + SWE) = max{D(CH ; NOR) ; D(CH ; SWE)}

D(CH ; NOR + SWE) = max{18,2 ; 17,9} = 18,2

12.2 Lösungen

$D(DK \,;\, NOR + SWE) = \max\{D(DK \,;\, NOR) \,;\, D(DK \,;\, SWE)\}$

$D(DK \,;\, NOR + SWE) = \max\{7,7 \,;\, 7,5\} = 7,7$

$D(UK \,;\, NOR + SWE) = \max\{D(UK \,;\, NOR) \,;\, D(UK \,;\, SWE)\}$

$D(UK \,;\, NOR + SWE) = \max\{13,4 \,;\, 14,2\} = 14,2$

$D(USA \,;\, NOR + SWE) = \max\{D(USA \,;\, NOR) \,;\, D(USA \,;\, SWE)\}$

$D(USA \,;\, NOR + SWE) = \max\{23,5 \,;\, 25,7\} = 25,7$.

	{D ; AUT}	CH	DK	{NOR ; SWE}	UK	USA
{D ; AUT}	-					
Schweiz	9,5	-				
Dänemark	13,1	18,4	-			
{NOR ; SWE}	12,8	18,2	7,7	-		
Großbritannien	20,1	15,4	11,5	14,2	-	
USA	17,2	11,0	22,4	25,7	8,4	-

Auch die dritte Clusterstufe verläuft identisch zur *Single-Linkage*-Methode: Dänemark wird dem skandinavischen Cluster hinzugefügt, allerdings nun mit der Distanz 7,7.

$D(D + AUT \,;\, NOR + SWE + DK) =$

$= \max\{D(D + AUT \,;\, NOR + SWE) \,;\, D(D + AUT \,;\, DK)\}$

$D(D + AUT \,;\, NOR + SWE + DK) = \max\{12,8 \,;\, 13,1\} = 13,1$

$D(CH \,;\, NOR + SWE + DK) = \max\{D(CH \,;\, NOR + SWE) \,;\, D(CH \,;\, DK)\}$

$D(CH \,;\, NOR + SWE + DK) = \max\{18,2 \,;\, 18,4\} = 18,4$

$D(UK \,;\, NOR + SWE + DK) = \max\{D(UK \,;\, NOR + SWE) \,;\, D(UK \,;\, DK)\}$

$D(UK \,;\, NOR + SWE + DK) = \max\{14,2 \,;\, 11,5\} = 14,2$

$D(USA \,;\, NOR + SWE + DK) = \max\{D(USA \,;\, NOR + SWE) \,;\, D(USA \,;\, DK)\}$

$D(USA \,;\, NOR + SWE + DK) = \max\{25,7 \,;\, 22,4\} = 25,7$

	{D ; AUT}	CH	{NOR ; SWE ; DK}	UK	USA
{D ; AUT}	-				
Schweiz	9,5	-			
{NOR ; SWE ; DK}	13,1	18,4	-		
Großbritannien	20,1	15,4	14,2	-	
USA	17,2	11,0	25,7	8,4	-

Im vierten Schritt werden erneut Großbritannien und die USA zu einem Cluster verbunden (Distanz: 8,4).

D(D + AUT ; UK + USA) = max{D(D + AUT ; UK) ; D(D + AUT ; USA)}

D(D + AUT ; UK + USA) = max{20,1 ; 17,2} = 20,1

D(CH ; UK + USA) = max{D(CH ; UK) ; D(CH ; USA)}

D(CH ; UK + USA) = max{15,4 ; 11,0} = 15,4

D(NOR + SWE + DK ; UK + USA) =

= max{D(NOR + SWE + DK ; UK) ; D(NOR + SWE + DK ; USA)}

D(NOR + SWE + DK ; UK + USA) = max{14,2 ; 25,7} = 25,7

	{D ; AUT}	CH	{NOR ; SWE ; DK}	{UK ; USA}
{D ; AUT}	-			
Schweiz	9,5	-		
{NOR ; SWE ; DK}	13,1	18,4	-	
{UK ; USA}	20,1	15,4	25,7	-

Als nächstes wird die Schweiz dem Cluster {D ; AUT} zugeschlagen, von dem sie 9,5 entfernt ist.

D(NOR + SWE + DK ; D + AUT + CH) =

= max{D(NOR + SWE + DK ; D + AUT) ; D(NOR + SWE + DK ; CH)}

D(NOR + SWE + DK ; D + AUT + CH) = max{13,1 ; 18,4} = 18,4

12.2 Lösungen

D(UK + USA ; D + AUT + CH) =

= max{D(UK + USA ; D + AUT) ; D(UK + USA ; CH)}

D(UK + USA ; D + AUT + CH) = max{20,1 ; 15,4} = 20,1

	{D ; AUT ; CH}	{NOR ; SWE ; DK}	{UK ; USA}
{D ; AUT ; CH}	-		
{NOR ; SWE ; DK}	18,4	-	
{UK ; USA}	20,1	25,7	-

Mit einer Distanz von 18,4 werden die beiden Cluster {D ; AUT ; CH} und {NOR ; SWE ; DK} verknüpft. Die letzten beiden Cluster werden dadurch mit einer Distanz von 25,7 zusammengefasst.

b) Dendrogramm

Um das Dendrogramm zu zeichnen, werden die Clusterstufen wieder auf den Bereich [0 ; 25] normiert.

1. Stufe: (D / AUT) = 6,5 · 25 : 25,7 = 6,32

2. Stufe: (NOR / SWE) = 6,8 · 25 : 25,7 = 6,61

3. Stufe: (NOR + SWE / DK) = 7,7 · 25 : 25,7 = 7,49

4. Stufe: (UK / USA) = 8,4 · 25 : 25,7 = 8,17

5. Stufe: (D + AUT / CH) = 9,5 · 25 : 25,7 = 9,24

6. Stufe: (D + AUT + CH / NOR + SWE + DK) = 18,4 · 25 : 25,7 = 17,90

7. Stufe: (D + AUT + CH + NOR + SWE + DK / UK + USA) = 25,7 · 25 : 25,7 = 25,00

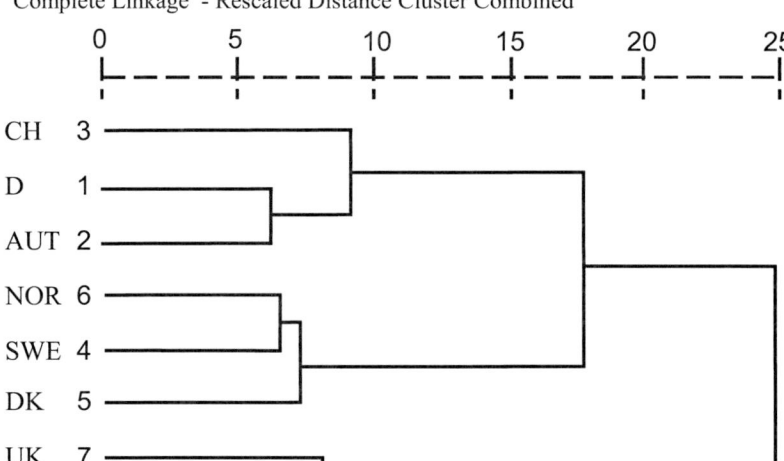

Abbildung 12.11: Dendrogramm zur Aufgabe 12.1.10 nach dem *Complete-Linkage*-Verfahren

c) Scree-Test

Abbildung 12.12 (S. 257) zeigt den Scree-Test für die Clusterbildung nach der *Complete-Linkage*-Methode: Bei drei Clustern ist ein deutlicher Knick der Kurve zu erkennen, also sollten die genannten Länder nur in drei Gruppen eingeteilt werden.

Bei diesem Beispiel macht die verwendete Fusionierungsmethode also keinen Unterschied. Die Gestalt der Ländercluster sowie die Reihenfolge ihrer Bildung sind in beiden Methoden gleich. Nur die Distanzen, bei denen die Fusionierung erfolgt, sind bei *Complete-Linkage* höher.

12.2 Lösungen

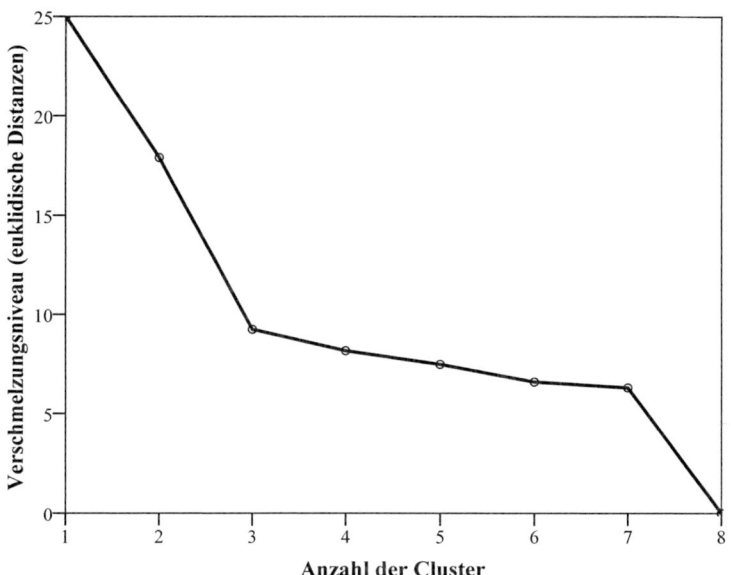

Abbildung 12.12: Scree-Test zur Aufgabe 12.1.10 nach dem *Complete-Linkage-Verfahren*

12.2.11 Lösung der Aufgabe 12.1.11

Zunächst müssen die Distanzen zwischen den einzelnen Fällen berechnet werden. Es bietet sich an, dazu die quadrierten euklidischen Distanzen zu benutzen.

$$d_{km}^{QEUKL} = \sum_{i=1}^{n} (x_{ki} - x_{mi})^2$$

Damit ergibt sich folgende Distanzmatrix:

	HB	HD	BS	M	BO	HN
HB	-					
HD	19,97	-				
BS	6,29	5,40	-			
M	9,41	9,11	2,89	-		
BO	3,88	12,07	1,75	2,42	-	
HN	24,53	29,41	17,09	9,33	12,84	-

Dann wird die Clusterung mit der insgesamt geringsten Distanz begonnen: Diese liegt zwischen Braunschweig und Bochum vor und beträgt 1,75.

Nach der *Complete-Linkage*-Methode wird eine neue Distanzmatrix gebildet. Dabei wird jeweils die größte der Distanzen zwischen den Clusterbestandteilen und einem Objekt als neue Entfernung verwendet:

	HB	HD	{BS ; BO}	M	HN
HB	-				
HD	19,97	-			
{BS ; BO}	6,29	12,07	-		
M	9,41	9,11	2,89	-	
HN	24,53	29,41	17,09	9,33	-

Die zweite Stufe, auf der geclustert wird, ist 2,89: München und Braunschweig/Bochum werden zusammengefasst.

	HB	HD	{BS ; BO ; M}	HN
HB	-			
HD	19,97	-		
{BS ; BO ; M}	9,41	12,07	-	
HN	24,53	29,41	17,09	-

Die dritte Clusterstufe liegt bei einer Distanz von 9,41. Hier wird Bremen dem Cluster {BS;BO;M} hinzugefügt.

	{BS ; BO ; M ; HB}	HD	HN
{BS ; BO ; M ; HB}	-		
HD	19,97	-	
HN	24,53	29,41	-

Auf der vierten Clusterstufe in Höhe von 19,97 wird Heidelberg dem Cluster zugeschlagen:

12.2 Lösungen

	{BS ; BO ; M ; HB ; HD}	HN
{BS ; BO ; M ; HB ; HD}	-	
HN	29,41	-

Übrig bleibt dann als fünfte Clusterstufe die Distanz von 29,41, auf der zuletzt Heilbronn dem Cluster hinzugefügt wird.

Zusammengefasst und auf das Intervall [0;25] normiert, lauten die Clusterschritte:

1. Stufe: (BO / BS) = 1,75 · 25 : 29,41 = 1,49
2. Stufe: (BO + BS + M) = 2,87 · 25 : 29,41 = 2,44
3. Stufe: (BO + BS + M + HB) = 9,41 · 25 : 29,41 = 8,00
4. Stufe: (BO + BS + M + HB + HD) = 19,97 · 25 : 29,41 = 16,98
5. Stufe: (BO + BS + M + HB + HD + HN) = 29,41 · 25 : 29,41= 25.

Damit lässt sich folgendes Dendrogramm zeichnen:

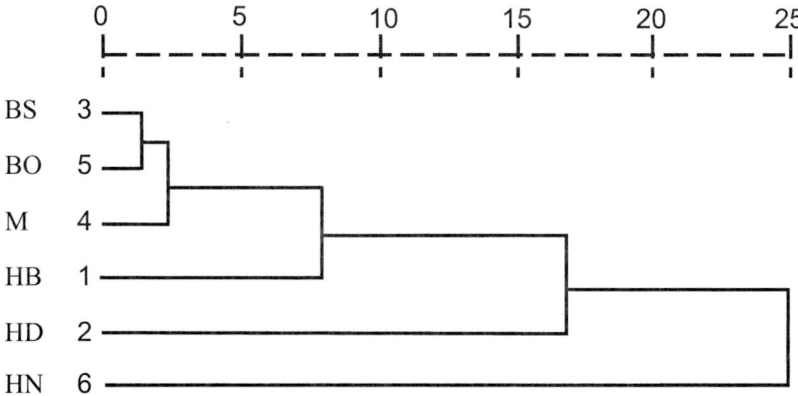

Abbildung 12.13: Dendrogramm zur Aufgabe 12.1.11 nach dem *Complete-Linkage*-Verfahren

Die optimale Clusterzahl lässt sich mit dem Scree-Test ermitteln. Abbildung 12.14 auf S. 260 zeigt das zugehörige Diagramm. Die optimale Clusterzahl liegt dem Scree-Test zufolge dort vor, wo die Kurve eine deutliche Knickstelle aufweist. Damit liegt hier die optimale Clusterzahl bei vier.

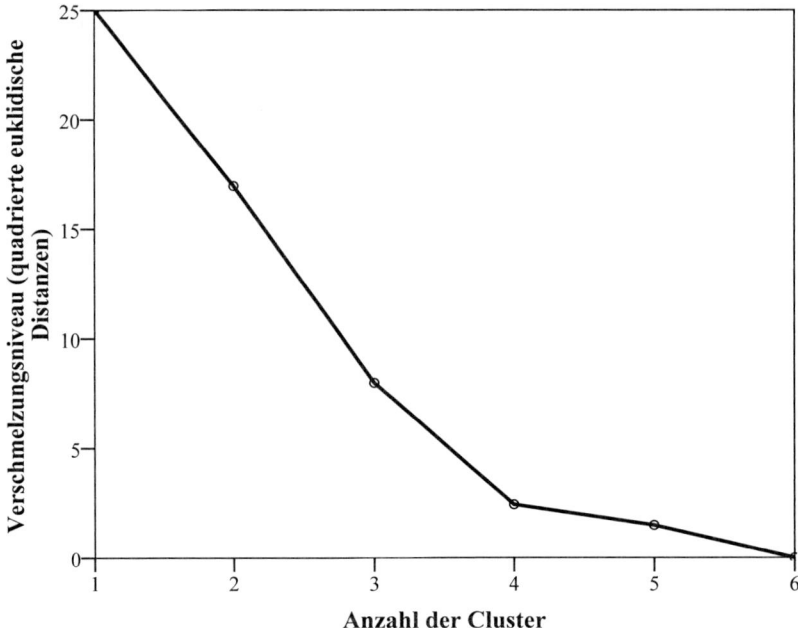

Abbildung 12.14: Scree-Test zur Aufgabe 12.1.11 nach dem *Complete-Linkage*-Verfahren

13 Qualitative Comparative Analysis (QCA)

13.1 Aufgaben

Die Lösungen dieser Aufgaben finden Sie ab S. 265.

13.1.1 Aufgabe

Was ist das Ziel der *Qualitative Comparative Analysis (QCA)*? Welche Vor- und Nachteile hat diese Methode?

13.1.2 Aufgabe

Stellen Sie die einzelnen Schritte einer QCA-Analyse dar.

13.1.3 Aufgabe

Erläutern Sie die Boolesche Addition und die Boolesche Multiplikation anhand eines selbstgewählten Beispiels.

13.1.4 Aufgabe

Welche Probleme können bei einer QCA-Analyse auftreten und wie lassen sie sich beheben?

13.1.5 Aufgabe

Die von der Politischen Wissenschaft entwickelten Demokratisierungs- und Transitionstheorien identifizieren verschiedene Einflussfaktoren, die einem Land zu erfolgreicher Demokratisierung (D) verhelfen können. So nennt Seymour Martin Lipset den sozioökonomischen Entwicklungsstand, d.h. die Modernisierung (B) als bestimmende Einflussgröße. Guillermo O'Donnell et al. dagegen führen einen dominierenden Akteur (A) als wichtige Einflussgröße an; Arend Lijphart schreibt hingegen der sozialen und ethnischen Homogenität (H) eine wichtige Rolle zu. Barrington Moore wiederum betont die Bedeutung eines geringen Agraranteils bzw. eines hohen Urbanisierungsgrades (U). Folgende Wahrheitswertetafel untersucht anhand verschiedener Demokratisierungsfälle die Tragfähigkeit der einzelnen Faktoren.

Land	B	H	U	A	D
BF	0	0	0	0	0
BV	0	0	0	1	0
BW	0	0	1	0	0
BY	0	0	1	1	0
CC	0	1	0	0	0
CF	0	1	0	1	0
CG	0	1	1	0	1
DJ	0	1	1	1	1
GM	1	0	0	0	0
GQ	1	0	0	1	1
KG	1	0	1	0	1
MQ	1	0	1	1	1
MU	1	1	0	0	1
NE	1	1	0	1	1
RE	1	1	1	0	1
SZ	1	1	1	1	1

Die Abkürzungen bedeuten:

B: Modernisierungsgrad der Gesellschaft, gemessen als BIP pro Kopf (1 = hoch)

13.1 Aufgaben

H: Homogenität der Gesellschaft (1 = hoch)

U: Urbanisierungsgrad der Gesellschaft (1 = hoch)

A: Bedeutende Akteure als Fürsprecher der Demokratie (1 = gegeben)

D: Demokratisierung (1 = Erfolg)

Führen Sie eine komplette QCA-Analyse durch und identifizieren Sie die Hauptimplikanten für die Erklärung der Demokratisierung. Verwenden Sie dazu auch die Hauptimplikantengraphik. Bestimmen Sie nach dem de Morganschen Gesetz dann die Faktoren, die einer erfolgreichen Demokratisierung entgegenstehen.

13.1.6 Aufgabe

Ermitteln Sie die Hauptimplikanten für das Beispiel aus Aufgabe 5, wenn die Fälle CG und DJ fehlen. Gehen Sie auf beide möglichen Alternativlösungen ein.

13.1.7 Aufgabe

Paul F. Lazarsfeld et al. haben in ihrer Studie *„The Peoples Choice: How the Voter Makes Up His Mind In a Presidential Campaign"* einen Index der politischen Prädisposition vorgeschlagen um das Abstimmungsverhalten der Wähler im amerikanischen Präsidentschaftswahlkampf zu erklären. Dieser besteht aus dem sozioökonomischen Status (S), der Religionszugehörigkeit (R) in Form der Mitgliedschaft in einer protestantischen Kirche und der Wohngegend (W). Als weitere Variable wird noch erfasst, ob der Befragte abhängig beschäftigt (B) ist. Welche Determinanten sind nun aber stärker und setzen sich bei gegensätzlichen Prädispositionen durch? Versuchen Sie diese Frage mittels einer QCA-Analyse zu beantworten.

a) Bestimmen Sie die Bedingungen, die zur Wahl des demokratischen Bewerbers führen. Verwenden Sie auch eine Hauptimplikantengraphik.

b) Bestimmen Sie die Bedingungen, die eine Stimmabgabe für den republikanischen Kandidaten erwarten lassen nach dem de Morganschen Gesetz.

c) Überprüfen Sie das de Morgansche Gesetz indem Sie mit Hilfe des Quine-McCluskey-Minimierungsalgorithmus die Bedingungen ermitteln, die zur Wahl des republikanischen Kandidaten führen.

d) Stellen Sie die QCA-Lösung graphisch dar.

Dargestellt sind die Dispositionen sowie die tatsächliche Wahlentscheidung 32 zufällig ausgewählter Befragter. In diesem amerikanischen Beispiel weisen vorliegende Merkmale („1") auf eine „demokratische" Prädisposition hin (S: niedriger sozioökonomischer Status, R: katholisch bzw. nicht protestantisch, W: einfache Wohngegend, B: abhängig beschäftigt). Fehlende Merkmale geben Hinweise auf eine „republikanische" Prädisposition und Wahlentscheidung für den republikanischen Kandidaten (k) (s: hoher sozioökonomischer Status, r: kirchengebunden/protestantisch, w: gehobene Wohngegend, b: selbständig/nicht abhängig beschäftigt).

Befragter	S	R	W	B	K
a	0	1	1	1	1
b	0	0	0	0	0
c	0	0	0	1	0
d	1	0	0	0	1
e	1	0	0	1	0
f	1	1	1	1	1
g	0	0	1	0	0
h	0	1	0	0	1
i	1	1	1	1	1
j	0	0	1	0	0
k	0	0	0	0	0
l	1	0	0	1	0
m	0	0	0	1	0
n	0	1	1	0	1
o	1	0	1	0	1
p	1	0	1	1	1

Befragter	S	R	W	B	K
q	1	0	0	1	0
r	0	1	1	1	1
s	0	0	0	1	0
t	1	1	1	0	1
u	1	1	0	0	1
v	0	0	1	0	0
w	1	1	1	0	1
x	0	0	0	0	0
y	1	1	0	1	1
z	0	0	1	0	0
a1	0	0	1	1	1
b1	1	0	0	1	0
c1	0	1	0	1	1
d1	0	0	0	1	0
e1	0	0	0	0	0
f1	1	1	0	0	1

13.2 Lösungen

13.2.1 Lösung der Aufgabe 13.1.1

Das Ziel der *Qualitative Comparative Analysis (QCA)* ist es, möglichst präzise die notwendigen und die hinreichenden Bedingungen für das Auftreten einer bestimmten abhängigen Variablen anzugeben. Qualitative Informationen haben dabei als dichotomisierte Daten eine besondere Bedeutung. Da die Methode auch erlaubt bei kleinen Fallzahlen zu intersubjektiv nachvollziehbaren und verallgemeinerbaren Aussagen zu gelangen, bildet sie praktisch ein Verbindungsglied zwischen qualitativer und quantitativer Forschung. Die Methode lässt sich insbesondere dann noch fruchtbar anwenden, wenn das typische sozialwissenschaftliche Problem kleiner Fallzahl, aber vieler möglicher Erklärungen (also einer großen Anzahl unabhängiger Variablen) vorliegt, wo frequentistische statistische Methoden, die größere Fallzahlen voraussetzen, nicht mehr zur Verfügung stehen.

Ein weiterer Vorteil der Methode ist, dass sich als Ergebnis Merkmalskonfigurationen realer Fälle ergeben und keine idealtypischen Eigenschaften (wie z.B. der Mittelwert).

Nachteilig für diese Methode ist die Frage der Variablenauswahl. Zwar muss diese auch hier theoriegeleitet erfolgen, doch bleibt dem Forscher kein großer Spielraum in der Auswahl der zu verwendenden Variablen, da nicht übermäßig viele Variablen miteinbezogen werden können. Und zum anderen ist die binäre Operationalisierung der Variablen schwierig (insbesondere bei metrischen Daten, s.u.), weil eine Grenze zwischen 0 und 1 festzulegen ist.

13.2.2 Lösung der Aufgabe 13.1.2

Eine QCA-Analyse wird in vier Schritten vollzogen:

1. Zuerst müssen die Ausprägungen der beobachteten Merkmale aller Fälle dichotom kodiert werden. Als Schwellenwert wird dafür der Median der betreffenden Verteilung verwendet. Die auf diese Weise generierten Informationen werden in der so genannten Wahrheitswertetafel wiedergegeben.

2. Im zweiten Schritt werden die Konfigurationen der Merksmalsausprägungen aus der Wahrheitswertetafel ermittelt. Dazu wird diese in eine formale Schreibweise übersetzt. Eine übliche Darstellungsform ist z.B. die Kodierung von vorliegenden Merkmalsausprägungen (wahren Werten) mit Großbuchstaben und von abwesenden Eigenschaften (falschen Aussagen) mit Kleinbuchstaben. Die Konditionen, die in der Wahrheitswertetafel zu jeweils einer Ausprägung der abhängigen Variable (*outcome*) führen, z.B. dem Ergebnis O(utcome) = 1, werden in einen Booleschen Ausdruck übersetzt, der die Information der Wahrheitswertetafel in Form von Merkmalskonfigurationen für diese Ausprägung der abhängigen Variable wiedergibt: Etwa: O=ABC+ABc+AbC.

3. Darauf aufbauend, wird ein zweistufiger Minimierungs-Algorithmus (der Quine-McCluskey-Algorithmus) angewandt, der diesen Booleschen Ausdruck möglichst weit vereinfachen soll. Somit lässt sich die minimale Merkmalskombination, die zum betrachteten *outcome* führt, ermitteln.

Alle Merkmalskombinationen werden paarweise verglichen und dabei wird zunächst nach solchen Kombinationen gesucht, die sich nur in der Ausprägung eines einzigen Merkmals unterscheiden. Dieses differierende Merkmal ist demnach für die abhängige Variable unerheblich und kann folglich gestrichen werden. Ein Beispiel soll deutlich machen, dass sich der Unterschied nur auf ein Kriterium beziehen darf: Aus O=ABC+ABc folgt, dass die Ausprägung des Merkmals C für das Auftreten der abhängigen Variablen O unerheblich ist und sich die beiden Implikanten zu AB zusammenfassen lassen. Aus O=AB+Ac darf jedoch nicht etwa auf O=A geschlossen werden, da sich die beiden Ausdrücke auf der rechten Gleichungsseite in zwei verschiedenen Merkmalen unterscheiden.

Aus der Verkürzung der Merkmalskonfigurationen entstehen so genannte „Implikanten". Der Name zeigt an, dass sie jeweils alle weiteren logisch daraus ableitbaren Merkmalskombinationen enthalten und „implizit" repräsentieren. Der Implikant „AB" steht im oberen Beispiel also für die beiden daraus zu bildenden Möglichkeiten „ABC und „ABc".

Um sicher zu stellen, dass alle Konfigurationen paarweise verglichen werden und kein Vergleich übersehen wird, sollte dieser Schritt systematisch vorgenommen werden. Hilfreich ist dabei die Erstellung einer übersichtlichen Arbeitstabelle.

13.2 Lösungen

Dieser Minimierungsschritt wird iterativ angewendet, so dass Implikanten, die aus mehreren Variablen bestehen so weit wie möglich verkürzt werden. Implikanten, die sich nicht vereinfachen lassen, bleiben als Bestandteil der Lösung erhalten.

Am Ende dieser Minimierungsstufe treten die so genannten „Hauptimplikanten" hervor. Diese lassen sich danach unterscheiden, ob sie für die Lösung notwendige oder hinreichende Bedingungen darstellen. Notwendige Bedingungen stellen dabei für das betrachtete *outcome* eine Voraussetzung dar, führen aber noch nicht alleine zu dem *outcome*, während eine erfüllte hinreichende Bedingung eigenständig das Auftreten des *outcomes* sicherstellt.

4. Um die Lösung gegebenenfalls noch weiter zu vereinfachen, wird als zweite Stufe des Minimierungsverfahrens die so genannte Hauptimplikantengraphik benutzt. In ihr werden die ursprünglichen Merkmalskonfigurationen der Wahrheitswertetafel tabellarisch den gefunden Hauptimplikanten gegenübergestellt. Jede aufgetretene Merkmalskonfiguration soll in der endgültigen Lösung vertreten sein. Hauptimplikanten, die keinen eigenen Beitrag zur Abdeckung dieser Forderung leisten und nur solche Ausgangskonfigurationen abdecken, die bereits von anderen Hauptimplikanten repräsentiert werden, können aus der Lösung ausgeschlossen werden.

Hauptimplikanten	Ausgangskonfigurationen			
	ABC	AbC	ABc	aBc
AC	x	x		
AB	x		x	
Bc			x	x

In diesem Beispiel lassen sich die beiden Ausgangsimplikanten ABC und AbC auf den Hauptimplikanten AC der Lösung zurückführen. ABc und aBc werden von dem Hauptimplikanten Bc abgedeckt. Der Hauptimplikant AB leistet damit keinen eigenen Beitrag zur Erklärung der Ausgangskonfigurationen und kann aus der Kernlösung entfernt werden.

13.2.3 Lösung der Aufgabe 13.1.3

Die Boolesche Algebra findet in der Elektrotechnik Anwendung, weil sie in ihrer binären Aussagelogik (wahr/falsch) mit dem Stromfluss (an/aus) vergleichbar ist.

In ihren Definitionen und Sätzen ist sie der elementaren Algebra nicht unähnlich und verwendet auch die gleiche Symbolik, was aber nicht über die unterschiedliche Bedeutung der Symbole hinwegtäuschen darf: Mit „+" wird in der Booleschen Algebra die logische Verknüpfung „ODER" zum Ausdruck gebracht. Ihr entspricht in der Logik die Disjunktion ($\vee$), umgangssprachlich: „und oder". Mit dieser Operation entsteht in der Sprache der Mengenlehre eine Vereinigungsmenge, die aus den einzelnen Bestandteilen und auch deren Schnittmenge besteht.

Bei der Recherche mit Internetsuchmaschinen (wie z.B. „google") lässt sich eine Suchanfrage mit Booleschen Operatoren verfeinern: Wenn man sich im Internet auf die Suche nach Informationen über „Parteiensystem OR Asien" macht, bekommt man als Ergebnis alle Internetseiten, die mindestens einen der beiden Suchbegriffe enthalten, aber natürlich auch alle, die beide Begriffe enthalten. Mit der Suche nach „Parteiensystem AND Asien" wird die Suche auf diejenigen Seiten beschränkt, die sich speziell mit den Parteiensystemen asiatischer Länder beschäftigt, da die angezeigten Seiten beide Suchbegriffe enthalten müssen.

Eine Boolesche Multiplikation „·" hingegen lässt sich umgangssprachlich mit „sowohl als auch" umschreiben. Sie entspricht einer „UND"-Verknüpfung (Konjunktion, $\wedge$) in der Logik sowie einer Schnittmenge in der Mengenlehre.

Internetseiten lassen sich beispielsweise in die nachfolgende Tabelle einordnen, je nachdem ob Sie die Begriffe „Parteiensystem" und „Asien" enthalten. Mit der Booleschen ODER-Verknüpfung („+") kann festgelegt werden, welche davon von der Suchmaschine angezeigt werden sollen.

Parteiensystem	ODER-Verknüpfung	Asien	Ergebnis: Anzeige
1	+	1	1
1	+	0	1
0	+	1	1
0	+	0	0

Wird die Boolesche UND-Verknüpfung („·") gewählt, ändert sich die Auswahl der angezeigten Internetseiten entsprechend:

Parteiensystem	UND-Verknüpfung	Asien	Ergebnis: Anzeige
1	·	1	1
1	·	0	0
0	·	1	0
0	·	0	0

13.2.4 Lösung der Aufgabe 13.1.4

Vorteil der QCA-Analyse ist, dass sie eine Heuristik angibt, mit deren Hilfe sich nachvollziehbare Ergebnisse aus qualitativen Daten ableiten lassen. Diese Methode eignet sich damit auch schon bei Daten auf dem niedrigsten Skalenniveau, bei denen nur Gleichheit oder Ungleichheit von Ausprägungen festzustellen sind. Liegen allerdings Daten auf metrischem Skalenniveau vor, müssen Schwellenwerte angegeben werden, nach denen die Daten in „hoch" oder „niedrig" binär kodiert werden können. Solche Schwellenwerte sind häufig nicht theoretisch vorgegeben und deshalb schwer zu begründen. Grundsätzlich sollte der Median als Schwellenwert verwendet werden.

Ausgangspunkt der QCA sind alle potentiell möglichen Merkmalskombinationen. Diese potenzieren sich mit dem Hinzufügen jeder weiteren binären Variable. So sind mit drei Variablen $2^3 = 8$ Merkmalskombinationen möglich, mit vier Merkmalen $2^4 = 16$ und mit fünf Variablen bereits $2^5 = 32$ Merkmalskombinationen. Viele dieser theoretisch möglichen Kombinationen treten aber u.U. in der Realität nicht auf (weil z.B. gar nicht so viele Untersuchungsfälle vorliegen) und erschweren das Auffinden kurzer Hauptimplikanten. Bei der Analyse wird der Forscher deshalb gezwungen sich mit den empirisch nicht besetzten, aber theoretisch möglichen Merkmalskombinationen („*logical remainders*") auseinanderzusetzen. Das mehrfache Auftreten einer Konfiguration bei mehreren Untersuchungsfällen (z.B. mehrere Länder haben exakt die identische Merkmalskombination) wird bei der Analyse nicht berücksichtigt. Im Umgang mit den nicht besetzten denkbaren Kombinationen kann es ratsam sein, sie in die Analyse als zumindest „nicht widersprechende" Fälle mit einzubeziehen, da sich damit die Chancen auf eine einfachere Lösung erhöhen. Allerdings sollte das dann aber auch bei der Berechnung des gegenteiligen *outcomes* zugelassen werden. Damit kann aber dieselbe Konfiguration zur Berechnung der beiden gegenteiligen *outcomes* beitragen, was logische Widersprüche mit sich bringt.

Ein weiteres Problem stellen widersprüchliche Fälle („*contradictions*") dar. Solche Fälle führen bei identischer Konfiguration der erklärenden Variablen zu gegensätzlichen *outcomes*. Zu viele *contradictions* weisen auf eine theoretische Fehlspezifikation hin, die evtl. durch eine Änderung oder Hinzunahme von weiteren erklärenden Variablen korrigiert werden kann. Können die *contradictions* auf diese Weise nicht behoben werden, sollten sie aus der Analyse ausgeschlossen werden. Jedoch ist auch das nicht unproblematisch, weil sich damit das Ergebnis verändern kann und zudem wohl die eigentlich interessanten Fälle nicht betrachtet werden.

13.2.5 Lösung der Aufgabe 13.1.5

Aus der Wahrheitswertetafel werden zunächst die vorliegenden Merkmalskonfigurationen zu Booleschen Ausdrücken entsprechend der Konvention (vorliegende Eigenschaften mit Großbuchstaben und abwesende Eigenschaften mit Kleinbuchstaben auszudrücken) umgeschrieben.

Land	B	H	U	A	D	
BF	0	0	0	0	0	bhua
BV	0	0	0	1	0	bhuA
BW	0	0	1	0	0	bhUa
BY	0	0	1	1	0	bhUA
CC	0	1	0	0	0	bHua
CF	0	1	0	1	0	bHuA
CG	0	1	1	0	1	bHUa
DJ	0	1	1	1	1	bHUA
GM	1	0	0	0	0	Bhua

13.2 Lösungen

GQ	1	0	0	1	1	BhuA
KG	1	0	1	0	1	BhUa
MQ	1	0	1	1	1	BhUA
MU	1	1	0	0	1	BHua
NE	1	1	0	1	1	BHuA
RE	1	1	1	0	1	BHUa
SZ	1	1	1	1	1	BHUA

Da untersucht werden soll, welche Eigenschaften für die erfolgreiche Demokratisierung eines Landes erforderlich sind, sind im Weiteren nur noch die Merkmalskonfigurationen von Interesse, die in erfolgreich demokratisierten Ländern vorlagen (*outcome* D=1). Diese Bedingungen für Demokratisierung lassen sich mit Hilfe der Booleschen Algebra in diesem Ausdruck anschreiben:

Land	CG	DJ	GQ	KG	MQ	MU ...
D =	bHUa	+ bHUA	+ BhuA	+ BhUa	+ BhUA	+ BHua ...

	... NE	RE	SZ
	... + BHuA	+ BHUa	+ BHUA

Die Konfigurationen bHUa (Fall CG) und bHUA (Fall DJ) lassen sich danach zu bHU verschmelzen, da es offenbar für das Entstehen einer gefestigten Demokratie – ceteris paribus – unerheblich ist, ob ein starker demokratisierungswilliger Akteur vorliegt (A) oder nicht (a).

Auch die Länder CG und RE zeigen im Vergleich eine überflüssige Eigenschaft: Liegt die Kombination „HUa" vor, hat das sozioökonomische Entwicklungsniveau (B oder b) keinen Einfluss.

Es müssen aber alle Implikanten paarweise verglichen werden um diejenigen Kombinationen herauszufinden, die weitgehend übereinstimmen und sich nur in einem Merkmal unterscheiden. Am übersichtlichsten können alle Kombinationen anhand einer Arbeitstabelle verglichen werden:

D =	bHUa	bHUA	BhuA	BhUa	BhUA	BHua	BHuA	BHUa	BHUA
bHUa	-	-	-	-	-	-	-	-	-
bHUA	bHU	-	-	-	-	-	-	-	-
BhuA			-	-	-	-	-	-	-
BhUa				-	-	-	-	-	-
BhUA			BhA	BhU	-	-	-	-	-
BHua						-	-	-	-
BHuA			BuA			BHu	-	-	-
BHUa		HUa		BUa		BHa		-	-
BHUA		HUA			BUA		BHA	BHU	-

In die Felder der Tabelle werden die ermittelten Implikanten eingetragen. Wird eine Spalte (oder Zeile) dabei nicht besetzt, weil sich die jeweilige Konfiguration nicht zu einem Implikanten vereinfachen lässt, bleibt diese Ausgangskonfiguration als Bestandteil der Lösung erhalten. Die ermittelten Implikanten können wieder zu einem neuen Booleschen Ausdruck zusammengefasst werden:

D = bHU + HUa + HUA + BhA + BuA + BhU + BUa + BUA + BHu + BHa +

+ BHA + BHU

Auf diese im ersten Schritt gefundene Lösung wird nun wiederum der gleiche Minimierungsalgorithmus angewendet. Die nachfolgende Arbeitstabelle (S. 273) gibt an, wie sich die gefundenen Implikanten noch weiter vereinfachen lassen.

Hier tritt nun der Fall auf, dass Spalten unbesetzt bleiben, weil sich die jeweiligen Implikanten nicht mehr weiter mit anderen zusammenfassen lassen. Aber ein Blick in die betreffenden Zeilen zeigt, dass diese Implikanten doch von neuen Kombinationen erklärt werden. Die Spalte HUA bleibt zwar leer, aber die Zeile HUA zeigt, dass dieser Implikant von der Kombination „HU" erklärt werden kann. Insgesamt ergeben sich damit folgende Hauptimplikanten:

D = HU + BA + BU + BH

13.2 Lösungen

D =	bHU	+HUa	+HUA	+BhA	+BuA	+BhU	+BUa	+BUA	+BHu	+BHa	+BHA	+BHU
bHU	-	-	-	-	-	-	-	-	-	-	-	-
HUa		-	-	-	-	-	-	-	-	-	-	-
HUA		HU	-	-	-	-	-	-	-	-	-	-
BhA				-	-	-	-	-	-	-	-	-
BuA					-	-	-	-				
BhU						-	-	-				
BUa							BU	-				
BUA					BA							
BHu						BU						
BHa				BA					BH			
BHA										BH		
BHU	HU											

Im zweiten Schritt des Minimierungsalgorithmus kommt die Hauptimplikantengraphik zur Anwendung um die Kernimplikanten herauszufiltern. Dazu werden den ursprünglichen Konfigurationen die Hauptimplikanten gegenübergestellt und die Übereinstimmungen markiert:

D =	bHUa	bHUA	BhuA	BhUa	BhUA	BHua	BHuA	BHUa	BHUA
HU	X	X						X	X
BA			X		X	X			X
BU				X	X			X	X
BH						X	X	X	X

Da alle ursprünglichen Konfigurationen in der Kernlösung vertreten sein sollen, müssen HU, BA und BU zur Kernlösung gehören, da nur Sie die ersten vier der ursprünglichen Implikanten vertreten.

Auch BH ist dann Teil der Kernlösung, da alleine damit die Kombination BHua widergespiegelt wird. Es ergeben sich also keine weiteren Vereinfachungen mehr.

Die Kernlösung lautet somit: D = HU + BA + BU + BH.

Die Bedingungen, die einer erfolgreichen Demokratisierung entgegenstehen können nach dem de Morganschen Gesetz als Kompliment der Kernlösung hergeleitet werden. Dazu werden alle Bedingungen und Operationen vertauscht:

d = (h + u) · (b + a) · (b + u) · (b + h)

d = (hb+ha+ub+ua) · (bb+bh+ub+uh)

d = hbbb+hbbh+hbub+hbuh + habb+habh+haub+hauh + ubbb+ubbh+ubub+ubuh + uabb+uabh+uaub+uauh

In jedem Implikanten lassen sich nun doppelte Bedingungen entfernen:

d=hb+hb+hbu+hbu+hab+hab+haub+hau+ub+ubh+ub+ubh+uab+uabh+uab+uah

Auch doppelte Implikanten lassen sich dann streichen:

d = hb+hbu+hab+haub+hau+ub+ubh+uab

Um aus diesem Ausdruck die notwendigen Bedingungen herauszufiltern, kann entweder eine Graphik (analog zur Hauptimplikantengraphik) verwandt werden, oder einfach die aus kurzen Bedingungen ableitbaren Implikanten gestrichen werden:

d = **hb**+hbu+hab+haub+hau+ub+ubh+uab

d = hb+hau+**ub**+uab

So dass sich Lösung für das Kompliment ergibt: d = hb+hau+ub.

13.2.6 Lösung der Aufgabe 13.1.6

Ohne die beiden Fälle CG und DJ ergibt sich folgende Wahrheitswertetafel mit den genannten Konfigurationen:

Land	B	H	U	A	D	
BF	0	0	0	0	0	bhua
BV	0	0	0	1	0	bhuA
BW	0	0	1	0	0	bhUa
BY	0	0	1	1	0	bhUA
CC	0	1	0	0	0	bHua
CF	0	1	0	1	0	bHuA
GM	1	0	0	0	0	Bhua
GQ	1	0	0	1	1	BhuA
KG	1	0	1	0	1	BhUa
MQ	1	0	1	1	1	BhUA
MU	1	1	0	0	1	BHua
NE	1	1	0	1	1	BHuA
RE	1	1	1	0	1	BHUa
SZ	1	1	1	1	1	BHUA

Darum ist diese Aufgabe als Experiment zum Umgang mit *logical remainders* zu verstehen: Wie ändert sich das Ergebnis, wenn logisch mögliche, aber empirisch nicht vorliegende Konfigurationen bei der Lösungssuche nicht berücksichtigt werden? Zunächst soll nach den Bedingungen für das *outcome* D = 1 gesucht werden. Anders als in Aufgabe 13.2.5 ist nun folgender Boolescher Ausdruck zu vereinfachen:

Land	GQ	KG	MQ	MU	NE	RE	SZ
D =	BhuA	BhUa	BhUA	BHua	BHuA	BHUa	BHUA

Wozu sich diese Arbeitstabelle eignet:

D =	BhuA	BhUa	BhUA	BHua	BHuA	BHUa	BHUA
BhuA	-	-	-	-	-	-	-
BhUa		-	-	-	-	-	-
BhUA	BhA	BhU	-	-	-	-	-
BHua				-	-	-	-
BHuA	BuA			BHu	-	-	-
BHUa		BUa		BHa		-	-
BHUA			BUA		BHA	BHU	-

Es ergibt sich zunächst:

D = BhA + BuA + BhU + BUa + BUA + BHu + BHa + BHA + BHU, was sich wiederum vereinfachen lässt:

D =	BhA	BuA	BhU	BUa	BUA	BHu	BHa	BHA	BHU
BhA	-	-	-	-	-	-	-	-	-
BuA		-	-	-	-	-	-	-	-
BhU			-	-	-	-	-	-	-
BUa				-	-	-	-	-	-
BUA		BA		BU	-	-	-	-	-
BHu						-	-	-	-
BHa							-	-	-
BHA	BA						BH	-	-
BHU			BU			BH			-

Folgende Hauptimplikanten werden demnach identifiziert:

D = BA + BU + BH.

Eine Überprüfung der Hauptimplikantengraphik zeigt, dass sich diese Lösung nicht mehr vereinfachen lässt:

D =	BhuA	BhUa	BhUA	BHua	BHuA	BHUa	BHUA
BA	x		x		x		x
BU		x	x			x	x
BH				x	x	x	x

13.2 Lösungen

Gegenüber der Lösung in Aufgabe 13.1.5 verkürzt sich die Kernlösung, da die Bedingung HU nun nicht mehr erfasst wird.

Nun soll noch das Vorliegen des *outcomes* d = 0 berechnet werden. Es wird durch das Streichen der Fälle CG und DJ nicht direkt beeinflusst. Somit kann dies auch als Probe der Bedingungen dienen, die erfolgreiche Demokratisierung erschweren und die in Aufgabe 13.1.5 über das de Morgansche Gesetz hergeleitet wurden:

Land	BF	+ BV	+ BW	+ BY	+ CC	+ CF	+ GM
d =	bhua	+ bhuA	+ bhUa	+ bhUA	+ bHua	+ bHuA	+ Bhua

Zur Suche nach den Implikanten bietet sich wieder die Aufstellung einer Arbeitstabelle an:

d =	bhua	+ bhuA	+ bhUa	+ bhUA	+ bHua	+ bHuA	+ Bhua
bhua	-	-	-	-	-	-	-
bhuA	bhu	-	-	-	-	-	-
bhUa	bha		-	-	-	-	-
bhUA		bhA	bhU	-	-	-	-
bHua	bua				-	-	-
bHuA		buA			bHu	-	-
Bhua	hua						-

Da alle Ausgangskonfigurationen von einem Implikanten aus der Tafel abgedeckt werden, lassen sich die gefundenen Implikanten zunächst so schreiben:

d = bhu + bha + bua + hua + bhA + buA + bhU + bHu

und dann wiederum selbst zusammenfassen:

D =	bhu	bha	bua	hua	bhA	buA	bhU	bHu
bhu	-	-	-	-	-	-	-	-
bha		-	-	-	-	-	-	-
bua			-	-	-	-	-	-
hua				-	-	-	-	-
bhA	bh				-	-	-	-
buA			bu			-	-	-
bhU	bh						-	-
bHu	bu							-

Da die Kombination „hua" sich nicht zu einem Implikanten verschmelzen lässt, geht sie in dieser Form in die Lösung ein, die somit lautet:

d = bh + bu + hua .

Im zweiten Schritt des Minimierungsalgorithmus wird versucht anhand der Hauptimplikantengraphik unnötige Implikanten zu identifizieren. Dazu werden die ursprünglichen Konfigurationen den gefundenen Hauptimplikanten gegenübergestellt:

d =	bhua	bhuA	bhUa	bhUA	bHua	bHuA	Bhua
bh	x	x	x	x			
bu	x	x			x	x	
hua	x						x

Es lassen sich aber keine überflüssigen Implikanten mehr finden, so dass die Lösung d = bh + bu + hua bestehen bleibt.

13.2.7 Lösung der Aufgabe 13.1.7

a) Die vorliegenden Daten der Wahrheitswertetafel werden zunächst entsprechen der Konvention (Großbuchstaben für vorliegende Eigenschaften und Kleinbuchstaben für abwesende Eigenschaften) kodiert. Dabei können mehrfach vorliegende Konfigurationen zu einem Fall zusammengefasst werden.

13.2 Lösungen

Befragter	S	R	W	B	K	
a	0	1	1	1	1	sRWB
b	0	0	0	0	0	
c	0	0	0	1	0	
d	1	0	0	0	1	Srwb
e	1	0	0	1	0	
f	1	1	1	1	1	SRWB
g	0	0	1	0	0	
h	0	1	0	0	1	sRwb
i	1	1	1	1	1	SRWB
j	0	0	1	0	0	
k	0	0	0	0	0	
l	1	0	0	1	0	
m	0	0	0	1	0	
n	0	1	1	0	1	sRWb
o	1	0	1	0	1	SrWb
p	1	0	1	1	1	SrWB
q	1	0	0	1	0	
r	0	1	1	1	1	sRWB
s	0	0	0	1	0	
t	1	1	1	0	1	SRWb
u	1	1	0	0	1	SRwb
v	0	0	1	0	0	
w	1	1	1	0	1	SRWb
x	0	0	0	0	0	
y	1	1	0	1	1	SRwB
z	0	0	1	0	0	
a1	0	0	1	1	1	srWB
b1	1	0	0	1	0	
c1	0	1	0	1	1	sRwB
d1	0	0	0	1	0	
e1	0	0	0	0	0	
f1	1	1	0	0	1	SRwb

Die Merkmalskonfigurationen, die zur Wahl des demokratischen Kandidaten (K = 1) geführt haben, lassen sich in Form dieser Ausgangsbedingung nach Boolescher Algebra notieren (die *logical remainders* werden nicht mit aufgenommen):

Befragter	a	d	f	h	i	n	o	p
K =	sRWB+	Srwb+	SRWB+	sRwb+	SRWB+	sRWb+	SrWb+	SrWB+

	r	t	u	w	y	a1	c1	f1
...	sRWB+	SRWb+	SRwb+	SRWb+	SRwB+	srWB+	sRwB+	SRwb

Mittels einer Arbeitstabelle (S. 281) lassen sich alle Implikanten vergleichen und evtl. vereinfachen.

Zunächst ist danach zu prüfen, ob jeder Ausgangsimplikant durch einen neuen Implikanten in der Tabelle repräsentiert wird. Das ist hier der Fall. Dann lassen sich zum Auffinden der Hauptimplikanten, die neu gebildeten Implikanten der Tabelle evtl. selbst wieder vereinfachen. Dazu werden die gefundenen Implikanten wieder in einer Tabelle (siehe S. 282) angeordnet. Identische Implikanten müssen dabei lediglich einmal aufgenommen werden.

Auch hier ist festzustellen, dass jeder Implikant durch einen neuen Implikanten in der Tabelle repräsentiert wird. Somit kann die Suche nach den Hauptimplikanten auf Basis der hier gefundenen Implikanten in einer neuen Tabelle fortgesetzt werden:

K =	RW	WB	RB	sR	Sb	SW	SR	Rb	Rw
RW	-	-	-	-	-	-	-	-	-
WB		-	-	-	-	-	-	-	-
RB			-	-	-	-	-	-	-
sR				-	-	-	-	-	-
Sb					-	-	-	-	-
SW						-	-	-	-
SR					R		-	-	-
Rb			R					-	-
Rw	R								-

13.2 Lösungen

Befragter	a	d	f	h	i	n	o	p	r	t	u	w	y	al	cl	fl
K =	sRWB	Srwb	SRWB	sRwb	SRWB	sRWb	SrWb	SrWB	sRWB	SRWb	SRwb	SRWb	SRwB	srWB	sRwB	SRwb
sRWB	-	-	-	-	-	-	-	-	-	-	-	-	-	-	-	-
Srwb	-	-	-	-	-	-	-	-	-	-	-	-	-	-	-	-
SRWB	RWB	-	-	-	-	-	-	-	-	-	-	-	-	-	-	-
sRwb	RWB				-	-	-	-	-	-	-	-	-	-	-	-
SRWB	RWB				-	-	-	-	-	-	-	-	-	-	-	-
sRWb	sRW			sRb	-	-	-	-	-	-	-	-	-	-	-	-
SrWb		Srb					-	-	-	-	-	-	-	-	-	-
SrWB			SWB		SWB		SrW	-	-	-	-	-	-	-	-	-
sRWB			RWB		RWB	sRW		-	-	-	-	-	-	-	-	-
SRWb			SRW	Rwb	SRW	RWb	SWb	-	-	-	-	-	-	-	-	-
SRwb		Swb			SRW	RWb	SWb			-	-	-	-	-	-	-
SRWb			SRB		SRB					SRb	SRb	-	-	-	-	-
SRwB								rWB			SRw		-	-	-	-
srWB									sRB				RwB	-	-	-
sRwB	sRB			sRw						SRb		SRb	SRw	-	-	-
SRwb				Rwb										-		

K =	RWB	sRW	sRB	Srb	Swb	SWB	SRW	SRB	sRb	Rwb	sRw	RWb	SrW	SWb	rWB	SRb	SRw	RwB
RWB	-	-	-	-	-	-	-	-	-	-	-	-	-	-	-	-	-	-
sRW	-	-	-	-	-	-	-	-	-	-	-	-	-	-	-	-	-	-
sRB	-	-	-	-	-	-	-	-	-	-	-	-	-	-	-	-	-	
Srb	-	-	-	-	-	-	-	-	-	-	-	-	-	-	-	-		
Swb	-	-	-	-	-	-	-	-	-	-	-	-	-	-	-			
SWB	-	-	-	-	-	-	-	-	-	-	-	-	-	-				
SRW	-	-	-	-	RW	-	-	-	-	-	-	-	-					
SRB	-	-	-	-	-	-	-	-	-	-	-	-						
sRb	-	-	-	-	-	-	sR	-	-	-	-							
Rwb	-	-	-	-	-	-	-	-	-	-								
sRw	-	-	-	-	-	-	-	sR	-									
RWb	RW	-	-	-	-	-	-	-										
SrW	-	-	-	-	-	-	SW											
SWb	WB	-	-	-	SW	Sb												
rWB	-	-	-	-	-													
SRb	-	-	-	Sb														
SRw	-	-	SR															
RwB	RB	Rw																

13.2 Lösungen

Nun tritt der Fall auf, dass nicht mehr alle Ausgangsimplikanten durch neue Implikanten abgedeckt und repräsentiert werden. Da WB also nicht mehr vereinfacht werden kann, geht es in die Lösung ein. Ebenso wie Sb und SW dort erscheinen. Die anderen Implikanten lassen sich alle durch R repräsentieren.

So lautet zunächst die vollständige Lösung:

$$K = WB + Sb + SW + R.$$

Als weiteres Instrument zur Vereinfachung kann auf diese Lösung die Hauptimplikantengraphik angewandt werden. Sie zeigt an, ob ein Bestandteil der gefundenen Lösung redundante Informationen erhält, und somit weiteres Potential zur Vereinfachung des Zusammenhangs besteht. Die Hauptimplikantengraphik stellt die Ausgangskonfigurationen der gefundenen Lösung gegenüber.

Befragter	S	R	W	B	K	K=	WB+	Sb+	SW+	R
a	0	1	1	1	1	sRWB	X			X
d	1	0	0	0	1	Srwb		X		
f	1	1	1	1	1	SRWB	X		X	X
h	0	1	0	0	1	sRwb				X
i	1	1	1	1	1	SRWB	X		X	X
n	0	1	1	0	1	sRWb				X
o	1	0	1	0	1	SrWb		X	X	
p	1	0	1	1	1	SrWB	X		X	
r	0	1	1	1	1	sRWB	X			X
t	1	1	1	0	1	SRWb		X	X	X
u	1	1	0	0	1	SRwb		X		X
w	1	1	1	0	1	SRWb		X	X	X
y	1	1	0	1	1	SRwB				X
a1	0	0	1	1	1	srWB	X			
c1	0	1	0	1	1	sRwB				X
f1	1	1	0	0	1	SRwb		X		X

Der Hauptimplikantengraphik kann entnommen werden, dass der Bestandteil SW für die Lösung nicht notwendig ist, denn damit wird kein Beitrag zur Erklärung der vorhandenen Fälle geleistet: Alle von ihr repräsentierten Fälle werden von anderen Merkmalskombinationen abgedeckt. So lautet die minimierte Lösung:

$$K = WB + Sb + R.$$

Was sagt dieses Ergebnis aus? Die Wähler entscheiden sich für den Kandidaten der demokratischen Partei (K), wenn sie in einer einfachen Wohngegend leben und abhängig beschäftigt sind (WB), oder wenn sie einen niedrigen sozioökonomischen Status aufweisen und nicht abhängig beschäftigt sind (Sb), oder wenn sie nicht fest in einer protestantischen Kirche gebunden bzw. katholisch sind.

b) Nach dem de Morganschen Gesetz, kann das Gegenteil einer vorliegenden Bedingung durch Inversion der Eigenschaften und der logischen Verknüpfungen einfach ermittelt werden. Die Wählerprädisposition, die die Wahl des republikanischen Kandidaten erwarten lässt ist demnach:

$$k = (w + b) \cdot (s + B) \cdot r$$

$$k = (ws + wB + bs + bB) \cdot r.$$

Fertig ausmultipliziert – wobei bB weggekürzt werden kann – und in der üblichen Reihung dieser Variablen, ergibt sich nach dem de Morganschen Gesetz:

$$k = srw + rwB + srb.$$

Allerdings ist jedoch noch zu prüfen, ob wiederum anhand einer Hauptimplikantengraphik diese Lösung noch weiter verkürzt werden kann.

Es treten nur vier verschiedene Arten von Fällen auf:

k =	srw +	rwB +	srb
srWb			X
srwb	X		X
SrwB		X	
srwB	X	X	

13.2 Lösungen

Der Implikant srw ist demnach nicht für die Kernlösung notwendig und kann eliminiert werden, wodurch sich die endgültige Lösung verkürzt zu:

$$k = rwB + srb.$$

c) Die 16 vorliegenden Fälle, in denen eine befragte Person angab für den republikanischen Kandidaten zu stimmen (k), lassen sich auf insgesamt vier Merkmalskonfigurationen zurückführen:

Befragter	S	R	W	B	k	
b	0	0	0	0	0	srwb
c	0	0	0	1	0	srwB
e	1	0	0	1	0	SrwB
g	0	0	1	0	0	srWb
j	0	0	1	0	0	srWb
k	0	0	0	0	0	srwb
l	1	0	0	1	0	SrwB
m	0	0	0	1	0	srwB
q	1	0	0	1	0	SrwB
s	0	0	0	1	0	srwB
v	0	0	1	0	0	srWb
x	0	0	0	0	0	srwb
z	0	0	1	0	0	srWb
b1	1	0	0	1	0	SrwB
d1	0	0	0	1	0	srwB
e1	0	0	0	0	0	srwb

Somit verkürzt sich die Vergleichstabelle auf nur vier Merkmalskombinationen:

k =	srWb	srwb	SrwB	srwB
srWb	-	-	-	-
srwb	srb	-	-	-
SrwB			-	-
srwB	srb	srw	rwB	-

Eine weitere Vereinfachung der hier erreichten Lösung ist auf diesem Wege nicht mehr möglich:

k =	srb +	srw +	rwB
srb	-	-	-
srw		-	-
rwB			-

Mit Hilfe der Hauptimplikantengraphik ist hier jedoch noch eine weitere Vereinfachung möglich:

k =	srb +	srw +	rwB
srWb	X		
srwb	X	X	
SrwB			X
srwB		X	X

Da der Implikant srw keinen notwendigen Erklärungsbeitrag liefert und ausgeschlossen werden kann, ergibt sich als Lösung:

$$k = rwB + srb.$$

Die Wahlentscheidung fällt auf den republikanischen Bewerber, wenn der Wähler einer protestantischen Kirche angehört, in einer gehobenen Wohngegend auch, wenn er abhängig beschäftigt ist. Oder, wenn er einen hohen sozioökonomischen Status aufweist, einer protestantischen Kirche angehört und selbständig ist.

d) Zur graphischen Darstellung der Merkmalskonfigurationen und des zugehörigen *outcomes* eignet sich ein Venn-Diagramm. Dabei sind die vorliegenden Fälle ihren Feldern zugeordnet:

13.2 Lösungen

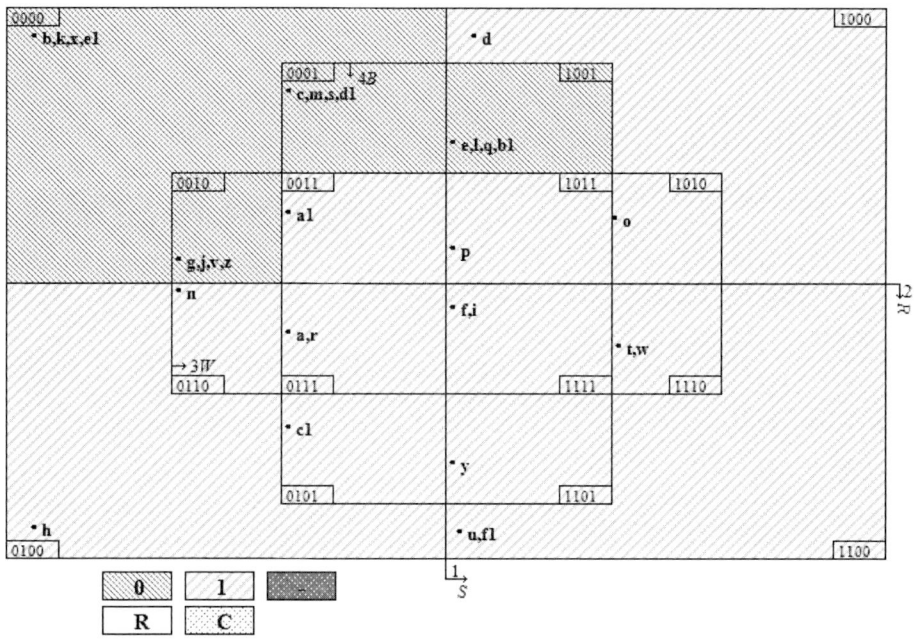

Abbildung 13.1: Wahrheitswertetafel zur Aufgabe 13.1.7 d) (erstellt mit dem Programm TOSMANA)

14 Statistische Testverfahren und Konfidenzintervalle

14.1 Aufgaben

Die Lösungen dieser Aufgaben finden Sie ab S. 299.

14.1.1 Aufgabe

Erläutern Sie folgende Begriffe:

1. Signifikanz
2. Nullhypothese und Alternativhypothese
3. Irrtumswahrscheinlichkeit und Vertrauenswahrscheinlichkeit
4. gerichtete und ungerichtete Hypothese
5. β-Fehler
6. *sampling distribution*
7. verteilungsfreie Testverfahren
8. einseitiger Test
9. Standardfehler

14.1.2 Aufgabe

Wie führt man einen Hypothesentest durch? Stellen Sie den idealtypischen Verlauf eines Hypothesentests dar.

14.1.3 Aufgabe

Was ist der α-Fehler (Fehler 1. Art) und der β-Fehler (Fehler 2. Art)? Formulieren Sie ein selbstgewähltes Beispiel und geben Sie an, wie dabei die beiden Fehler aussehen würden.

14.1.4 Aufgabe

Erklären Sie den Unterschied zwischen der Stärke und der Signifikanz eines Zusammenhangs.

14.1.5 Aufgabe

In der Debatte um gentechnisch modifizierte Lebensmittel spielen neben grundsätzlichen ethischen Fragen auch Hoffnungen auf steigende Erträge eine Rolle. Aus diesem Grund gibt das Landwirtschaftsministerium eine Studie in Auftrag, die den Ertrag von Kartoffelfeldern (in dt pro ha) ermitteln soll, wenn darauf gentechnisch veränderte oder herkömmliche Kartoffelpflanzen angebaut werden.

Interpretieren Sie die vom beauftragten Forschungsinstitut übermittelten Ergebnisse (s. nachfolgende Tabelle) und erstellen Sie darüber einen Bericht, der den Abgeordneten des Agrarausschusses vorgelegt werden kann.

a) Bestimmen Sie dazu die Konfidenzintervalle der Erträge pro ha, die mit herkömmlichen Kartoffeln und mit gentechnisch veränderte Arten erzielt wurden.

b) Sind die beobachten Unterscheide signifikant? Nehmen Sie nun an, dass auch die Streuung der Erträge herkömmlicher Kartoffelsorten aus der Stichprobe geschätzt werden muss. Führen Sie zunächst einen zweiseitigen Test durch. Prüfen Sie danach auch die einseitige Fragestellung, ob gentechnisch veränderte Pflanzen einen höheren Ertrag liefern. Testen Sie jeweils zum Signifikanzniveau $\alpha = 5\,\%$. Warum unterscheiden sich Ihre Ergebnisse?

	Herkömmliche Sorte		gentechnisch veränderte Sorte
$\bar{x}$	384 dt/ha	$\bar{x}$	388 dt/ha
σ	5,5 dt/ha	$\hat{\sigma}$	5,9 dt/ha
n	16	n	15

14.1.6 Aufgabe

Die Forschungsgruppe Wahlen e.V. hat im September 2005 auf der Basis von 1.299 zufällig ausgewählten Befragten folgende Projektion für die Bundestagswahl 2005 aufgestellt:

Partei	Stimmenanteil
SPD	34 %
CDU/CSU	41 %
Bündnis 90/Grüne	7 %
FDP	7 %
Die Linke.	8 %

Berechnen Sie die Konfidenzintervalle ($\alpha = 5\%$) für diese Anteilsschätzungen.

14.1.7 Aufgabe

Infratest-dimap erstellt zur gleichen Zeit auf der Basis von 1.000 zufällig ausgewählten Befragten folgende Prognose: SPD: 34 %, CDU/CSU: 41 %, Bündnis 90/Grüne: 7 %, FDP: 6,5 %, Die Linke. 8,5 %. Berechnen Sie die Konfidenzintervalle für die Anteilsschätzungen. Verwenden Sie dazu eine Vertrauenswahrscheinlichkeit von 95 % und 99 %.

14.1.8 Aufgabe

Beide Umfrageinstitute prognostizieren der CDU/CSU einen Stimmenanteil von 41 %. Der Parteivorstand möchte genauere Informationen und verlangt von einem der Institute einen Prognosewert mit einem sehr geringen Schwankungsbereich:

Der Prognosewert soll nur um ± 0,4 Prozentpunkte vom wahren Anteilswert abweichen. Wie viele Personen müssten befragt werden um eine derartig genaue Prognose zu erreichen?

14.1.9 Aufgabe

Bei einer zur Wahlprognose durchgeführten Meinungsumfrage unter $n = 500$ Personen haben sich 35 % für den Kanzlerkandidaten X ausgesprochen. Gesucht ist der Prozentbereich, in dem sich mit 99-prozentiger Wahrscheinlichkeit der wahre Anteil der Personen aus der Grundgesamtheit befindet, die sich für Kandidat X aussprechen.

14.1.10 Aufgabe

Im Vorfeld der Bundestagswahl 2005 sollte von einem Wahlforschungsinstitut die Wahlbeteiligung abgeschätzt werden. In Ostdeutschland lieferte eine Stichprobe unter 1251 Wahlberechtigten einen Wähleranteil von 72 %.

a) Wie viele Wahlberechtigte müssten befragt werden, damit die geschätzte Wahlbeteiligung mit 95-prozentiger Sicherheit nicht mehr als ± 2 % vom wahren Anteil abweicht?

b) Wie viele müssten befragt werden, wenn die Genauigkeit verdoppelt werden sollte?

14.1.11 Aufgabe

In Freiburg planen die Grünen eine Demonstration gegen die Nutzung der Atomkraft. Der Anteil der Grünen und ihrer Sympathisanten an den Einwohnern der Stadt wird auf Basis einer Zufallsstichprobe vom Umfang $n = 1.000$ auf 12 % geschätzt. Mit wie viel Teilnehmern können die Grünen rechnen (maximal und minimal), wenn gewöhnlich 40 % der Grünen und ihrer Sympathisanten an Demonstrationen teilnehmen und in Freiburg und Umgebung 200.000 erwachsene Bürger wohnen (95 % Vertrauenswahrscheinlichkeit)?

14.1.12 Aufgabe

Nehmen Sie an, dass eine repräsentative Umfrage unter Studierenden im Jahr 2008 verschiedene durchschnittliche Nettoeinkommen Studierender in West- ($\bar{x}_W$ = 800 Euro) und Ostdeutschland ($\bar{x}_O$ = 600 Euro) ergeben hat. Dabei wurden in Westdeutschland 1.000 und in Ostdeutschland 700 Studierende befragt. Überprüfen Sie, ob der Einkommensunterschied zwischen beiden Erhebungsgebieten signifikant ist. Die Standardabweichungen betrugen in Westdeutschland S_W = 100 Euro und in Ostdeutschland S_O = 60 Euro. Verwenden Sie den t-Test zur Überprüfung von Mittelwertunterschieden und benutzen Sie eine Vertrauenswahrscheinlichkeit von 95 %.

14.1.13 Aufgabe

Ein Intelligenztest bei 40 Studierenden der Harvard University ergab einen durchschnittlichen IQ von 118 und eine Standardabweichung von 20. Für 75 Studierende der Universität Heidelberg ergab der Test einen durchschnittlichen IQ von 114 (bei einer Standardabweichung von 10). Untersuchen Sie mit einem geeigneten t-Test, ob der Unterschied zwischen beiden Gruppen signifikant ist (Vertrauenswahrscheinlichkeit 95 %).

14.1.14 Aufgabe

Bei der Bundestagswahl 1998 betrug die durchschnittliche Wahlbeteiligung aller 256 westdeutschen Wahlkreise 82,727 % (Standardabweichung 7,487 %). In den 72 ostdeutschen Wahlkreisen hingegen wählten durchschnittlich 79,937 % der Bürger mit einer Standardabweichung von 5,544 %. Testen sie mit einem geeigneten Verfahren, ob die Wahlbeteiligung in Ostdeutschland niedriger war als in Westdeutschland. Erklären Sie genau, welche einzelnen Schritte Sie bei Ihrem Testverfahren durchlaufen. Sie können davon ausgehen, dass die Wahlkreise jeweils gleich groß geschnitten sind. (Quelle: Klingemann/Kaase 2001: 431)

14.1.15 Aufgabe

Eine Sozialwissenschaftlerin hat die Vermutung, dass sich das Allgemeinwissen von Studierenden der Politikwissenschaft von der Allgemeinbildung von Physikstudenten unterscheidet. Hierzu hat sie ein Testinstrument entwickelt, das von null bis 100 geeicht ist. Damit hat die Wissenschaftlerin 145 repräsentativ ausgewählte Studierende der Politikwissenschaft sowie 167 repräsentativ ausgewählte Physikstudenten befragt. Der Mittelwert betrug bei den Politologen 77 (mit einer Standardabweichung von 9) und bei den Physikern 69 (mit einer Standardabweichung von 5).

Untersuchen Sie mit einem geeigneten Test, ob der Unterschied zwischen beiden Gruppen signifikant ist (Vertrauenswahrscheinlichkeit = 95 %).

14.1.16 Aufgabe

Das statistische Amt der EU-Kommission Eurostat untersucht mit einer Umfrage die Zufriedenheit der Bürger mit der EU in Deutschland und Dänemark. Dazu befragt es in beiden Ländern jeweils 100 Personen, die auf einer Skala von null (völlig unzufrieden) bis 100 (völlig zufrieden) ihre Zustimmung zur EU angeben sollen. Die durchschnittliche Zufriedenheit in Deutschland betrug 55 ($S_D = 7,5$) und in Dänemark 51 ($S_{DK} = 7,1$). Untersuchen Sie mit einem geeigneten statistischen Test, ob ein signifikanter Unterschied vorliegt.

14.1.17 Aufgabe

Im Auftrag der Bundesregierung soll der Lenkungseffekt von Steuern untersucht werden. Dazu wurde für eine Stichprobe von Kraftfahrzeughaltern erhoben, welche Wagentypen diese vor der Einführung der CO_2-abhängigen Kfz-Steuer besaßen und welche Wagen sie nach in Krafttreten dieser Steuer neu anschafften.

Untersuchen Sie mit Hilfe eines geeigneten statistischen Testverfahrens, ob die Einführung der CO_2-abhängigen Kfz-Steuer die Auto-Besitzer zum Kauf CO_2-ärmerer Wagen veranlasst hat.

Person	CO_2-Ausstoß des Wagens in g/km	
	Vor Einführung der CO_2-Steuer	Nach Einführung der CO_2-Steuer
1	192	148
2	152	150
3	167	180
4	147	135
5	189	191
6	177	175
7	182	167
8	163	184
9	174	169
10	145	150

14.1 Aufgaben

14.1.18 Aufgabe

Um die Auswirkungen der Parteispendenaffäre auf die Demokratiezufriedenheit zu testen, wurde eine repräsentative Umfrage durchgeführt. In der nachstehenden Tabelle sind die Werte der Demokratiezufriedenheit (auf einer Skala von null bis 25) vor und nach der Parteispendenaffäre dargestellt.

Person	Demokratiezufriedenheit	
	vor der Parteispendenaffäre	nach der Parteispendenaffäre
1	25	20
2	23	22
3	23	19
4	22	18
5	18	15
6	17	19
7	15	18
8	14	9
9	14	16
10	13	20
11	12	18
12	11	14
13	10	15
14	10	12
15	8	16
16	6	14

Berechnen Sie mit Hilfe eines geeigneten, nicht-parametrischen Tests, ob es einen Unterschied vor und nach der Affäre gibt. Stellen Sie dabei das Vorgehen von statistischen Testverfahren dar. Interpretieren Sie das Ergebnis.

14.1.19 Aufgabe

Eine politikwissenschaftliche Studie soll die politische Einstellung der Bürger zu einer Reformmaßnahme der Bundesregierung untersuchen. Befragt werden dabei dieselben Personen jeweils vor und nach einer Informationskampagne des Presse- und Informationsamtes der Bundesregierung. Die Daten der nachfolgenden Tabelle geben den prozentualen Grad der Zustimmung zu der Reform an:

Person	Zustimmung zur Reformmaßnahme	
	vor der Informationskampagne	nach der Informationskampagne
1	5	2
2	11	14
3	13	6
4	16	7
5	17	8
6	18	19
7	19	10
8	21	14
9	24	15
10	32	46
11	45	60
12	50	55
13	60	45
14	70	50
15	75	58

War die Informationskampagne erfolgreich? Beurteilen Sie mit Hilfe eines geeigneten, nicht-parametrischen Tests, ob es einen Unterschied in der Befürwortung des Reformprojektes vor und nach der Kampagne gibt. Stellen Sie dabei den Ablauf statistischer Testverfahren dar.

14.1.20 Aufgabe

In einer sozialwissenschaftlichen Studie wurden repräsentativ ausgewählte Abgeordnete der Regierung und der Opposition zur „Leistungsfähigkeit der Demokratie" befragt. Dabei mussten die Befragten auf einer Skala von null (schlechte Leistungsfähigkeit) bis 50 (hohe Leistungsfähigkeit) ihre Einschätzung angeben.

Leistungsfähigkeit der Demokratie laut Abgeordneten der	
Regierungsfraktion	Oppositionsfraktion
45	24
40	28
39	36
44	35
48	47
48	23
27	43
34	19
37	49
29	-
42	-
45	-

Berechnen Sie mit Hilfe eines geeigneten, nicht-parametrischen Tests, ob es einen signifikanten Unterschied in der Einschätzung der Leistungsfähigkeit der Demokratie zwischen Angehörigen der verschiedenen Lager gibt.

14.1.21 Aufgabe

Demokratietheoretiker erwarten, dass die Form des Rechtssystems sich auch auf die Änderungshäufigkeiten an geschriebenen Verfassungen niederschlägt. In politischen Systemen, die dem Westministertyp ähneln und der Rechtstradition des *common law* folgen, wären demnach seltener Verfassungsänderungen erforderlich als in Ländern der kontinentaleuropäischen *civil law*-Tradition, da diesen eine höhere Regelungsdichte unterstellt wird.

Die Variable „Rechtssystem" gibt an, welchem Rechtskreis ein Land angehört: Der Tradition römischen Rechts [1] oder dem angelsächsischen *common law* [2]. Die Änderungsrate gibt die durchschnittliche jährliche (1945-2007) Anzahl von Textänderungen an den Verfassungsdokumenten an. Testen Sie diesen Zusammenhang mit Hilfe eines geeigneten verteilungsfreien Tests.

Land	Rechtstradition	Änderungsrate
Australien	2	0,1
Belgien	1	2,6
Deutschland	1	3,2
Frankreich	1	1,8
Irland	2	0,4
Italien	1	0,7
Kanda	2	0,6
Neuseeland	2	14,8
Niederlande	1	2,0
Österreich	1	8,1
Schweden	1	2,5
Schweiz	1	3,0
USA	2	0,2

Quelle: Grasl/Detzer 2009.

14.2 Lösungen

14.2.1 Lösung der Aufgabe 14.1.1

1. Die Signifikanz α ist die Irrtumswahrscheinlichkeit der Testentscheidung und damit identisch mit dem Fehler 1. Art (α-Fehler). Dieser tritt ein, wenn die Nullhypothese zu Unrecht abgelehnt wird.

2. Zur Alternativhypothese erklären Forscher die Aussage, die durch einen Test bestätigt werden soll. Das Gegenteil dieser Aussage wird als Nullhypothese bezeichnet und im eigentlichen Testverfahren untersucht. Kann nämlich die Nullhypothese mit Hilfe der Daten verworfen werden, dann wird damit indirekt die Alternativhypothese bestätigt. Wissenschaftler gehen also von der Vermutung aus, dass die Nullhypothese falsch ist.

3. Als Irrtumswahrscheinlichkeit wird das Signifikanzniveau α bezeichnet, das die Wahrscheinlichkeit für ein irrtümliches Verwerfen der Nullhypothese misst. Die Vertrauenswahrscheinlichkeit $\gamma = 1 - \alpha$ ist die Gegenwahrscheinlichkeit der Irrtumswahrscheinlichkeit und gibt daher die Wahrscheinlichkeit an, mit der das Testergebnis richtig ist.

4. Gerichtete Hypothesen setzen im Vergleich zu ungerichteten Hypothesen ein größeres Vorwissen über den zu testenden Zusammenhang voraus. Während bei ungerichteten Hypothesen positive und negative Abweichungen zwischen Theorie und Empirie in Betracht gezogen werden müssen, kann man das Vorwissen, dass nur mit positiven (oder nur mit negativen) Abweichungen zu rechnen ist, für eine gerichtete Hypothese verwenden.

5. Man spricht von einem β-Fehler, wenn die Nullhypothese beibehalten wird, obwohl sie falsch ist. Wie groß die Wahrscheinlichkeit für diesen Fehler ist, hängt vom verwendeten Testverfahren ab, lässt sich allerdings nicht abschätzen.

6. Wird versucht, mit einer Stichprobe den Mittelwert einer Grundgesamtheit zu finden, unterliegt der Stichprobenmittelwert, der als Schätzung des gesuchten Mittelwertes verwendet werden soll, dem Zufall und wird sich deshalb mehr oder weniger stark vom gesuchten Mittelwert unterscheiden.

Werden mehrere Stichproben aus dieser Grundgesamtheit gezogen, wird man daraus verschiedene Mittelwerte erhalten. Als *sampling distribution* bezeichnet man die Verteilung dieser aus unabhängigen Stichproben aus der gleichen Grundgesamtheit gewonnenen Stichprobenmittelwerte. Zusammen mit dem „Zentralen Grenzwertsatz" der Statistik lässt sich daraus ableiten, dass die *sampling distribution* eine Normalverteilung mit dem gesuchten Mittelwert der Grundgesamtheit als Mittelwert aufweist.

7. Ist der Verteilungstyp der Stichprobenvariable nicht bekannt, oder soll die Verteilungsannahme, die darüber getroffen wurde, überprüft werden, müssen verteilungsfreie Testverfahren benutzt werden, weil keine verwertbare Information über die Verteilung der Stichprobe vorliegt.

8. Einseitige Tests werden angewandt, wenn Informationen über die Richtung des vermuteten Zusammenhangs vorhanden sind. Aufgrund dieser zusätzlichen Information liegen die Grenzwerte der Prüfgrößen niedriger als bei zweiseitigen Fragestellungen, so dass diese Hypothesen „leichter" zu bestätigen sind.

9. Der Standardfehler des Mittelwertes ist ein Maß für die Streuung der untersuchten Variable, nämlich die Wurzel aus der Varianz. Da Schätzer für unbekannte Parameter aus Stichproben gewonnene Zufallsvariablen sind, weisen auch Schätzungen einen Standardfehler auf. Für das Testen von Zusammenhängen ist dieser von besonderer Bedeutung, denn mit seiner Hilfe kann der Bereich erschlossen werden, in dem wahrscheinlich mögliche Werte der Zufallsvariable liegen. Da der Standardfehler in der Regel nicht bekannt ist, muss auch er ebenso wie die untersuchte Eigenschaft aus den Daten selbst geschätzt werden.

14.2.2 Lösung der Aufgabe 14.1.2

Ein Hypothesentest wird immer in fünf Schritten durchgeführt.

Zuerst müssen die zu testenden Hypothesen formuliert werden. Dabei wird die Aussage, die bestätigt werden soll, als Alternativhypothese oder als Hypothese H_1 bezeichnet. Das Gegenteil dieser Aussage heißt Nullhypothese H_0. Mittels des

Tests wird versucht die Nullhypothese zu widerlegen und somit ihr Gegenteil (die Alternativhypothese) indirekt zu bestätigen.

Im zweiten Schritt gibt man sich ein selbstgewähltes Signifikanzniveau vor, zu dem der Test durchgeführt werden soll. Das Signifikanzniveau ist dabei die Wahrscheinlichkeit, mit der eine Fehlentscheidung getroffen werden kann. Da ein *trade-off* zwischen der Aussagegenauigkeit einer Hypothese und dem Risiko einer Fehlentscheidung besteht, muss das angestrebte Niveau für Genauigkeit und die zugehörige Fehlerwahrscheinlichkeit festgelegt werden. Üblich sind in den Sozialwissenschaften Signifikanzniveaus α von fünf Prozent oder einem Prozent. Die Gegenwahrscheinlichkeit der Signifikanz heißt Vertrauenswahrscheinlichkeit $\gamma = 1 - \alpha$ und bezeichnet die Wahrscheinlichkeit einer richtigen Entscheidung.

Im folgenden dritten Schritt wird das anzuwendende Testverfahren bestimmt und die kritische Region, also der Wertebereich der Testgröße, in dem die Nullhypothese abzulehnen ist, festgelegt.

Mit Hilfe der Daten wird im vierten Schritt die empirische Testgröße berechnet.

Als fünfter Schritt erfolgt die Testentscheidung. Fällt der Wert der empirischen Testgröße in die kritische Region, nimmt die Testgröße also einen Wert an, der bei Gültigkeit der Nullhypothese sehr unwahrscheinlich ist, ist die Nullhypothese zu verwerfen. Damit gilt die Alternativhypothese als signifikant zum Niveau α.

14.2.3 Lösung der Aufgabe 14.1.3

Als α-Fehler (oder Fehler 1. Art) wird die Wahrscheinlichkeit bezeichnet, mit der die Nullhypothese (H_0) fälschlicherweise abgelehnt wird. Also die Nullhypothese vom Test verworfen wird, obwohl sie de facto richtig ist. Der β-Fehler hingegen drückt den Fall aus, in dem die Nullhypothese fälschlicherweise beibehalten wird. Der Test erkennt also nicht, dass die Nullhypothese in Wirklichkeit nicht gilt. Für den β-Fehler kann keine Wahrscheinlichkeit angegeben werden:

Da sich der α-Fehler durch die Wahl eines geeigneten Signifikanzniveaus frei wählen lässt, kann man für den interessierenden Fall, nämlich die Ablehnung der Nullhypothese und damit die Bestätigung der Alternativhypothese, den zugehörigen Fehler durch das Niveau α kontrollieren. Folgendes Beispiel soll dies verdeutlichen: Ein statistischer Test lässt sich mit einer Gerichtsverhandlung vergleichen. Dabei wird bekanntlich von der Unschuldsvermutung des Angeklagten (H_0) ausgegangen, bis sie durch die Beweise (die Daten) zweifelsfrei (Irrtumswahrscheinlichkeit α) bewiesen ist. Der Grund für die Unschuldsvermutung als Nullhypothese liegt darin, dass sich nur einer der beiden möglichen Fehler kontrollieren lässt: Entweder der Fehler eine unschuldige Person fälschlicherweise zu verurteilen, oder einen Täter fälschlicherweise nicht zu überführen. Die Möglichkeit zur Kontrolle wird auf denjenigen der beiden möglichen Fehler angewandt, der unter beiden als der schlimmere erachtet wird (unschuldig verurteilt!), den α-Fehler. Die Kontrolle wird durch die Vorschriften des Strafgesetzbuchs ausgeübt, die dem Kläger die Beweislast auferlegt: Wie viele Beweise werden als notwendig erachtet und müssen laut Strafgesetzbuch vom Staatsanwalt vorgelegt werden, bevor eine Person für schuldig erklärt werden kann? Der β-Fehler hingegen (der Täter bleibt unbestraft, weil ihm das Verbrechen nicht mit der vorgeschriebenen Menge an Beweisen nachgewiesen werden kann) kann dann nicht abgeschätzt und nicht kontrolliert werden. Eine Fehlentscheidung dieser Art wird aber nicht als so gravierend eingestuft wie der Fehler 1. Art: Besser es wird ein echter Täter nicht überführt (ein eigentlich signifikanter Zusammenhang nicht entdeckt), als ein Unschuldiger verurteilt (ein Zusammenhang postuliert, wo in Wirklichkeit keiner ist).

Entscheidung	empirisches Faktum (Wirklichkeit)	
	H_0 gilt (unschuldig)	H_1 gilt (schuldig)
H_0 wird angenommen (Freispruch)	√	$\beta - Fehler$
H_1 wird angenommen (Verurteilung)	$\alpha - Fehler$	√

14.2.4 Lösung der Aufgabe 14.1.4

Die Stärke eines Zusammenhangs gibt die Korrelation zwischen den untersuchten Merkmalen an (siehe Kapitel 10). Zur Veranschaulichung eignen sich besonders die PRE-Maße (*proportional reduction of error*): Bei stark zusammenhängenden Variablen helfen Informationen über die Ausprägung einer der beiden Variablen sehr stark bei der Vorhersage der Ausprägung der anderen Variablen eines Untersuchungsfalles. Allerdings darf aus der Stärke eines Zusammenhans (der Korrelation) nicht auf die Kausalität (Wirkungsrichtung) des Effektes geschlossen werden.

Mit der Signifikanz eines Zusammenhangs bezeichnet man die Wahrscheinlichkeit, mit der ein vermuteter Zusammenhang (eine Korrelation) auch in Wirklichkeit besteht. D.h. dass der Zusammenhang substanziell begründet ist und nicht nur zufällig in den vorliegenden Daten auftritt. Mit zunehmendem Stichprobenumfang sinkt der Stichprobenfehler und lässt damit den Wert der Testgröße jedes beliebige Signifikanzniveau erreichen. Aus diesem Grund ist die Einhaltung des Testablaufs wichtig: Zuerst muss ein Wissenschaftler eine für relevant gehaltene Hypothese aufstellen und das Signifikanzniveau benennen, zu dem diese getestet werden soll. Erst danach erfolgt der eigentliche Test. Wenn die Reihenfolge umgekehrt wird und aus vorliegenden Daten willkürlich signifikante Zusammenhänge ermittelt werden, ist nicht sichergestellt, dass diese Ergebnisse auch für die Fachwissenschaft von Bedeutung sind.

14.2.5 Lösung der Aufgabe 14.1.5

a) Der Studie des beauftragten Instituts ist zu entnehmen, dass unabhängige identisch verteilte Stichproben von untersuchten Kartoffeläckern herangezogen wurden.

Damit lassen sich zu den gegebenen Punktschätzungen der Erträge Konfidenzintervalle angeben, die den gesuchten wahren Wert des Kartoffelertrages $\mu_{herkömmlich}$ (bzw. $\mu_{gentechnisch}$) mit Vertrauenswahrscheinlich $\gamma = 1 - \alpha$ enthalten.

Für die herkömmliche Kartoffelsorte ist die Streuung σ der Ertragswerte aufgrund langjähriger Forschung bereits hinlänglich bekannt. Aus diesem Grund lässt sich mit Hilfe der gegeben Daten und des Quantils $z_{(\alpha/2)}$ der Standardnormalverteilung (s. Tabelle auf S. 361f.) ein Konfidenzintervall für den wahren Ertragswert μ_h zum Niveau $\gamma = 1 - \alpha$ angeben:

$$\left[\bar{x} - z_{(\alpha/2)} \cdot \frac{\sigma}{\sqrt{n}} \; ; \; \bar{x} + z_{(\alpha/2)} \cdot \frac{\sigma}{\sqrt{n}} \right]$$

$$\left[384 - 1{,}96 \cdot \frac{5{,}5}{\sqrt{16}} \; ; \; 384 + 1{,}96 \cdot \frac{5{,}5}{\sqrt{16}}\right]$$

$$[381{,}31 \; ; \; 386{,}70]$$

Für die gentechnisch veränderten Kartoffeln ist die Standardabweichung noch nicht bekannt, sondern muss aus der vorliegenden Stichprobe geschätzt werden. Da der Stichprobenumfang gering ist ($n < 30$), muss das Quantil $t_{1-\frac{\alpha}{2}}(n-1)$ der t-Verteilung (s. Tabelle auf S. 363) benutzt werden um ein Konfidenzintervall für μ_g zum Niveau $\gamma = 1 - \alpha$ zu bestimmen:

$$\left[\bar{x} - t_{1-\frac{\alpha}{2}}(n-1) \cdot \frac{\hat{\sigma}}{\sqrt{n}} \; ; \; \bar{x} + t_{1-\frac{\alpha}{2}}(n-1) \cdot \frac{\hat{\sigma}}{\sqrt{n}}\right]$$

$$\left[388 - 2{,}14 \cdot \frac{5{,}9}{\sqrt{15}} \; ; \; 388 + 2{,}14 \cdot \frac{5{,}9}{\sqrt{15}}\right]$$

$$[384{,}74 \; ; \; 391{,}26]$$

Wird das Signifikanzniveau α auf 1% verringert, sind entsprechend andere Quantile zu verwenden und die Konfidenzintervalle weiten sich aus:

Für die herkömmliche Kartoffelsorte:

$$\left[384 - 2{,}58 \cdot \frac{5{,}5}{\sqrt{16}} \; ; \; 384 + 2{,}58 \cdot \frac{5{,}5}{\sqrt{16}}\right]$$

$$[380{,}45 \; ; \; 387{,}55]$$

Für die gentechnisch veränderte Kartoffelsorte:

$$\left[388 - 2{,}98 \cdot \frac{5{,}9}{\sqrt{15}} \; ; \; 388 + 2{,}98 \cdot \frac{5{,}9}{\sqrt{15}}\right]$$

$$[383{,}46 \; ; \; 392{,}54]$$

14.2 Lösungen

Wie sind Konfidenzintervalle zu interpretieren? Die Grenzwerte eines Konfidenzintervalls hängen von der zugrunde liegenden Stichprobe ab und sind damit zufällig. Die Wahrscheinlichkeit eine Stichprobe zu ziehen, dessen davon abgeleitetes Konfidenzintervall einen wahren Wert überdeckt, beträgt γ.

Liegt ein Konfidenzintervall vor, das aufgrund einer Stichprobe bestimmt wurde, so besitzt die Aussage „Der wahre Wert liegt in diesem Konfidenzintervall" die Vertrauenswahrscheinlichkeit γ.

b) Es ist ein Test auf die Signifikanz der Mittelwertsunterschiede zweier unabhängiger Stichproben durchzuführen. Zunächst stellt sich ein zweiseitiges Testproblem. Die fünf Schritte jedes statistischen Testverfahrens sind:

1. Aufstellung der Hypothesen

$H_1 : \mu_h \neq \mu_g \rightarrow$ zweiseitiger Test $H_o : \mu_h = \mu_g$.

2. Festlegung des Signifikanzniveaus

Die Testentscheidung soll zum Signifikanzniveau $\alpha = 5\%$ erfolgen.

3. Auswahl eines geeigneten statistischen Tests

Da hier (annahmegemäß) die Standardabweichungen beider Stichproben unbekannt sind und selbst aus den Stichproben geschätzt werden müssen, ist ein t-Test durchzuführen:

$$t = \frac{(\bar{x}_1 - \bar{x}_2) \cdot (\mu_1 - \mu_2)}{\hat{\sigma}_{(\bar{x}_1 - \bar{x}_2)}}.$$

Weil sich die geschätzten Standardabweichungen unterscheiden, lautet der Standardfehler:

$$\hat{\sigma}_{(\bar{x}_1 - \bar{x}_2)} = \sqrt{\frac{\hat{\sigma}_1^2}{n_1} + \frac{\hat{\sigma}_2^2}{n_2}}.$$

Kritisch für die Aussage der Nullhypothese sind empirisch festgestellte große Differenzen zwischen den Mittelwerten. Folglich ist die Nullhypothese zum Niveau α zu verwerfen, wenn der empirische Wert der Testgröße t den Wert

$$t_{1-\frac{\alpha}{2}}(n_1 + n_2 - 2) = t_{0,975}(29) = 2,04$$

(s. Tabelle auf S. 363) überschreitet.

4. Berechnung der Prüfgröße

Unter H_0 fällt der Term $(\mu_1 - \mu_2)$ weg und die Prüfgröße vereinfacht sich zu:

$$t = \frac{(\bar{x}_1 - \bar{x}_2)}{\hat{\sigma}_{(\bar{x}_1 - \bar{x}_2)}}.$$

Für die Standardabweichung ergibt sich:

$$\hat{\sigma}_{(\bar{x}_1 - \bar{x}_2)} = \sqrt{\frac{\hat{\sigma}_1^2}{n_1} + \frac{\hat{\sigma}_2^2}{n_2}} = \sqrt{\frac{5,5^2}{16} + \frac{5,9^2}{15}} = 2,052.$$

Damit errechnet sich folgender empirischer t-Wert:

$$t = \frac{(384 - 388)}{2,052} = -1,949.$$

5. Testentscheidung

Der Betrag der empirischen Testgröße 1,95 liegt unter dem theoretischen Grenzwert 2,04. Damit kann die Nullhypothese nicht abgelehnt werden. Ein Unterschied des Ertrags von herkömmlichen und gentechnisch veränderten Pflanzen ist zum Signifikanzniveau 5 % nicht feststellbar.

Nun wird der Test wiederholt, aber dabei von der Annahme ausgegangen, dass gentechnisch veränderte Pflanzen einen höheren Ertrag erwarten lassen.

1. Aufstellung der Hypothesen

$H_1 : \mu_h < \mu_g \rightarrow$ einseitiger Test $\qquad H_o : \mu_h \geq \mu_g$.

2. Festlegung des Signifikanzniveaus

Die Testentscheidung soll wiederum zum Signifikanzniveau $\alpha = 5\%$ erfolgen.

3. Auswahl eines geeigneten statistischen Tests

Das anzuwendende Testverfahren und die Teststatistik bleiben unverändert.

$$t = \frac{(\bar{x}_1 - \bar{x}_2) \cdot (\mu_1 - \mu_2)}{\hat{\sigma}_{(\bar{x}_1 - \bar{x}_2)}}.$$

Mit:
$$\hat{\sigma}_{(\bar{x}_1-\bar{x}_2)} = \sqrt{\frac{\hat{\sigma}_1^2}{n_1} + \frac{\hat{\sigma}_2^2}{n_2}}.$$

Der Kritische Bereich der Nullhypothese verändert sich nun jedoch. Durch das Vorwissen, dass von gentechnisch modifizierten Pflanzen höhere Erträge erwartet werden können, ist es möglich die Fehlerwahrscheinlichkeit ganz auf diese Seite der Verteilung zu konzentrieren. Als Kritischer Wert ist demnach

$$t_{1-\alpha}(n_1+n_2-2) = t_{0,95}(29) = 1,7$$

anzusehen.

4. Berechnung der Prüfgröße

Aufgrund der unveränderten Prüfgröße ergibt sich wiederum als empirischer t-Wert:
$$t = \frac{(384-388)}{2,052} = -1,949.$$

5. Testentscheidung

Der Betrag der empirischen Testgröße 1,95 übersteigt nun jedoch den theoretischen Grenzwert 1,7 und fällt damit in den kritischen Bereich. Die Nullhypothese der Ertragsgleichheit beider Pflanzenarten kann damit verworfen werden. Gentechnisch veränderte Kartoffelpflanzen liefern einen auf dem Niveau $\alpha = 5\%$ signifikant höheren Ertrag.

14.2.6 Lösung der Aufgabe 14.1.6

Die gesuchten Konfidenzintervalle sind für jede einzelne Partei extra zu berechnen. Als Vertrauenswahrscheinlichkeit sollen hier die in den Sozialwissenschaften üblichen 95 % verwendet werden.

Für große Stichprobenumfänge kann das Konfidenzintervall nach dieser Formel berechnet werden:

[untere Grenze = $P - z_{(\frac{\alpha}{2})} \cdot \hat{\sigma}_\%$; obere Grenze = $P + z_{(\frac{\alpha}{2})} \cdot \hat{\sigma}_\%$].

Dies gilt für Stichproben, die diese Bedingung erfüllen: $n \cdot P \cdot Q \geq 9$ und deshalb als „groß" bezeichnet werden können.

Für alle Parteien gilt dabei immer der gleiche z-Wert. In der Tabelle der Standardnormalverteilung für die Vertrauenswahrscheinlichkeit von 95 % (und damit $\alpha = 5\,\%$) für eine zweiseitige Fragestellung findet man in der Tabelle der Standardnormalverteilung (s. S. 361 f.) den z-Wert $z_{\left(\frac{0,05}{2}\right)} = 1,96$.

Der Standardfehler hängt vom Anteilswert der jeweiligen Partei ab und muss nach dieser Formel berechnet werden:

$$\hat{\sigma}_\% = \sqrt{\frac{P \cdot Q}{n}}.$$

Damit lassen sich nun die Konfidenzintervalle der einzelnen Parteien berechnen:

Partei	$n \cdot P \cdot Q \geq 9$	$1-\alpha$	z-Wert $z_{\left(\frac{\alpha}{2}\right)}$	P	Q
SPD	291,50	95 %	1,96	34 %	66 %
CDU/CSU	314,23	95 %	1,96	41 %	59 %
B90/Grüne	84,56	95 %	1,96	7 %	93 %
FDP	84,56	95 %	1,96	7 %	93 %
Die Linke.	95,61	95 %	1,96	8 %	92 %

Partei	$\hat{\sigma}_\%$	$z \cdot \hat{\sigma}_\%$	Konfidenzintervall
SPD	1,31 %	2,58 %	[31,424 ; 36,576]
CDU/CSU	1,36 %	2,67 %	[38,325 ; 43,675]
B90/Grüne	0,71 %	1,39 %	[5,612 ; 8,388]
FDP	0,71 %	1,39 %	[5,612 ; 8,388]
Die Linke.	0,75 %	1,48 %	[6,525 ; 9,475]

14.2.7 Lösung der Aufgabe 14.1.7

Für die Vertrauenswahrscheinlichkeit von 99 % (und damit für das Signifikanzniveau $\alpha = 1\,\%$) liefert die Tabelle der Standardnormalverteilung (S. 361 f.) zu einem zweiseitigen Problem den z-Wert $z_{\left(\frac{0,01}{2}\right)} = 2,58$. Für 95 % Vertrauenswahrscheinlichkeit ($\alpha = 5\,\%$) einer zweiseitigen Fragestellung gilt der z-Wert $z_{\left(\frac{0,05}{2}\right)} = 1,96$.

14.2 Lösungen

Da die Bedingung $n \cdot P \cdot Q \geq 9$ für alle prognostizierten Werte erfüllt ist, können wieder die Grenzen der Konfidenzintervalle berechnet werden:

[untere Grenze = $P - z_{(\frac{\alpha}{2})} \cdot \hat{\sigma}_\%$; obere Grenze = $P + z_{(\frac{\alpha}{2})} \cdot \hat{\sigma}_\%$].

Die Standardabweichungen sind folgendermaßen zu bestimmen:

$$\hat{\sigma}_\% = \sqrt{\frac{P \cdot Q}{n}}.$$

Partei	$n \cdot P \cdot Q \geq 9$	$1 - \alpha$	z-Wert $z_{(\frac{\alpha}{2})}$	P	Q
SPD	224,4	95 %	1,96	34 %	66 %
CDU/CSU	241,9	95 %	1,96	41 %	59 %
B90/Grüne	65,1	95 %	1,96	7 %	93 %
FDP	60,8	95 %	1,96	6,5 %	93,5 %
Die Linke.	77,8	95 %	1,96	8,5 %	91,5 %
SPD	224,4	99 %	2,58	34 %	66 %
CDU/CSU	241,9	99 %	2,58	41 %	59 %
B90/Grüne	65,1	99 %	2,58	7 %	93 %
FDP	60,8	99 %	2,58	6,5 %	93,5 %
Die Linke.	77,8	99 %	2,58	8,5 %	91,5 %

Partei	$\hat{\sigma}_\%$	$z \cdot \hat{\sigma}_\%$	Konfidenzintervall
SPD	1,50 %	2,94 %	[31,064 ; 36,936]
CDU/CSU	1,56 %	3,05 %	[37,952 ; 44,048]
B90/Grüne	0,81 %	1,58 %	[5,419 ; 8,581]
FDP	0,78 %	1,53 %	[4,972 ; 8,028]
Die Linke.	0,88 %	1,73 %	[6,771 ; 10,229]
SPD	1,50 %	3,86 %	[30,135 ; 37,865]
CDU/CSU	1,56 %	4,01 %	[36,987 ; 45,013]
B90/Grüne	0,81 %	2,08 %	[4,918 ; 9,082]
FDP	0,78 %	2,01 %	[4,489 ; 8,511]
Die Linke.	0,88 %	2,28 %	[6,225 ; 10,775]

Mit zunehmendem Sicherheitsniveau werden die Konfidenzintervalle breiter, denn damit sinkt die Wahrscheinlichkeit, dass der wahre Anteil der Partei außerhalb des Konfidenzintervalls liegt.

14.2.8 Lösung der Aufgabe 14.1.8

Die Konfidenzintervallbreite *(KIB)* beträgt zweimal die Abweichung der oberen Intervallgrenze vom Mittelwert *P* des Konfidenzintervalls. Also gilt:

$$KIB = 2 \cdot z_{(\frac{\alpha}{2})} \cdot \hat{\sigma}_{\%} = 2 \cdot z_{\frac{\alpha}{2}} \cdot \sqrt{\frac{P \cdot Q}{n}}.$$

Durch Auflösen dieser Formel nach *n* erhält man:

$$n = \frac{4 \cdot z^2_{(\frac{\alpha}{2})} \cdot P \cdot Q}{KIB^2}.$$

Bei einem Signifikanzniveau von 5 % liefert die Tabelle der Standardnormalverteilung (s. S. 361f.) einen *z*-Wert von 1,96, der in die Formel eingesetzt wird. Man erhält dann:

$$n = \frac{4 \cdot 1{,}96^2 \cdot 41\% \cdot 59\%}{(0{,}8\%)^2} = 58.080{,}19.$$

Um den geschätzten Stimmenanteil der CDU/CSU in diesem sehr schmalen Konfidenzintervall mit 95 %-Vertrauenswahrscheinlichkeit zu beinhalten, müsste eine Umfrage unter 58.081 Wahlberechtigten durchgeführt werden.

Für die Vertrauenswahrscheinlichkeit 99 % ergibt sich ein *z*-Wert von 2,58 und damit steigt die Zahl der zu befragenden Personen auf:

$$n = \frac{4 \cdot 2{,}58^2 \cdot 41\% \cdot 59\%}{(0{,}8\%)^2} = 100.636{,}45.$$

Bei einer Vertrauenswahrscheinlichkeit von 99% müssen 100.637 Wahlberechtigte befragt werden.

14.2.9 Lösung der Aufgabe 14.1.9

Hierfür ist ein Konfidenzintervall zu bestimmen. Da die Bedingung $n \cdot P \cdot Q = 500 \cdot 0,35 \cdot 0,65 = 113,75 \geq 9$ erfüllt ist, kann es mit diesen Formeln bestimmt werden:

[untere Grenze = $P - z_{(\frac{\alpha}{2})} \cdot \hat{\sigma}_\%$; obere Grenze = $P + z_{(\frac{\alpha}{2})} \cdot \hat{\sigma}_\%$].

Der Standardfehler ist ebenfalls zu bestimmen:

$$\hat{\sigma}_\% = \sqrt{\frac{P \cdot Q}{n}}.$$

Das Konfidenzintervall ist also:

$$\left[P - z_{(\frac{\alpha}{2})} \cdot \sqrt{\frac{P \cdot Q}{n}} \; ; \; P + z_{(\frac{\alpha}{2})} \cdot \sqrt{\frac{P \cdot Q}{n}}\right] =$$

$$\left[35\% - 2,58 \cdot \sqrt{\frac{35\% \cdot 65\%}{500}} \; ; \; 35\% + 2,58 \cdot \sqrt{\frac{35\% \cdot 65\%}{500}}\right]$$

$$[29,497\% \; ; \; 40,503\%]$$

Der wahre Stimmenanteil des Kandidaten X liegt zu 99 % im Bereich zwischen 29,50 und 40,5 %.

14.2.10 Lösung der Aufgabe 14.1.10

a) Der Stichprobenumfang kann aus der Formel für Konfidenzintervalle um Anteilswerte bestimmt werden. Als z-Wert wird wegen des 5-%-Signifikanzniveaus aus der Tabelle der Standardnormalverteilung (S. 361f.) der Wert 1,96 ermittelt.

$$n = \frac{4 \cdot z_{(\frac{\alpha}{2})}^2 \cdot P \cdot Q}{KIB^2}$$

$$n = \frac{4 \cdot 1{,}96^2 \cdot 72\% \cdot 28\%}{(4\%)^2} = 1936{,}17.$$

Um die Anforderungen zu erfüllen, müssen mindestens 1936,16 Personen befragt werden. Da man freilich nur ganze Personen interviewen kann, muss die Anzahl in jedem Fall aufgerundet werden. Es sind also mindestens 1937 Personen zu befragen.

b) Soll die Genauigkeit verdoppelt werden, dann muss die Konfidenzintervallbreite halbiert werden. Damit gilt dann:

$$n_2 = \frac{4 \cdot 1{,}96^2 \cdot 72\% \cdot 28\%}{(2\%)^2} = 7744{,}67 \approx 7745.$$

Dieses Ergebnis lässt sich auch einfach nach dem $\sqrt{n}$-Gesetz herleiten: Um die Konfidenzintervallbreite zu halbieren, muss der Stichprobenumfang vervierfacht werden:

$$n_2 = n \cdot 4 = 1936{,}17 \cdot 4 = 7744{,}67 \approx 7745.$$

14.2.11 Lösung der Aufgabe 14.1.11

Zur Beantwortung der Frage ist ein Konfidenzintervall um den Anteil der Demonstranten in Freiburg zu bilden.

Dazu wird zuerst ein Konfidenzintervall um die Schätzung des Anteilswertes der Grünen-Anhänger berechnet:

$$\left[P - z_{(\frac{\alpha}{2})} \cdot \sqrt{\frac{P \cdot Q}{n}} \; ; \; P + z_{(\frac{\alpha}{2})} \cdot \sqrt{\frac{P \cdot Q}{n}}\right]$$

$$\left[12\% - 1{,}96 \cdot \sqrt{\frac{12\% \cdot 88\%}{1.000}} \; ; \; 12\% + 1{,}96 \cdot \sqrt{\frac{12\% \cdot 88\%}{1.000}}\right]$$

$$[9{,}986\% \; ; \; 14{,}014\%].$$

Werden die Grenzen dieses Intervalls mit der Anzahl der Bürger in Freiburg und Umgebung multipliziert, erhält man ein Intervall, mit dem die Anzahl der Freiburger Grünen-Anhänger geschätzt wird:

[9,986 % · 200.000 ; 14,014 · 200.000] = [19.972 ; 28.028]

Da man nun weiß, dass 40 % der Grünen-Anhänger sich an der Demonstration beteiligen, kann die Anzahl der Demonstranten aus der Anzahl der Grünen-Anhänger geschätzt werden:

[19.972 · 40 % ; 28.028 · 40 %] = [7.989 ; 11.211]

Die Veranstalter dürfen also zwischen 7.989 und 11.211 Demonstrationsteilnehmer erwarten.

14.2.12 Lösung der Aufgabe 14.1.12

Ein statistischer Test wird immer in fünf Schritten vollzogen:

1. Aufstellen der Hypothesen:

Da zu testen ist, ob der Einkommensunterschied signifikant ist, wird diese Annahme als Alternativhypothese H_1 bezeichnet und versucht, das Gegenteil als Nullhypothese H_0 abzulehnen:

Formal: $H_1 : \mu_W \neq \mu_O \rightarrow$ zweiseitiger Test $\quad H_0 : \mu_W = \mu_O$.

2. Festlegung des Signifikanzniveaus:

Als Signifikanzniveau soll hier das in den Sozialwissenschaften übliche $\alpha = 5\%$ verwendet werden. Da die Stichproben mit 1.000 bzw. 700 Befragten groß sind ($n > 30$), kann man von einer normalverteilten Testgröße ausgehen. Die Standardnormalverteilung erreicht das Signifikanzniveau $\alpha = 5\%$ für eine zweiseitige Fragestellung bei einem t-Wert von 1,96 (s. Tabelle S. 361f.).

3. Auswahl eines geeigneten statistischen Tests:

Hier muss ein t-Test für den Mittelwertsvergleich bei unabhängigen Stichproben durchgeführt werden.

4. Berechnung der Prüfgröße:

Die Prüfgröße für den Mittelwertsvergleich bei unabhängigen Stichproben ist:

$$t = \frac{(\bar{x}_1 - \bar{x}_2) - (\mu_1 - \mu_2)}{\hat{\sigma}_{(\bar{x}_1 - \bar{x}_2)}}.$$

Da unter der Nullhypothese $\mu_W = \mu_O$ gilt, vereinfacht sich die Formel zu:

$$t = \frac{(\bar{x}_1 - \bar{x}_2)}{\hat{\sigma}_{(\bar{x}_1 - \bar{x}_2)}}.$$

Die Standardabweichung kann nach dieser Formel berechnet werden:

$$\hat{\sigma}_{(\bar{x}_1 - \bar{x}_2)} = \sqrt{\frac{\hat{\sigma}_1^2}{n_1} + \frac{\hat{\sigma}_2^2}{n_2}}.$$

Sie beträgt damit in diesem Beispiel:

$$\hat{\sigma}_{(\bar{x}_1 - \bar{x}_2)} = \sqrt{\frac{100^2}{1.000} + \frac{60^2}{700}} = 3,89.$$

Man erhält aus den beiden Stichproben einen empirischen t-Wert von:

$$t = \frac{(\bar{x}_1 - \bar{x}_2)}{\hat{\sigma}_{(\bar{x}_1 - \bar{x}_2)}} = \frac{(800 - 600)}{3,89} = 51,40.$$

5. Testentscheidung:

Der empirische t-Wert $t = 51,39$ liegt deutlich über dem Grenzwert von 1,96, weshalb die Nullhypothese verworfen werden kann. Damit ist der Einkommensunterschied mit einer Irrtumswahrscheinlichkeit von 5 % signifikant nachgewiesen.

14.2.13 Lösung der Aufgabe 14.1.13

Ein statistischer Test wird immer in fünf Schritten vollzogen:

1. Aufstellen der Hypothesen:

Um die Unterschiedlichkeit der Durchschnittswerte zu bestätigen (Alternativhypothese H_1), wird versucht das Gegenteil zu widerlegen (H_0). Die Stichprobe aus Harvard soll dabei mit „1" und diejenigen aus Heidelberg mit „2" bezeichnet werden.

Formal: $H_1 : \mu_1 \neq \mu_2 \rightarrow$ zweiseitiger Test $H_0 : \mu_1 = \mu_2$.

2. Da die geforderte Vertrauenswahrscheinlichkeit (γ) vorgegeben ist, ist auch das Signifikanzniveau (α) festgelegt: $\alpha = 1 - \gamma = 1 - 0,95 = 0,05$.

3. Hier ist ein t-Test für den Vergleich von Mittelwerten bei unterschiedlichen Standardabweichungen durchzuführen. Da die Stichprobenumfänge hinreichend groß sind ($n > 30$), kann von der Normalverteilung der Testgröße ausgegangen werden. Die Tabelle der Standardnormalverteilung (S. 361f.) liefert für das Signifikanzniveau $\alpha = 5\%$ bei einer zweiseitigen Fragestellung einen theoretischen t-Wert von 1,96.

4. Die Testgröße für einen Mittelwertsvergleich unabhängiger Stichproben ist:

$$t = \frac{(\bar{x}_1 - \bar{x}_2) - (\mu_1 - \mu_2)}{\hat{\sigma}_{(\bar{x}_1 - \bar{x}_2)}}.$$

Da unter der Nullhypothese $\mu_1 = \mu_2$ gilt, vereinfacht sich die Formel zu:

$$t = \frac{(\bar{x}_1 - \bar{x}_2)}{\hat{\sigma}_{(\bar{x}_1 - \bar{x}_2)}}.$$

Zur Berechnung der Standardabweichung benutzt man:

$$\hat{\sigma}_{(\bar{x}_1 - \bar{x}_2)} = \sqrt{\frac{\hat{\sigma}_1^2}{n_1} + \frac{\hat{\sigma}_2^2}{n_2}}$$

und erhält:

$$\hat{\sigma}_{(\bar{x}_1 - \bar{x}_2)} = \sqrt{\frac{20^2}{40} + \frac{10^2}{75}} = 3,37.$$

Der empirische *t*-Wert beträgt also:

$$t = \frac{(\bar{x}_1 - \bar{x}_2)}{\hat{\sigma}_{(\bar{x}_1 - \bar{x}_2)}} = \frac{(118 - 114)}{3,37} = 1,19.$$

5. Als Testentscheidung kann also die Nullhypothese (Gleichheit der Mittelwerte) nicht verworfen werden. Der beobachtete Unterschied der Mittelwerte liegt im Bereich des wahrscheinlichen Zufalls und ist deshalb statistisch nicht signifikant.

14.2.14 Lösung der Aufgabe 14.1.14

Hier ist ein *t*-Test für unterschiedliche Standardabweichungen in den Stichproben durchzuführen. Dieser umfasst fünf Schritte:

1. Aufstellung und Formulierung der Hypothesen:

Es soll hier ein einseitiger Test durchgeführt werden.

H_1: Die Wahlbeteiligung in Ostdeutschland ist niedriger als in Westdeutschland.

H_0: Die Wahlbeteiligung in Ostdeutschland ist größer oder gleich der in Westdeutschland.

Formal: $H_1 : \mu_O < \mu_W \rightarrow$ einseitiger Test $H_o : \mu_O \geq \mu_W$.

2. Festlegung des Signifikanzniveaus:

Es wird das für sozialwissenschaftliche Tests übliche 5-%-Signifikanzniveau gewählt.

3. Auswahl eines geeigneten Tests:

Die Formel für den *t*-Test mit unterschiedlichen Standardabweichungen lautet:

$$t = \frac{(\bar{x}_1 - \bar{x}_2) \cdot (\mu_1 - \mu_2)}{\hat{\sigma}_{(\bar{x}_1 - \bar{x}_2)}} \text{ mit } \hat{\sigma}_{(\bar{x}_1 - \bar{x}_2)} = \sqrt{\frac{\hat{\sigma}_1^2}{n_1} + \frac{\hat{\sigma}_2^2}{n_2}}.$$

Der für H_0 kritische Bereich liegt bei sehr kleinen Werten der *t*-Statistik, wenn ostdeutsche Werte der Gruppe 1 und westdeutsche der Gruppe 2 zugeordnet werden, weil dann die Differenz $(\bar{x}_O - \bar{x}_W)$ negativ wird.

14.2 Lösungen

4. Berechnung der Prüfgröße:

Unter H_0 fällt der Term $(\mu_1 - \mu_2)$ weg und die Prüfgröße vereinfacht sich zu:

$$t = \frac{(\bar{x}_1 - \bar{x}_2)}{\hat{\sigma}_{(\bar{x}_1 - \bar{x}_2)}}.$$

Als nächstes ist die Standardabweichung zu berechnen:

$$\hat{\sigma}_{(\bar{x}_1 - \bar{x}_2)} = \sqrt{\frac{\hat{\sigma}_1^2}{n_1} + \frac{\hat{\sigma}_2^2}{n_2}} = \sqrt{\frac{5{,}544^2}{72} + \frac{7{,}487^2}{256}} = 0{,}804.$$

Damit ergibt sich folgender empirischer t-Wert:

$$t = \frac{(79{,}937 - 82{,}727)}{0{,}804} = -3{,}472.$$

5. Auswertung der Prüfgröße und Beurteilung:

Der empirische t-Wert von -3,472 muss mit dem theoretisch zu erwartenden Wert verglichen werden. Diesen erhält man aus der Tabelle der t-Verteilung (S. 363). Aufgrund des großen Stichprobenumfangs kann der Wert auch näherungsweise aus der Normalverteilungstabelle entnommen werden. Der entsprechende Grenzwert beträgt für diese einseitige Fragestellung und 5-%-Signifikanzniveau -1,64. Der Vergleich zeigt, dass der empirische Wert den Grenzwert dem Betrag nach deutlich übersteigt und damit in den für H_0 kritischen Bereich fällt. Damit ist die Nullhypothese deutlich abzulehnen. Die Wahlbeteiligung liegt in Ostdeutschland signifikant niedriger als im Westen.

14.2.15 Lösung der Aufgabe 14.1.15

1. Um einen Test durchzuführen, müssen zuerst die Hypothesen formuliert werden:

$H_1 : \mu_{Pol} > \mu_{Phy} \rightarrow$ einseitiger Test $\quad H_o : \mu_{Pol} \leq \mu_{Phy}$.

2. Das Signifikanzniveau $\alpha = 5\%$ ist vorgegeben.

3. Hier ist ein *t*-Test auf den Unterschied der Mittelwerte zweier unabhängiger Stichproben mit unterschiedlichen Standardabweichungen durchzuführen.

4. Die Testgröße dafür ist $t = \frac{(\bar{x}_1 - \bar{x}_2)}{\hat{\sigma}_{(\bar{x}_1 - \bar{x}_2)}}$ mit der Standardabweichung $\hat{\sigma}_{(\bar{x}_1 - \bar{x}_2)} = \sqrt{\frac{\hat{\sigma}_1^2}{n_1} + \frac{\hat{\sigma}_2^2}{n_2}} = \sqrt{\frac{81}{145} + \frac{25}{167}} = 0{,}8416$. Damit erhält man als empirischen *t*-Wert:

$$t = \frac{(77 - 69)}{0{,}8416} = 9{,}51.$$

5. Da große Stichproben vorliegen ($n > 30$), nähert sich die *t*-Verteilung der Standardnormalverteilung an. Daher kann der theoretische *t*-Wert in der Tabelle der *t*-Verteilung (S. 363), in der untersten Zeile (z) abgelesen werden. Demnach beginnt die kritische Region für einseitige Testprobleme mit 5-prozentigem Signifikanzniveau bei einem Wert von 1,64. Der theoretische *t*-Wert übersteigt diesen kritischen Wert dem Betrag nach deutlich. Damit kann die Nullhypothese abgelehnt werden. Die unterschiedliche Allgemeinbildung bei Politik- und Physikstudenten ist zum 5-%-Niveau signifikant.

14.2.16 Lösung der Aufgabe 14.1.16

Der Test wird in fünf Schritten durchgeführt:

1. Um zu testen, ob ein Unterschied in den Mittelwerten vorliegt, wird der vermutete Unterschied als Alternativhypothese der Nullhypothese (kein Unterschied) gegenübergestellt: Dann wird versucht, letztere mit Hilfe der Daten zu entkräften.

Formal: $H_1 : \mu_1 \neq \mu_2 \rightarrow$ zweiseitiger Test $H_0 : \mu_1 = \mu_2$.

2. Üblicherweise verwendet man in den Sozialwissenschaften ein Signifikanzniveau von $\alpha = 5\%$.

3. Als Testverfahren verwendet man hier einen *t*-Test auf den Unterschied zweier Mittelwerte mit gleicher Standardabweichung in den Stichproben. Bei diesem zweiseitigen Problem erhält man aus der Tabelle der Standardnormalverteilung (diese darf man verwenden, da $n > 30$) einen kritischen *t*-Wert von 1,96.

4. Die Prüfgröße, die dabei zu verwenden ist, lautet:

$$t = \frac{(\bar{x}_1 - \bar{x}_2) - (\mu_1 - \mu_2)}{\hat{\sigma}_{(\bar{x}_1 - \bar{x}_2)}}.$$

Sie vereinfacht sich unter der Nullhypothese ($\mu_1 = \mu_2$) zu:

$$t = \frac{(\bar{x}_1 - \bar{x}_2)}{\hat{\sigma}_{(\bar{x}_1 - \bar{x}_2)}}.$$

Zur Berechnung der Standardabweichung wird diese Formel verwendet:

$$\hat{\sigma}_{(\bar{x}_1 - \bar{x}_2)} = \sqrt{\frac{(n_1 - 1) \cdot \hat{\sigma}_1^2 + (n_2 - 1) \cdot \hat{\sigma}_2^2}{(n_1 - 1) + (n_2 - 1)} \cdot \left(\frac{1}{n_1} + \frac{1}{n_2}\right)}.$$

Damit erhält man eine Standardabweichung von:

$$\hat{\sigma}_{(\bar{x}_1 - \bar{x}_2)} = \sqrt{\frac{(100 - 1) \cdot 7,5^2 + (100 - 1) \cdot 7,1^2}{(100 - 1) + (100 - 1)} \cdot \left(\frac{1}{100} + \frac{1}{100}\right)} = 1,0328.$$

Als empirischer t-Wert ergibt sich:

$$t = \frac{(\bar{x}_1 - \bar{x}_2)}{\hat{\sigma}_{(\bar{x}_1 - \bar{x}_2)}} = \frac{(55 - 51)}{1,0328} = 3,87.$$

5. Da der empirische t-Wert 3,87 den theoretischen t-Wert übersteigt (1,96), ist es sehr unwahrscheinlich, dass es unter der Annahme gleicher Mittelwerte zu einer so großen Differenz der Mittelwerte der Stichproben kommt. Also muss diese Annahme (H_0) falsch gewesen sein. D.h. die Mittelwerte der Zufriedenheit unterscheiden sich in beiden Ländern signifikant.

14.2.17 Lösung der Aufgabe 14.1.17

Zur Beantwortung der Fragestellung ist eine statistischer Test durchzuführen:

1. Aufstellen der Hypothesen

$H_1 : \mu_{vor} > \mu_{nach} \rightarrow$ einseitiger Test $H_o : \mu_{vor} \leq \mu_{nach}$.

2. Die Testentscheidung soll auf dem in den Sozialwissenschaften üblichen 5% Niveau erfolgen.

3. Festlegung des Testverfahrens

Die Differenzen des CO_2-Ausstoßes von Automobilen folgen der Normalverteilung. Die Standardabweichungen der Differenzen sind unbekannt und müssen aus der Stichprobe geschätzt werden. Da zwei Merkmale an jeweils einem Untersuchungsobjekt erhoben werden, handelt es sich um verbundene Stichproben. Somit kommt der t-Test für gepaarte Stichproben zur Anwendung.

Der Kritische Wert wird der Tabelle der t-Verteilung (S. 17) entnommen. Man findet dort für $t_\alpha (n-1)$ bei einer einseitigen Fragestellung zum Signifikanzniveau 5 % und neun Freiheitsgraden den Wert 1,83.

4. Berechnung der Testgröße

Die Testgröße lautet:

$$t = \frac{\overline{(x_{1i}-x_{2i})}-(\mu_1-\mu_2)}{\frac{\hat{\sigma}_D}{\sqrt{n}}} \text{ bzw. } t = \frac{\overline{D}}{\frac{\hat{\sigma}_D}{\sqrt{n}}}.$$

Für das arithmetische Mittel der Differenzen findet man: $\overline{D} = 168,8 - 164,9 = 3,9$.

Person	CO_2-Ausstoß des Wagens		d_i	$(d_i - \overline{D})$	$(d_i - \overline{D})^2$
	vor CO_2-St.	nach CO_2-St.			
1	192	148	44	40,1	1608,01
2	152	150	2	−1,9	3,61
3	167	180	−13	−16,9	285,61
4	147	135	12	8,1	65,61
5	189	191	−2	−5,9	34,81
6	177	175	2	−1,9	3,61
7	182	167	15	11,1	123,21
8	163	184	−21	−24,9	620,01
9	174	169	5	1,1	1,21
10	145	150	−5	−8,9	79,21
$\bar{x}$	168,8	164,9	3,9		Σ2824,9

Die Standardabweichung $\hat{\sigma}_D$ ergibt sich aus:

$$\hat{\sigma}_D = \sqrt{\frac{1}{n-1}\sum_{i=1}^{n}(d_i - \overline{D})^2} = \sqrt{\frac{1}{10-1}2824,9} = 17,72.$$

So kann die Testvariable berechnet werden:

$$t = \frac{\overline{D}}{\frac{\hat{\sigma}_D}{\sqrt{n}}} = \frac{3,9}{\frac{17,72}{\sqrt{9}}} = 1,98.$$

5. Testergebnis

Der empirische t-Wert übersteigt den kritischen Wert. Damit kann die Nullhypothese zum Signifikanzniveau von 5 % verworfen werden. Die CO_2-abhängige Kfz-Steuer erzielt den gewünschten Lenkungseffekt.

14.2.18 Lösung der Aufgabe 14.1.18

Man vermutet nach der Parteispendenaffäre eine Abnahme der Demokratiezufriedenheit. Diese Annahme lässt sich mit Hilfe der Abnahme des Medians formulieren:

$$\tilde{x} > \tilde{y} \implies \tilde{x} - \tilde{y} = D > 0$$

Es ist also wahrscheinlicher, positive als negative Abweichungen zu erhalten. Das Gegenteil davon ist: Die Demokratiezufriedenheit hat zugenommen oder ist wenigstens gleich geblieben. In diesem Falle sind Differenzen kleiner oder gleich null zu erwarten. Dies ist dann auch die Nullhypothese.

Formal: $H_1 : D > 0 \to$ einseitiger Test $\quad H_o : D \leq 0$.

Hier ist ein Wilcoxon-Test durchzuführen, da eine abhängige Stichprobe vorliegt.

Als Prüfgröße verwendet man die kleinere der beiden Rangsummen: entweder die Summe der positiven Differenzen R^+ oder die der negativen R^-. Dazu werden den Differenzen der Ausprägungen jedes Falles Rangplätze zugeordnet und die Summe der positiven und negativen Differenzen betrachtet. Die Summe aller Ränge lässt sich ermitteln aus: $R = \frac{n(n+1)}{2}$.

Person	vor der Parteispendenaffäre x_i	nach der Parteispendenaffäre y_i	Differenz $D_i = x_i - y_i$	Rangnummern für die absoluten Differenzen $|D_i|$	Ränge mit positiven Differenzen $R^+ (D_i > 0)$
2	23	22	1	1	1
6	17	19	−2	3	
9	14	16	−2	3	
14	10	12	−2	3	
7	15	18	−3	6	
12	11	14	−3	6	
5	18	15	3	6	6
3	23	19	4	8,5	8,5
4	22	18	4	8,5	8,5
8	14	9	5	11	11
13	10	15	−5	11	
1	25	20	5	11	11
11	12	18	−6	13	
10	13	20	−7	14	
15	8	16	−8	15,5	
16	6	14	−8	15,5	
			$\bar{D} = -2,12$	$\sum 136$	$\sum 46$

Sollten sich die beiden Teilgruppen nicht unterscheiden, würden positive und negative Ränge mit gleicher Wahrscheinlichkeit auftreten und die Summe der Ränge jeweils den Wert $R^- = R^+ = \frac{n(n+1)}{4} = \frac{16(16+1)}{4} = 68$ erwarten lassen. Weichen beide beobachteten Werte sehr stark von dem unter H_0 erwarteten Wert 68 ab, muss die Nullhypothese verworfen werden. Da die beobachteten Werte zusammenhängen, reicht es aus einen – den kleineren – Wert als Prüfgröße zu verwenden. Hier ist dies die Summe der positiven Ränge $R^+ = 46$, da sie kleiner ist als die Summe der negativen Ränge $R^- = R - R^+ = 136 - 46 = 90$.

14.2 Lösungen

Die Tabelle der Prüfverteilungsfunktion (s. S. 368) gibt an, zu welcher unteren Grenze eine Rangsumme gerade nicht mehr mit der Nullhypothese vereinbar ist. Die Nullhypothese kann daher abgelehnt werden, wenn der beobachtete Wert kleiner oder gleich diesem Grenzwert ist. In diesem Beispiel kann die Nullhypothese abgelehnt werden, wenn $R^+ \leq R^{kr}$.

Da $R^+ = 46 > R^{kr} = 35$ kann die Nullhypothese nicht verworfen werden. Eine Abnahme der Demokratiezufriedenheit nach der Parteispendenaffäre kann also zu einem Niveau von 5 % nicht signifikant nachgewiesen werden.

Ergänzung: Wäre die Fallzahl der Stichprobe groß $(n > 30)$, dann hätte man näherungsweise eine Normalverteilung der Rangsummen annehmen können und als Prüfgröße $z = \frac{R^+ - \mu_R}{\sigma_R}$ mit der Standardabweichung $\sigma_R = \sqrt{\frac{n \cdot (n+1) \cdot (2n+1)}{24}}$ verwenden dürfen. Der kritische z-Wert wäre dann aus der Tabelle der Standardnormalverteilung (S. 361f.) abzulesen.

14.2.19 Lösung der Aufgabe 14.1.19

Da paarweise Abhängigkeit in den Stichproben vorliegt, ist ein Wilcoxon-Test anzuwenden.

Wenn die Informationskampagne der Bundesregierung einen positiven Effekt auf die Zustimmungswerte hatte, sollten sich deutliche Unterschiede in den Zustimmungswerten vor $(\tilde{x})$ und nach $(\tilde{y})$ der Befragung zeigen. Die Zustimmung sollte nach der Informationskampagne höher $\tilde{x} < \tilde{y}$ sein, so dass sich aus dem Vergleich überwiegend negative Differenzen $\tilde{x} - \tilde{y} = D < 0$ ergeben sollten. Diese Annahme wird für die Überprüfung zur Alternativhypothese (H_1) erklärt.

Das Gegenteil dazu (kein Unterschied oder überwiegend positive Differenzen) wird als Nullhypothese (H_0) formuliert. Unter der Nullhypothese werden entweder überwiegend positive Differenzen erwartet oder sind positive und negative Abweichungen insgesamt gleich wahrscheinlich.

Da die Fallzahl gering ist $(n < 30)$, kann nicht von der Normalverteilung der Prüfgröße (Rangsumme) ausgegangen werden und deshalb muss der kritische Wert aus der Wilcoxon-Tabelle abgelesen werden. Um die Prüfgröße zu berechnen, muss für jeden Fall die Differenz der beiden Ausprägungen berechnet werden. Danach sind den Differenzen Rangplätze zuzuordnen.

Person	Vor der Informationskampagne x_i	Nach der Informationskampagne y_i	Differenz $D_i = x_i - y_i$	Rangnummern für die absoluten Differenzen $|D_i|$	Ränge mit positiven Differenzen $R^+ (D_i > 0)$
6	18	19	−1	1	
1	5	2	3	2,5	2,5
2	11	14	−3	2,5	
12	50	55	−5	4	
3	13	6	7	5,5	5,5
8	21	14	7	5,5	5,5
4	16	7	9	8,5	8,5
5	17	8	9	8,5	8,5
7	19	10	9	8,5	8,5
9	24	15	9	8,5	8,5
10	32	46	−14	11	
11	45	60	−15	12,5	
13	60	45	15	12,5	12,5
15	75	58	17	14	14
14	70	50	20	15	15
			$\bar{D} = 4{,}47$	$\sum 120$	$\sum 89$

Wenn die Summe der Ränge der positiven Differenzen R^+ bekannt ist, dann kann die Summe der Ränge negativer Differenzen leicht bestimmt werden:

$$R^- = \sum |D_i| - R^+ = 120 - 89 = 31.$$

Als Prüfgröße wird die kleinere der Rangsummen R^+ oder R^- verwendet. In die-

14.2 Lösungen

sem Fall ist das R^-. Bei Unterschiedslosigkeit der Stichproben würde man erwarten, dass jeweils die Hälfte der Rangsumme (also $R^{theo} = \frac{n(n+1)}{4}$) auf positive und negative Differenzen fallen würde. Die Tabelle für den Wilcoxon-Test (S. 368) gibt an, welcher niedrigste Wert gerade nicht mehr mit der Nullhypothese vereinbar ist. H_0 muss daher verworfen werden, wenn $R^{min} \leq R^{kr}$. Man findet für $n = 14$ den Wert $R^{kr} = 25$. Da hier der empirische Wert größer ist, als der kritische Wert ($R^- = 31 > 25$), kann die Nullhypothese nicht verworfen werden. Die Abweichung der Stichproben ist nicht so groß, als dass die Differenz das Verwerfen der Nullhypothese rechtfertigen kann. Es ist also kein signifikanter Unterschied vor und nach der Informationskampagne festzustellen.

14.2.20 Lösung der Aufgabe 14.1.20

Da hier zwei unabhängige Stichproben mit ordinalem Skalenniveau vorliegen, kann der U-Test nach Mann-Whitney angewendet werden. Der Test untersucht, ob die Wahrscheinlichkeit beim Vergleich von Elementen der beiden Stichproben größere Elemente zu finden, gleich hoch ist (Wahrscheinlichkeit (a>b) = Wahrscheinlichkeit (a<b) = 0,5).

1. Hypothesen:

Wenn sich die beiden Gruppen in der Einschätzung der Leistungsfähigkeit der Demokratie substanziell unterscheiden, sollte die Wahrscheinlichkeit größere Rangplatzziffern zu finden nicht in beiden Gruppen gleich groß sein (Wahrscheinlichkeit (a>b) $\neq$ Wahrscheinlichkeit (a<b) $\neq$ 0,5). Da wir keine theoretisch begründete Erwartung über die Richtung eines möglichen Einschätzungsunterschiedes haben, ist ein einseitiger Test durchzuführen. Formal:

H_o : Wahrscheinlichkeit (Reg>Opp) = Wahrscheinlichkeit (Reg<Opp)

H_1 : Wahrscheinlichkeit (Reg>Opp) $\neq$ Wahrscheinlichkeit (Reg<Opp).

Um die Vergleiche zwischen Regierungs- und Oppositions-Angehörigen durchzuführen und die Testgröße zu bestimmen, werden allen untersuchten Fällen als gemeinsame Stichprobe Rangplätze zugeordnet. Danach wird für jedes einzelne Individuum ausgezählt, wie viele höhere Rangnummern als die eigene in der anderen Untersuchungsgruppe vorkommen. Für jede Gruppe wird die Anzahl der höheren Rangplätze in der anderen Stichprobe addiert. Die kleinere der Summen der Rangplatzvergleiche heißt U und wird als Testgröße verwendet.

Abgeordnete der					
Regierungsfraktion			Oppositionsfraktion		
Leistungsfähigkeit der Demokratie	Rangplatz	Personen mit höheren Rangplätzen	Leistungsfähigkeit der Demokratie	Rangplatz	Personen mit höheren Rangplätzen
27	4	6	19	1	12
29	6	5	23	2	12
34	7	5	24	3	12
37	10	3	28	5	11
39	11	3	35	8	9
40	12	3	36	9	9
42	13	3	43	14	5
44	15	2	47	18	2
45	16,5	2	49	21	0
45	16,5	2	–	–	–
48	19,5	1	–	–	–
48	19,5	1	–	–	–
$n_1 = 12$	$R^R = 150$	$\sum 36 = U$	$n_2 = 9$	$R^O = 81$	$\sum 72 = W$

Alternativ kann U auch mit Hilfe einer Formel berechnet werden. Dies bietet sich an, wenn größere Stichprobenumfänge vorliegen. Die Formel für U lautet:

$$U = n_1 \cdot n_2 + \frac{n_1(n_1+1)}{2} - R_1.$$

Dies liefert:

$$U = 12 \cdot 9 + \frac{12(12+1)}{2} - 150 = 36.$$

14.2 Lösungen

Zur Kontrolle sollte auch immer die Summe der Rangplatzvergleiche W für die zweite Teilgruppe bestimmt werden. In der Regel ist auch vor deren Berechnung nicht bekannt, welche Summe der Rangplatzvergleiche niedriger ist und als Testgröße U verwendet werden muss.

$$W = n_1 \cdot n_2 + \frac{n_2(n_2+1)}{2} - R_2 = 12 \cdot 9 + \frac{9(9+1)}{2} - 81 = 72$$

Zwischen beiden Summen muss gelten: $U + W = n_1 \cdot n_2$. Diese Bedingung ist auch hier erfüllt, denn $36 + 72 = 12 \cdot 9 = 108$.

2. Signifikanzniveau

Das Signifikanzniveau wird auf die in den Sozialwissenschaften üblichen $\alpha = 5\%$ festgelegt.

3. Testgröße und kritischer Bereich

Als Testgröße wird die kleinere der beiden Summen der Rangplatzvergleiche verwendet.

Da hier mit $n_1 = 12$ und $n_2 = 9$ nur zwei kleine Stichproben vorliegen, muss der kritische Wert V^{kr} aus einer Tabelle entnommen werden (bei größeren Stichproben ab ca. 100 Fällen kann auch ein t-Test durchgeführt werden). Die Nullhypothese kann verworfen werden, wenn der beobachtete U-Wert kleiner oder gleich dem kritischen Wert V^{kr} ist.

4. Bestimmung der Testgröße

Die kleinere der beiden Rangplatzsummen (U) ergibt den Wert 36.

Der kritische Wert wird aus der Tabelle im Anhang (S. 369 f.) entnommen. Man findet für diese Daten $n_1 = 12$ und $n_2 = 9$ den kritischen Wert 26.

5. Testentscheidung

Da der empirische U-Wert 36 diese Grenze übersteigt, kann die Nullhypothese nicht verworfen werden.

Ergebnis: Es gibt keinen signifikanten Unterschied in der Beurteilung der Leistungsfähigkeit der Demokratie bei Parlamentariern des Regierungs- und des Oppositionslagers.

14.2.21 Lösung der Aufgabe 14.2.21

Da hier zwei unabhängige Stichproben mit ordinalem Skalenniveau vorliegen, kann der U-Test nach Mann-Whitney angewendet werden.

Der Test untersucht, ob die Wahrscheinlichkeit beim Vergleich von Elementen der beiden Stichproben größere Elemente zu finden, gleich hoch ist (Wahrscheinlichkeit (a>b) = Wahrscheinlichkeit (a<b)).

1. Hypothesen:

Wenn sich die beiden Gruppen in der Häufigkeit von Verfassungsänderungen substanziell unterscheiden, sollte die Wahrscheinlichkeit größere Rangplatzziffern zu finden nicht in beiden Gruppen gleich groß sein (Wahrscheinlichkeit (a>b) $\neq$ Wahrscheinlichkeit (a<b) $\neq$ 0,5). Da die Theorie in Ländern der *common-law*-Tradition eine geringere Änderungshäufigkeit erwarten lässt, kann eine gerichtete Hypothese formuliert und danach ein einseitiger Test durchgeführt werden.

H_o : Wahrscheinlichkeit (*common* > *civil*) $\geq$ 0,5

H_1 : Wahrscheinlichkeit (*common* > *civil*) < 0,5.

Um die Vergleiche der Länder mit *common*- und *civil-law*-Tradition durchzuführen und die Testgröße zu bestimmen, werden alle untersuchten Fällen als gemeinsame Stichprobe Rangplätze zugeordnet. Danach wird für jeden einzelnen Fall ausgezählt, wie viele höhere Rangnummern als die eigene in der anderen Untersuchungsgruppe vorkommen. Die Anzahlen der jeweils höheren Rangplatzziffern werden innerhalb jeder Gruppe addiert. Die kleinere der Summen der Rangplatzvergleiche heißt U und wird als Testgröße verwendet.

Werden die Summen der Rangplatzvergleiche mit Berechnungsformeln ermittelt, ergibt sich:

$$n_1 \cdot n_2 + \frac{n_1(n_1+1)}{2} - R_1 = 5 \cdot 8 + \frac{5(5+1)}{2} - 23 = 32 = W$$

und:

$$n_1 \cdot n_2 + \frac{n_2(n_2+1)}{2} - R_2 = 5 \cdot 8 + \frac{8(8+1)}{2} - 68 = 8 = U$$

14.2 Lösungen

Eine Kontrolle zeigt, dass die Bedingung $U + W = n_1 \cdot n_2$ erfüllt ist: $32 + 8 = 5 \cdot 8 = 40$.

Für kleine Stichprobenumfänge kann U auch über eine Arbeitstabelle bestimmt werden:

common law			civil law		
Land	Rangplatz	Länder mit höheren Rangplätzen	Land	Rangplatz	Länder mit höheren Rangplätzen
AU	1	8	IT	5	1
USA	2	8	FR	6	1
IE	3	8	NL	7	1
CAN	4	8	SE	8	1
NZ	13	0	BE	9	1
			CH	10	1
			DE	11	1
			AT	12	1
$n_1 = 5$	$R^L = 23$	$\sum 32 = W$	$n_2 = 8$	$R^C = 68$	$\sum 8 = U$

2. Signifikanzniveau

Als Signifikanzniveau werden die in den Sozialwissenschaften üblichen $\alpha = 5\%$ gewählt.

3. Testgröße und kritischer Bereich

Als Testgröße wird die kleinere der beiden Summen der Rangplatzvergleiche verwendet.

Da hier mit $n_1 = 5$ und $n_1 = 8$ zwei kleine Stichproben vorliegen, muss der kritische Wert V^{kr} aus einer Tabelle entnommen werden. Bei größeren Stichproben (ab ca. 100 Fällen) kann U durch Standardisierung in eine standardnormalverteilte Testgröße überführt werden und ist dann mit einem kritischen Wert aus der Standardnormalverteilung zu vergleichen. Für diese kleinen Stichproben kann die Nullhypothese verworfen werden, wenn der beobachtete U-Wert kleiner oder gleich dem kritischen Wert V^{kr} ist.

4. Bestimmung der Testgröße

Die kleinere der beiden Rangplatzsummen (U) ergibt den Wert 8.

Der kritische Wert wird aus der Tabelle im Anhang (S. 369 f.) entnommen. Man findet für diese Daten $n_1 = 5$ und $n_1 = 8$ den kritischen Wert 8 für $\alpha = 5\%$ bei einseitiger Fragestellung.

5. Testentscheidung

Da der empirische U-Wert $8 \leq$ dem kritischen Wert für das 5 %-Signifikanzniveau ist, muss die Nullhypothese mit einer Vertrauenswahrscheinlichkeit von $\gamma = 95\%$ verworfen werden.

Ergebnis: Länder die der Tradition des *common-law* folgen, haben im Vergleich zu Ländern der kodifizierten Rechtstradition (oder des *civil laws*) eine auf dem 5 %-Niveau signifikant niedrigere Änderungsrate ihrer Verfassungen.

15 Graphische Darstellungen

15.1 Aufgaben

Die Lösungen dieser Aufgaben finden Sie ab S. 333.

15.1.1 Aufgabe

Betrachten Sie folgende Graphik. Welche Bestandteile des Diagramms sind ungünstig? Wie sollten sie verbessert werden?

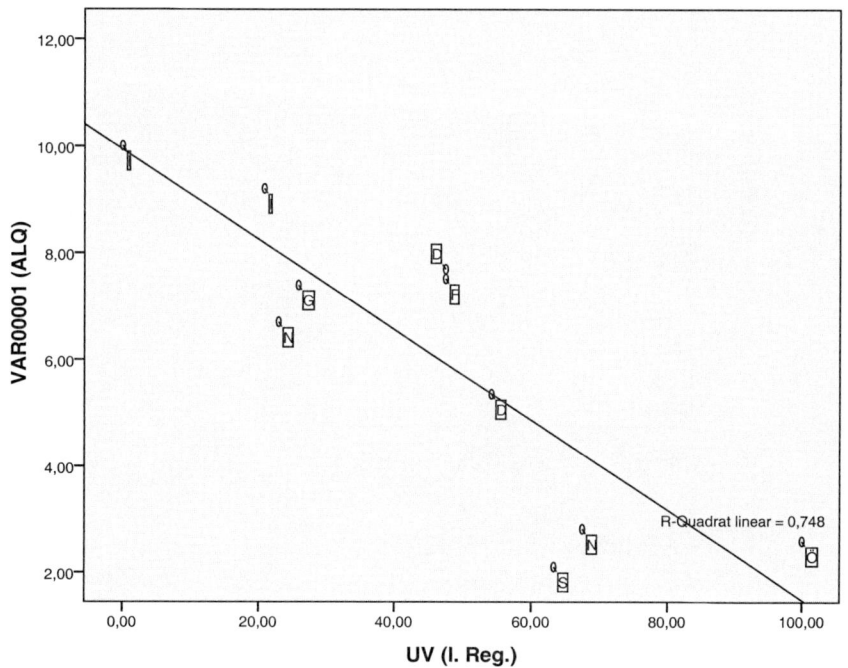

Abbildung 15.1: Graphik zur Aufgabe 15.1.1

15.1.2 Aufgabe

In einer Annonce könnten Sie auf diese Graphik stoßen, mit der die Firma Afga ihren Geschäftserfolg als Hersteller von Farbfilmen für Kleinbildkameras zu belegen und neue Investoren zu gewinnen versucht. Welche Aspekte der Graphik müssen kritisch hinterfragt werden?

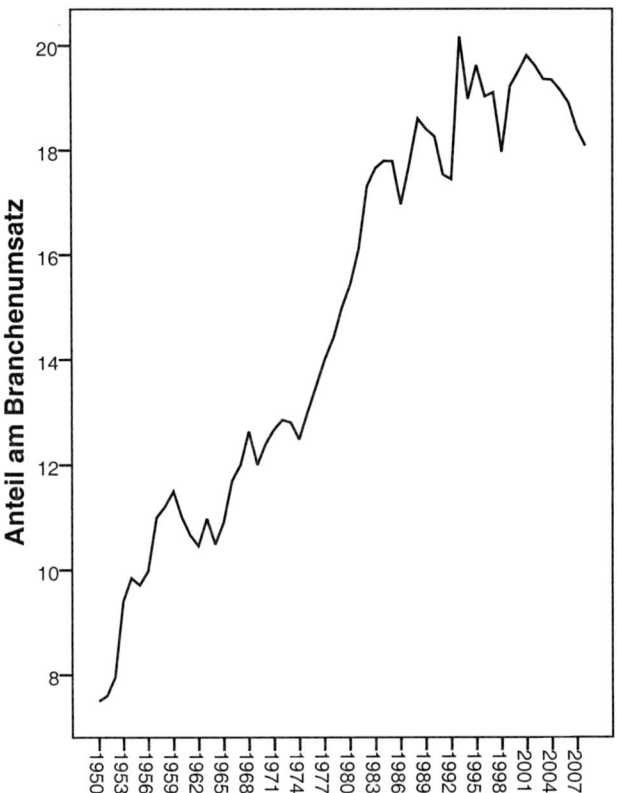

Abbildung 15.2: Graphik zur Aufgabe 15.1.2

15.2 Lösungen

15.2.1 Lösung der Aufgabe 15.1.1

Abbildung 15.1 zeigt ein Streudiagramm wie es von dem Statistik-Programm SPSS erzeugt wird. Manuell wurde zusätzlich die lineare Regressionsgerade eingezogen und die Achsenbeschriftungen leicht verändert. Die Standardeinstellungen eines solchen SPSS-Outputs sind nicht direkt zur Veröffentlichung der Graphik geeignet und sollten von den Anwendern modifiziert werden:

Der grau unterlegte Hintergrund trägt nicht zur Lesbarkeit der Graphik bei und sollte vor der Publikation der Graphik auf weiß zurückgesetzt werden.

Die 5 % Überschuss am unteren und oberen Ende der Achsen sollten entfernt werden, zumal es sich bei den dargestellten Wert um Prozent-Angaben handelt. Die X-Achse sollte bei 0 % beginnen und bei 100 % enden. Dass die Y-Achse nicht bei 0 startet ist ein deutlicher Mangel und kann bei anderen Darstellungen zu einer extremen Verzerrung bei der Ergebnisinterpretation führen.

Die Beschriftung der Achsen ist nicht ausreichend. Dass auf der X-Achse die unabhängige Variable abgetragen wird ist Konvention und muss nicht durch „UV" angedeutet werden. Viel wichtiger wäre diese Variable genauer zu benennen, so dass sie auch für einen Betrachter verständlich wird, ohne dass dieser den Zusammenhang aus dem Text der Arbeit kennt. Technische Bezeichnungen oder Abkürzungen wie sie bei der praktischen Arbeit mit Statistikprogrammen verwendet werden, wie „VAR00001 (ALQ)", haben in einer Publikation nichts zu suchen. Oberstes Gebot ist auch hier auf die Leserfreundlichkeit der Darstellung zu achten. Mit aussagekräftig beschrifteten Darstellungen kann ein Leser einen schnellen Überblick über die Inhalte verschaffen, noch ohne die Arbeit genau gelesen zu haben.

Wichtig wäre auch die verwendeten Maßeinheiten der Variablen anzugeben. In diesem Falle sollten „%"-Zeichen an die Skalenstufen der Achsen geschrieben werden. Die beiden Nachkommastellen hingegen sind unnötig.

Die Beschriftung der dargestellten Daten kann u.U. sehr hilfreich sein, wenn die Darstellung damit nicht überfrachtet wird. Bei den vorliegenden 10 Fällen wäre es durchaus möglich die ausführlichen Ländernamen als Fallbeschriftungen zu verwenden. Sie sind wiederum leserfreundlicher als Abkürzungen. Wenn jedoch Abkürzungen verwendet werden, sollten diese eindeutig sein und bekannten Konventionen (wie Länderkürzel nach ISO-Norm) folgen.

Die Einrahmung der Fallbeschriftungen wie sie SPSS automatisch vorschlägt, trägt nicht zur Lesbarkeit bei und sollte weggelassen werden.

Das Bestimmtheitsmaß „R-Quadrat linear = 0,748", das SPSS automatisch in die Darstellung einfügt ist ein technisches Detail, das ebenfalls weggelassen werden sollte. Der mit Statistik vertraute Leser wird auch ohne diese Angabe einen starken Zusammenhang in der Darstellung erkennen können. Einen mit Statistik weniger beschlagenen Leser könnte dies jedoch verwirren, weshalb über die Stärke des Zusammenhangs besser aus dem Text zusammen mit einer Interpretation des Ergebnisses informiert werden sollte. Neben dem Bestimmtheitsmaß müssen noch andere Koeffizienten eines Regressionsmodells beachtet werden (s. Kapitel 11).

Auf S. 192 sind die gleichen Daten unter Einhaltung dieser Grundsätze dargestellt. Vergleichen Sie die Lesbarkeit der Darstellung.

15.2.2 Lösung der Aufgabe 15.1.2

Die Aussage, die die Firma mit dieser Graphik transportieren möchte ist eindeutig: Sie nehmen einen sehr stark wachsenden Anteil am Umsatz der gesamten Farbfilmbranche ein. Doch wie würden sich die Daten darstellen, wenn auf die Stauchung der x-Achse verzichtet würde und der gesamte Wertebereich des Branchenumsatzes dargestellt würde? Da dieser in Anteilen ausgedrückt wird, sollte der Wertebereich der y-Achse von 0 % bis 100 % reichen. Damit fällt der langfristige Erfolg der Firma deutlich unspektakulärer aus:

15.2 Lösungen

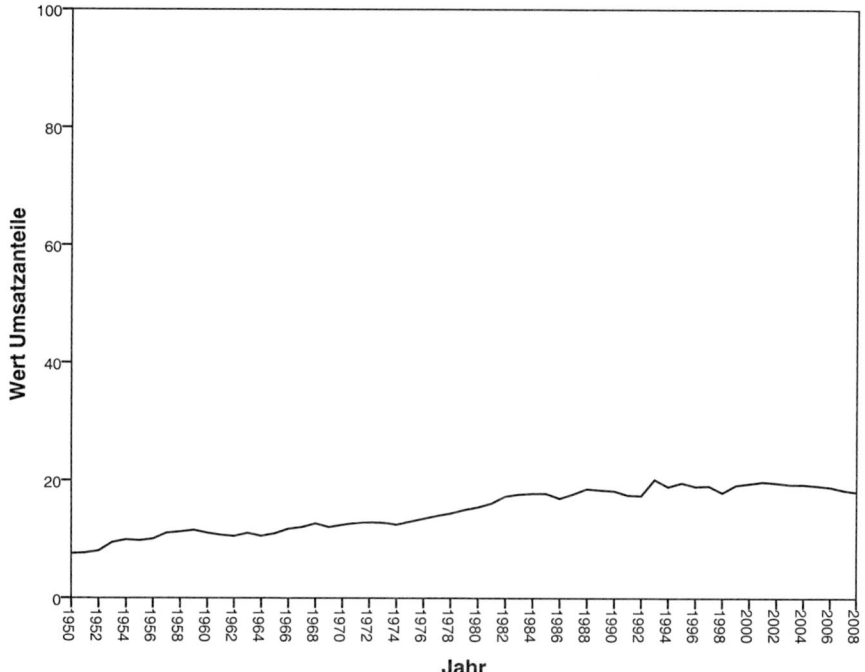

Abbildung 15.3: Darstellung der Daten über den gesamten Wertebereich und ohne Stauchung

Nachdenklich machen sollte auch, warum die Firma zur Darstellung des eigenen Erfolges ein relatives Maß heranzieht und den eigenen Umsatz ins Verhältnis zur Gesamtbranche setzt? Da der Gesamtbranchenumsatz nicht bekannt ist, kann nicht auf den absoluten Umsatz der Firma Afga geschlossen werden, der aber für potentielle Investoren von entscheidender Bedeutung sein dürfte. Werden die absoluten Umsatzzahlen hinter den Verlusten, die die ganze Filmbranche nach dem Durchbruch von Digitalkameras getroffen haben, versteckt?

Zum anderen verweist die Graphik mit den dargestellten Daten auf eine extrem langfristige Entwicklung. Wie sieht das gegenwärtige Firmenergebnis aus, das nicht so sehr von längst vergangenen Entscheidungen beeinflusst wird, sondern stärker dem gegenwärtigen Management zugerechnet werden kann?

Für die letzten zehn Jahre kehrt sich der Trend der Umsatzentwicklung um (doch setzt sich diese Graphik aufgrund des eingegrezten Wertebrerichs der y-Achse selbst eines Manipulaionsverdachtes aus):

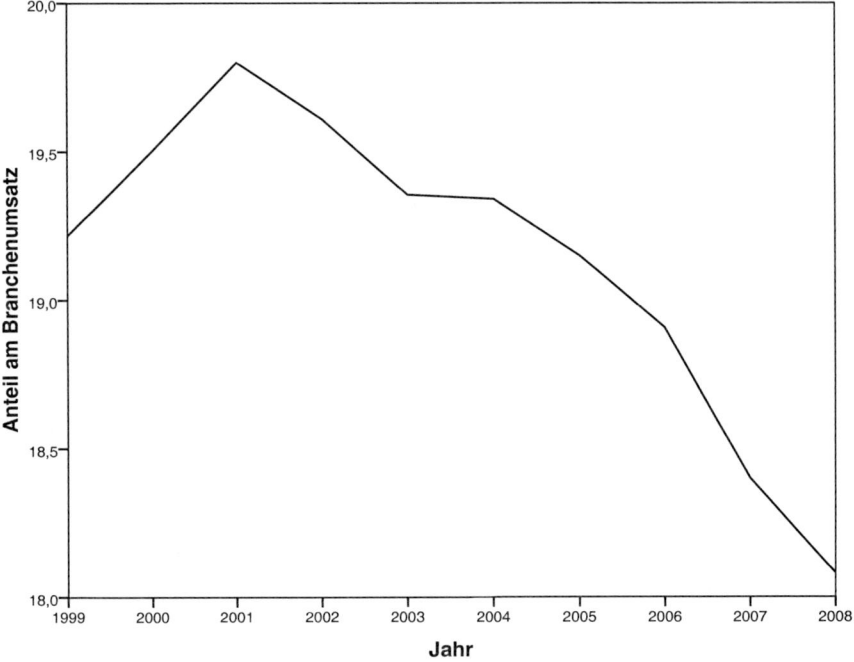

Abbildung 15.4: Darstellung der Umsatzentwicklung der letzten zehn Jahre

Bei genauerer Betrachtung zeigt sich, dass der suggestive Eindruck, den die Autoren der Graphik erwecken wollten evtl. einige Schwierigkeiten der Firma kaschieren sollte.

16 Lernkontrolle

16.1 Multiple Choice Aufgaben

Die Lösungen dieser Aufgaben finden Sie auf S. 351.

Anhand des folgenden Multiple-Choice-Tests können Sie ihr Verständnis und Wissen überprüfen. Pro Frage können mehrere Antworten richtig sein.

1. Bei ordinalskalierten Daten sind folgende Operationen sinnvoll anwendbar:

A $\quad =/\neq$

B $\quad =/\neq; </>$

C $\quad =/\neq; </>; +/-$

D $\quad =/\neq; </>; +/-; \cdot/\div$

2. Eine Verteilung, für die gilt: $\bar{x} < Z < x_{mod}$ heißt:

A linkssteil

B rechtssteil

C mehrgipflig

3. Die Studienabbrecherquote ist eine

A Gliederungszahl

B Beziehungszahl

C Maßzahl

4. Der Index der Anzahl effektiver Parteien (AZP) von Laakso und Taagepera ist eine Umformung von welchem der unten genannten Konzentrationsmaße?

A   Gini-Index

B   Konzentrationsrate

C   Herfindahl-Index

5. Für die Bildung einer Indifferenztabelle zur Berechnung von χ^2 setzten Sie voraus, dass zwischen den Merkmalen ... herrscht.

A   Korrelation

B   Unabhängigkeit

C   Indifferenz

6. Bestimmen Sie den Rae-Index für die Fraktionalisierung des deutschen Parteiensystems nach der letzten Bundestagswahl:

Partei	Stimmenanteil
SPD	34,2 %
CDU	27,8 %
CSU	7,4 %
Grüne	8,1 %
FDP	9,8 %
Die Linke.	8,7 %

A   0,223

B   0,050

C   0,777

7. Das RLD-Verfahren (*Randomized Last Digit*), das bei Telefonumfragen angewandt wird, ist dazu da, eine ... sicherzustellen.

A   echte Zufallsauswahl

B   geschichtete Auswahl

C   mehrstufige Auswahl

16.1 Multiple Choice Aufgaben

8. Die Graphik stellt eine typische Lorenzkurve dar. Wie lässt sich aus den angegebenen Teilflächen A (Fläche zwischen Gleichverteilungsgerade und Lorenzkurve) und B (gesamte Fläche unterhalb der Gleichverteilungsgerade) der Gini-Koeffizient G berechnen?

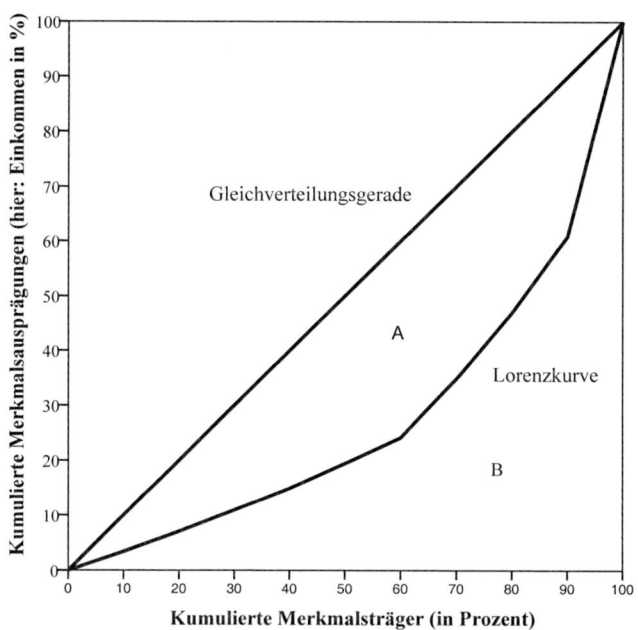

Abbildung 16.1: Lorenzkurve zur Multiple Choice Aufgabe 8.

A $\quad G = \frac{A-B}{A+B}$

B $\quad G = \frac{A+B}{A-B}$

C $\quad G = \frac{A}{B}$

9. Welche der folgenden Eigenschaften gehören nicht zur Definition von Empirie?

A $\quad$ Glauben

B $\quad$ Messung

C $\quad$ Experiment

D $\quad$ Meinung

10. Welche der folgenden politikwissenschaftlichen Schulen verwendet vor allem statistische Verfahren?

A   Kritisch-dialektische Politikwissenschaft

B   Normativ-ontologische Politikwissenschaft

C   Empirisch-analytische Politikwissenschaft

11. Wie ist idealtypisch ein empirischer Forschungsprozess aufgebaut?

A   Erkundungs-, Planung-, Theorie-, Untersuchungs-, Auswertungs- und Entscheidungsphase

B   Planung-, Theorie-, Erkundungs-, Untersuchungs-, Auswertungs- und Entscheidungsphase

C   Erkundungs-, Theorie-, Planung-, Untersuchungs-, Auswertungs- und Entscheidungsphase

12. Nennen Sie Gütekriterien für eine Messung.

A   Repräsentativität

B   Validität

C   Legitimität

D   Reliabilität

E   Kausalität

13. Welche der nachfolgenden Aussagen ist falsch?

A   Mit Hilfe der Induktion leitet man aus Beobachtung durch Verallgemeinerung eine Theorie ab.

B   Aus der Theorie leitet man mit Hilfe der Deduktion nachprüfbare Hypothesen ab, die anhand von empirischen Beobachtungen widerlegt oder bestätigt werden.

C   Die Induktion ist ein Verfahren zur Überprüfung wissenschaftlicher Theorien.

D   Hypothesen sind Verallgemeinerungen von Beobachtungen aus der Realität.

16.1 Multiple Choice Aufgaben 341

14. Merkmalsausprägungen können ... sein.

A   qualitativ

B   quantitativ

C   disjunktiv

D   approximativ stetig

15. Das Forschungsprogramm des kritischen Rationalismus beinhaltet Kriterien bzw. Eigenschaften, wie gute empirische Forschung aussehen sollte. Welche der nachfolgenden Aussagen gehört hier nicht dazu?

A   Forschung muss nicht notwendigerweise theoretisch fundiert sein.

B   Der Untersuchungsgegenstand sollte entweder für die Wissenschaft oder für die Praxis relevant sein.

C   Die Forschung soll nachprüfbar sein, muss es aber nicht, da man nicht immer die notwendigen Daten zur Verfügung hat.

D   Die Forschung sollte empirisch sein, d.h. sie soll sich auf Phänomene beschränken, die beobachtet und mit Daten quantifiziert werden können.

16. Der Prozentanteil einer Partei in einer Wahl ist eine ... Variable.

A   nominalskalierte

B   ordinalskalierte

C   intervallskalierte

D   verhältnisskalierte

17. Welche wichtige Eigenschaft unterscheidet das arithmetische Mittel von allen anderen Lagemaßen (z.B. Median oder Modus)?

A   minimale Varianz

B   0-Wert-Eigenschaft der Varianz

C   hoher Bekanntheitsgrad.

18. Beim Boxplot ist ein Extremwert dadurch definiert, dass er ...

A   mehr als vier Kastenlängen vom 1. oder 3. Quartil entfernt ist.

B   mehr als 1,5 Kastenlängen vom 1. oder 3. Quartil entfernt ist.

C   mehr als drei Kastenlängen vom 1. oder 3. Quartil entfernt ist.

19. Welche der nachfolgenden Indizes messen absolute Konzentrationen?

A   Robin-Hood-Index

B   Gini-Index

C   Herfindahl-Index

D   Konzentrationsrate

20. Welche der nachfolgenden Indizes ist nicht geeignet, die Fraktionalisierung von Parteiensystemen zu messen?

A   Rae-Index

B   Anteil effektiver Parteien

C   Dezilverhältnis

D   Robin-Hood-Index

21. Das Messniveau des Merkmals A ist nominalskaliert, das Messniveau des Merkmals B ebenfalls. Welche Maßzahlen können berechnet werden?

A   Phi ϕ

B   Cramers V

C   Biseriale Rangkorrelation

D   Lambda λ

22. Wie nennt man eine bivariate Tabelle, die zwei nominalskalierte Variablen enthält?

A   Kontingenztabelle

B   Suffizienztabelle

C   Korrelationstabelle

23. Welche dieser Zusammenhangsmaße basieren auf Chi-Quadrat χ^2?

A   Variationskoeffizient

B   Yules Q

C   Cramers V

D   Kontingenzkoeffizient C

E   Phi ϕ

24. Kendalls τ-a ...

A   beruht auf einem Vergleich der Rangplatzdifferenzen.

B   beruht auf einem Paarvergleich der Ränge.

C   beruht auf einer Bestimmung konkordanter und diskordanter Paarvergleiche.

D   wird ohne gebundene Fälle berechnet.

25. Der Korrelationskoeffizient r nach Pearson ...

A   ist für nicht lineare Beziehungen geeignet.

B   zeigt für nicht statistische Beziehungen einen Korrelationskoeffizient > 0,3 an.

C   zeigt für perfekte lineare Beziehungen eine Korrelation von ± 1,0 an.

26. Eine hohe positive Korrelation ist dadurch gekennzeichnet, dass in einem Streudiagramm, welches durch die jeweiligen arithmetischen Mittel beider betrachteten Variablen aufgeteilt wird, folgende Situation vorherrscht:

2	3
1	4

A   Alle Wertepaare von X und Y liegen im ersten und zweiten Quadranten.

B   Alle Wertepaare von X und Y liegen im zweiten und vierten Quadranten.

C	Alle Wertepaare von X und Y sind gleichmäßig über alle vier Quadranten verteilt.

D	Alle Wertepaare von X und Y liegen im ersten und dritten Quadranten.

27. Welche der nachfolgenden Aussagen ist richtig?

A	Je niedriger die Kovarianz, desto stärker ist der Zusammenhang zwischen zwei Variablen.

B	Je größer die Standardabweichungen von X und Y, desto größer der Korrelationskoeffizient r.

C	Je größer das Kreuzprodukt der Abweichungen der einzelnen Beobachtungswerte von ihrem arithmetischen Mittel, desto größer wird der Korrelationskoeffizient.

28. Gegeben sind prozentuale Wachstumszahlen des Bruttoinlandsprodukts aus fünf Jahren. Welches Mittel sollte man benutzen um das durchschnittliche Wachstum zu errechnen?

A	Arithmetisches Mittel

B	Varianz

C	Geometrisches Mittel

D	Modalwert

29. Welche dieser Aussagen ist richtig?

A	Eine hohe Korrelation bedeutet nicht notwendigerweise einen starken kausalen Zusammenhang.

B	Scheinkorrelationen zeigen einen direkten kausalen Zusammenhang zwischen zwei Variablen auf.

C	Mit Hilfe einer Partialkorrelation kann man den indirekten Einfluss einer dritten Variable auf die abhängige Variable identifizieren.

D	Bei einer konvergenten Kausalstruktur gibt es zwischengeschaltete Variablen, die auf die abhängige Variable einwirken.

16.1 Multiple Choice Aufgaben

30. Was bringt das Bestimmtheitsmaß R^2 zum Ausdruck?

A $\quad R^2 = \frac{Gesamtstreuung - unerklärte Streuung}{Gesamtstreuung}$

B $\quad R^2 = erklärte\, Streuung$

C $\quad R^2 = \frac{erklärte\, Streuung}{Gesamtstreuung}$

31. Was ist unter der Schwerpunkteigenschaft der Regressionsgerade zu verstehen?

A $\quad y = a + bx_i$

B $\quad \bar{y} = a + b\bar{x}$

C $\quad \widehat{y} = a + b\widehat{x}$

32. Was versteht man unter ‚goodness of fit'?

A $\quad R^2$

B $\quad$ die Güte des Modells

C $\quad$ den Determinationskoeffizienten

D $\quad$ das Verhältnis von erklärter und Gesamtstreuung.

33. Womit können Sie das Vorliegen von Autokorrelation feststellten? Mit dem...

A $\quad$ Variationsinflationsfaktor (VIF),

B $\quad$ F-Test,

C $\quad$ Durbin-Watson-Test, oder der

D $\quad$ Level-Importance (LI_j)?

34. Welcher theoretische Grenzwert ist zur Beurteilung der Signifikanz eines Regressionskoeffizienten b heranzuziehen (bivariate Regression), wenn 22 Fälle untersucht wurden und als Signifikanzniveau $\alpha = 5\%$ vorgegeben ist?

A $\quad t_{1-\frac{\alpha}{2}}(22) = 2{,}07$

B $\quad t_{1-\alpha}(20) = 1{,}72$

C $\quad t_{1-\frac{\alpha}{2}}(21) = 2{,}08$

D $\quad t_{1-\frac{\alpha}{2}}(20) = 2{,}09$

35. Gegeben ist die nachfolgende Tabelle zum Vergleich zweier Objekte. Welches Ähnlichkeitsmaß lässt sich daraus durch das Verhältnis $\frac{a+d}{S}$ bilden?

	Objekt 2		
Objekt 1	(1)	(0)	Summe
Eigenschaft vorhanden (1)	a	b	a + b
Eigenschaft nicht vorhanden (0)	c	d	c + d
Summe	a + c	b + d	$\Sigma\Sigma = a+b+c+d$

A Russel & Rao

B Simple Matching

C Jaccard I

D Rogers & Tanimoto

36. Wie lautet die Berechnungsformel der euklidischen Distanz zwischen geclusterten Objekten?

A $d_{km} = \sum_{i=1}^{n} (x_{ki} - x_{mi})^2$

B $d_{km} = \sqrt{\sum_{i=1}^{n} (x_{ki} - x_{mi})^2}$

C $d_{km} = \frac{1}{n} \sum_{i=1}^{n} (x_{ki} - x_{mi})^2$

D $d_{km} = \sum_{i=1}^{n} (x_{ki} - x_{mi})$

37. Welche Lösung ergibt sich nach dem de Morgan'schen Gesetz für das gegenteilige *outcome* dieser Hauptimplikantenlösung: Z=Uv+W(x+y)?

A z=uV+w(X+Y)

B z=uV·w(X·Y)

C z=u+V·w+(X·Y)

D z=uw+uXY+Vw+VXY

16.1 Multiple Choice Aufgaben

38. Im Rahmen des Quine-McCluskey-Minimierungsalgorithmus dient die Hauptimplikantengraphik dem Auffinden von ... zur Erklärung des *outcomes*.

A   hinreichenden Bedingungen

B   notwendigen Bedingungen

C   notwendigen und hinreichenden Bedingungen

D   nicht notwendigen Bedingungen.

39. Welche dieser Aussagen zur Testtheorie ist richtig?

A α-Fehler + β-Fehler = 1

B   Der α-Fehler ist festzulegen, der β-Fehler ist nicht kontrollierbar.

C α ist immer 95 %.

40. Was versteht man unter dem Wurzel-n-Gesetz?

A   Verdoppelung des Stichprobenumfangs verdoppelt den Stichrobenfehler.

B   Vervierfachung des Stichprobenumfangs halbiert den Stichprobenfehler.

C   Der Standardfehler ist immer mit $\sqrt{n}$ zu korrigieren.

41. Welche Bedeutung hat die Konfidenzintervallbreite (KIB)?

A   Wahlumfragen müssen immer mit mind. 1.000 Personen durchgeführt werden um repräsentative Ergebnisse zu erhalten.

B   95% der aus Stichproben gewonnenen Konfidenzintervalle der gleichen Breite überdecken den wahren Wert.

C   Die Konfidenzintervallbreite beträgt stets $2 \cdot \sigma$.

42. Wodurch unterscheiden sich der Wilcoxon- und der Mann-Whitney-U-Test?

A   Im Skalenniveau der untersuchten Daten.

B   In der Anzahl der zur Berechnung notwendigen Parameter.

C   In der Unabhängigkeit der Stichproben.

D   Im Umfang der untersuchten Stichproben.

43. Verteilungsfreie Testverfahren oder nicht-parametrische Test sind anzuwenden, wenn ...

A   keine Verteilung vorliegt.

B   keine Kenntnisse über die vorliegende Verteilung vorhanden sind.

C   parametrische Tests unbefriedigende Ergebnisse liefern.

44. Formulieren sie für diesen Untersuchungsgegenstand die inhaltlich richtigen Hypothesen: Ein Forscher vermutet, dass die Wahlbeteiligung (WB) an Wahlen zum Europäischen Parlament in den mittel- und ost-europäischen Ländern (MOE), die ab 2004 der EU beigetreten sind, signifikant niedriger ist, als in den anderen (alten) Mitgliedsländern.

A $H_0 : WB_{MOE} = WB_{alt}$ versus $H_1 : WB_{MOE} \neq WB_{alt}$

B $H_0 : WB_{MOE} \geq WB_{alt}$ versus $H_1 : WB_{MOE} < WB_{alt}$

C $H_0 : WB_{MOE} > WB_{alt}$ versus $H_1 : WB_{MOE} \leq WB_{alt}$

D $H_0 : WB_{MOE} \geq WB_{alt}$ versus $H_1 : WB_{MOE} \leq WB_{alt}$

45. Wie ist die richtige Vorgehensweise bei der Durchführung eines statistischen Tests?

A   Auswahl des Testverfahrens und Bestimmung des kritischen Bereichs, Aufstellung der Hypothesen, Festlegung des Signifikanzniveaus, Berechnung der empirischen Teststatistik, Entscheidung

B   Festlegung des Signifikanzniveaus, Aufstellung der Hypothesen, Auswahl des Testverfahrens und Bestimmung des kritischen Bereichs, Berechnung der empirischen Teststatistik, Entscheidung

C   Aufstellung der Hypothesen, Auswahl des Testverfahrens und Bestimmung des kritischen Bereichs, Berechnung der empirischen Teststatistik, Festlegung des Signifikanzniveaus, Entscheidung

D   Aufstellung der Hypothesen, Festlegung des Signifikanzniveaus, Auswahl des Testverfahrens und Bestimmung des kritischen Bereichs, Berechnung der empirischen Teststatistik, Entscheidung

46. Liegen annähernd normalverteilte Daten vor, so liefern verteilungsfreie Tests im Gegensatz zu Testverfahren für normalverteilte Daten ... Ergebnisse.

A unbrauchbare

B trennschärfere

C weniger trennscharfe

D verzerrte

47. Ein Umfrageinstitut meldet einen zu erwartenden Stimmenanteil der SPD von 25 %. Datengrundlage war eine Sonntagsumfrage zur Bundestagswahl unter 4.133 Befragten. In welchen Bereich würden Sie mit 1 % Unsicherheit den wahren Stimmenanteil der SPD verorten?

A [23,68 %;26,32 %]

B [23,26%;26,74 %]

C [24,33 %;25,67 %]

48. Das Parteipräsidium der SPD hätte nun gerne den Stimmenanteil auf eine Abweichung von maximal einem Prozentpunkt genau bestimmt (bei einer Vertrauenswahrscheinlichkeit von 99 %, siehe Frage 45). Wie viele Befragungen muss das beauftragte Umfrageinstitut dann durchführen?

A 8.266

B 14.700

C 49.923

D 17.081.689

49. Für direkte Vergleiche der Werte eignen sich besonders Darstellungen als...

A Balkendiagramme

B Kreisdiagramme

C Streudiagramme

D Histogramme.

50. Vier Parteien haben unabhängig voneinander Prognosen ihrer Stimmenanteile von demoskopischen Instituten ermitteln lassen. Die Stichprobenumfänge der Umfragen und die dabei jeweils ermittelten Ergebnisse sind in der folgenden Tabelle dargestellt. Schätzen Sie ohne Rechnung, welche Prognose mit dem stärksten Stichprobenfehler behaftet ist.

	Stimmenanteil	Stichprobenumfang
CDU	40 %	1198
SPD	25 %	1207
FDP	18 %	1201
Grüne	12 %	1215

A   CDU

B   SPD

C   FDP

D   Grüne

16.2 Lösungen

Frage	Lösung	Frage	Lösung
1	A, B	26	D
2	B	27	C
3	A	28	C
4	C	29	A, B, C
5	B	30	A, C
6	A	31	B
7	C	32	ABCD
8	C	33	C
9	A, D	34	D
10	C	35	B
11	C	36	B
12	A, B, D	37	D
13	D	38	B, C, D
14	A, B, D	39	B
15	A	40	C
16	D	41	B
17	A	42	C
18	C	43	B
19	C, D	44	B
20	C, D	45	D
21	A, B, D	46	C
22	A	47	B
23	C, D, E	48	C
24	B, C, D	49	A
25	C	50	C

17 Formelsammlung

Median:
$$\widetilde{x} = \begin{cases} x_{(n+1)/2} & falls\, n\, ungerade \\ \frac{x_{n/2} + x_{(n+1)/2}}{2} & falls\, n\, gerade \end{cases}$$

Arithmetisches Mittel:
$$\bar{x} = \frac{1}{n}\sum_{i=1}^{n} x_i = \sum_{i=1}^{n} x_i \cdot h_i$$

Geometrisches Mittel:
$$\bar{G} = \sqrt[n]{x_1 \cdot x_2 \cdot \ldots \cdot x_n} = \sqrt[n]{\prod_{i=1}^{n} x_i}$$

Spannweite:
$$R = x_{i(max)} - x_{i(min)}$$

Mittlere absolute Abweichung:
$$D_{\bar{x}} = \frac{1}{n}\sum_{i=1}^{n} |x_i - \bar{x}|$$

Varianz:
$$S^2 = \frac{1}{n}\sum_{i=1}^{n} (x_i - \bar{x})^2 = \overline{x^2} - \bar{x}^2$$

Standardabweichung:
$$S = \sqrt{S^2}$$

Variationskoeffizient:

$$V = \frac{S}{\bar{x}}$$

Gini-Koeffizient:

$$G = \frac{2\sum_{i=1}^{n} i \cdot x_i - (n+1)\sum_{i=1}^{n} x_i}{n\sum_{i=1}^{n} x_i} = \frac{2\sum_{i=1}^{n} i \cdot x_i}{n\sum_{i=1}^{n} x_i} - \frac{n+1}{n}$$

$$G = \frac{\sum_{i=1}^{n}(2i-1)h_i}{n} - 1$$

$$G = \left[\sum_{i=1}^{k} h_i(u_{i-1} + u_i)\right] - 1$$

Korrigierter Gini-Index:

$$G^* = \frac{n}{n-1} \cdot G$$

Konzentrationsraten:

$$C_m = \frac{\sum_{i=1}^{m} x_i}{\sum_{i=1}^{n} x_i}$$

Herfindahl-Index:

$$H = \frac{\sum_{i=1}^{n} x_i^2}{\left(\sum_{i=1}^{n} x_i\right)^2} = \sum_{i=1}^{n} h_i^2$$

Rae-Index:

$$\text{Rae} = 1 - \sum_{i=1}^{n} p_i^2$$

Anzahl effektiver Parteien:

$$\text{AZP} = \frac{1}{\sum_{i=1}^{n} p_i^2}$$

Zusammenhangsmaße:

Prozentsatzdifferenz d%:

$$d\% = 100 \cdot \left(\frac{a}{a+c} - \frac{b}{b+d} \right)$$

Phi ϕ_{kor}:

$$\phi = \frac{a \cdot d - b \cdot c}{\sqrt{(a+b)(c+d)(a+c)(b+d)}}; \quad \phi_{kor} = \frac{\phi}{\phi_{extrem}}$$

Yules Q:

$$Q = \frac{ad - bc}{ad + bc}$$

Cramers V:

$$V = \sqrt{\frac{\chi^2}{n(R-1)}}$$

Tschuprows T:

$$T = \sqrt{\frac{\chi^2}{n\sqrt{(k-1)(l-1)}}}$$

Kontingenzkoeffizient C^*:

$$C = \sqrt{\frac{\chi^2}{\chi^2 + n}}; \quad C^* = \frac{C}{C_{max}} = \frac{C}{\sqrt{\frac{R-1}{R}}}$$

Guttmans Lambda λ:

$$\lambda_c = \frac{E_1 - E_2}{E_1}$$

biseriale Rangkorrelation r_{bis}:

$$r_{rbis} = \frac{U - V}{n_0 \cdot n_1}$$

punktbis. Rangkorrelation r_{pbis}:

$$r_{pbis} = \frac{\bar{y}_1 - \bar{y}_0}{S_y} \cdot \sqrt{\frac{n_0 \cdot n_1}{n^2}}$$

Eta η:

$$\eta^2 = \frac{\sum_{j=1}^{k} n_j (\bar{y}_j - \bar{y})^2}{\sum_{i=1}^{n} (y_i - \bar{y})^2}$$

$$\eta^2 = \frac{\text{Gesamtvarianz - Nicht erklärte Varianz}}{\text{Gesamtvarianz}} = \frac{S_y^2 - S_{NEV}^2}{S_y^2}$$

$$S_{NEV}^2 = \frac{\sum_{j=1}^{k} n_j S_j^2}{n}$$

Spearman ρ: (Näherungsformel, die verwendet werden kann, wenn keine oder nur wenige Bindungen zwischen den Fällen vorliegen.)

$$\rho = r_s = 1 - \frac{6 \cdot \sum_{i=1}^{n} d_i^2}{n \cdot (n^2 - 1)}$$

Kendalls τ_a:

$$\tau_a = \frac{n_k - n_d}{\frac{n(n-1)}{2}}$$

Goodman & Kruskal γ:

$$\gamma = \frac{n_k - n_d}{n_k + n_d}$$

Kendalls τ_b:

$$\tau_b = \frac{n_k - n_d}{\sqrt{(n_k + n_d + T_x)(n_k + n_d + T_y)}}$$

Kendalls τ_c:

$$\tau_c = \frac{n_k - n_d}{\frac{1}{2} \cdot n^2 \cdot \left(\frac{R-1}{R}\right)}$$

Pearsons r:

$$r = \frac{\frac{1}{n}\sum_{i=1}^{n}(x_i - \bar{x})(y_i - \bar{y})}{\sqrt{\frac{1}{n}\sum_{i=1}^{n}(x_i - \bar{x})^2}\sqrt{\frac{1}{n}\sum_{i=1}^{n}(y_i - \bar{y})^2}}$$

Kovarianz:

$$Cov_{xy} = \frac{1}{n}\sum_{i=1}^{n}(x_i - \bar{x})(y_i - \bar{y}) = \overline{xy} - \bar{x} \cdot \bar{y}$$

Korrelationskoeffizient r nach Pearson:

$$r = \frac{Cov_{xy}}{S_x S_y}$$

Steigungskoeffizienten (= Regressionskoeffizient):

$$b = \frac{Cov_{xy}}{S_x^2}$$

$$b = \frac{\frac{1}{n}\sum_{i=1}^{n}(x_i - \bar{x})(y_i - \bar{y})}{\frac{1}{n}\sum_{i=1}^{n}(x_i - \bar{x})^2}$$

Bestimmtheitsmaß R^2:

$$R^2 = \frac{\sum_{i=1}^{n}(\hat{y}_i - \bar{y})^2}{\sum_{i=1}^{n}(y_i - \bar{y})^2}$$

Standardfehler der Schätzung:

$$S_e = \sqrt{\frac{\sum_{i=1}^{n}(y_i - \hat{y}_i)^2}{(n-2)}}$$

Standardfehler des Regressionskoeffizienten:

$$S_b = \sqrt{\frac{\sum_{i=1}^{n}(y_i - \hat{y}_i)^2}{\sum_{i=1}^{n}(x_i - \bar{x})^2 \cdot (n-2)}}$$

Ähnlichkeitsmaße:

Russel & Rao:

$$RR = \frac{a}{S}$$

Simple-Matching-Koeffizient:

$$SMK = \frac{a+d}{S}$$

Jaccard I:

$$JI = \frac{a}{a+b+c}$$

Rogers & Tanimoto:

$$RT = \frac{a+d}{a+d+2(b+c)}$$

Dice:
$$D = \frac{2a}{2a + b + c}$$

Sokal & Sneath:
$$SSI = \frac{2(a+d)}{2(a+d) + b + c}$$

Distanzmaße:

City-Block-Metrik:
$$d_{km}^{CITY} = \sum_{i=1}^{n} |x_{ki} - x_{mi}|$$

Euklidische Distanz:
$$d_{km}^{EUKL} = \sqrt{\sum_{i=1}^{n} (x_{ki} - x_{mi})^2}$$

Quadrierte euklidische Distanz:
$$d_{km}^{QEUKL} = \sum_{i=1}^{n} (x_{ki} - x_{mi})^2$$

Minkowski-Metrik:
$$d_{km}^{Minkowski} = \left[\sum_{i=1}^{n} |x_{ki} - x_{mi}|^r \right]^{\frac{1}{r}}$$

Statistische Testverfahren:

t-Test für unterschiedliche Standardabweichungen in den Stichproben:
$$t = \frac{(\bar{x}_1 - \bar{x}_2) - (\mu_1 - \mu_2)}{\hat{\sigma}_{(\bar{x}_1 - \bar{x}_2)}}.$$

Mit der Standardabweichung:

$$\hat{\sigma}_{(\bar{x}_1-\bar{x}_2)} = \sqrt{\frac{\hat{\sigma}_1^2}{n_1} + \frac{\hat{\sigma}_2^2}{n_2}}.$$

t-Test für konstante Standardabweichungen in den Stichproben:

$$t = \frac{(\bar{x}_1 - \bar{x}_2) - (\mu_1 - \mu_2)}{\hat{\sigma}_{(\bar{x}_1-\bar{x}_2)}}.$$

Mit der Standardabweichung:

$$\hat{\sigma}_{(\bar{x}_1-\bar{x}_2)} = \sqrt{\frac{(n_1-1) \cdot \hat{\sigma}_1^2 + (n_2-1) \cdot \hat{\sigma}_2^2}{(n_1-1)+(n_2-1)} \cdot \left(\frac{1}{n_1} + \frac{1}{n_2}\right)}.$$

t-Test für gepaarte Stichproben:

$$t = \frac{\overline{(x_{1i} - x_{2i})} - (\mu_1 - \mu_2)}{\frac{\hat{\sigma}_D}{\sqrt{n}}} \text{ bzw. } t = \frac{\overline{D}}{\frac{\hat{\sigma}_D}{\sqrt{n}}}.$$

Mit der Standardabweichung:

$$\hat{\sigma}_D = \sqrt{\frac{1}{n-1} \sum_{i=1}^{n} (d_i - \overline{D})^2}.$$

Wilcoxon-Test:

$$R = \frac{n(n+1)}{2}.$$

$$R^+ = \sum_{i=1}^{n} R_i \text{ für } D_i > 0 \text{ und } R^- = \sum_{i=1}^{n} R_i \text{ für } D_i < 0.$$

H_0 ist abzulehnen, wenn gilt: $R^{min} \leq R^{kr}$.

U-Test nach Mann-Whitney:

$$U = min[n_1 \cdot n_2 + \frac{n_1(n_1+1)}{2} - R_1 \;;\; n_1 \cdot n_2 + \frac{n_2(n_2+1)}{2} - R_2].$$

$$U + W = n_1 \cdot n_2.$$

H_0 ist abzulehnen, wenn gilt: $U \leq V^{kr}$.

Anhang I: Tabelle der Standardnormalverteilung (Wagschal 1999: 367)

	Signifikanzniveaus			Signifikanzniveaus			Signifikanzniveaus	
z	2-seitig	1-seitig	z	2-seitig	1-seitig	z	2-seitig	1-seitig
0,00	1,000	0,500	1,10	0,271	0,136	1,40	0,162	0,081
0,05	0,960	0,480	1,11	0,267	0,133	1,41	0,159	0,079
0,10	0,920	0,460	1,12	0,263	0,131	1,42	0,156	0,078
0,15	0,881	0,440	1,13	0,258	0,129	1,43	0,153	0,076
0,20	0,841	0,421	1,14	0,254	0,127	1,44	0,150	0,075
0,25	0,803	0,401	1,15	0,250	0,125	1,45	0,147	0,074
0,30	0,764	0,382	1,16	0,246	0,123	1,46	0,144	0,072
0,35	0,726	0,363	1,17	0,242	0,121	1,47	0,142	0,071
0,40	0,689	0,345	1,18	0,238	0,119	1,48	0,139	0,069
0,45	0,653	0,326	1,19	0,234	0,117	1,49	0,136	0,068
0,50	0,617	0,309	1,20	0,230	0,115	1,50	0,134	0,067
0,55	0,582	0,291	1,21	0,226	0,113	1,51	0,131	0,066
0,60	0,549	0,274	1,22	0,222	0,111	1,52	0,129	0,064
0,65	0,516	0,258	1,23	0,219	0,109	1,53	0,126	0,063
0,70	0,484	0,242	1,24	0,215	0,107	1,54	0,124	0,062
0,75	0,453	0,227	1,25	0,211	0,106	1,55	0,121	0,061
0,80	0,424	0,212	1,26	0,208	0,104	1,56	0,119	0,059
0,85	0,395	0,198	1,27	0,204	0,102	1,57	0,116	0,058
0,90	0,368	0,184	1,28	0,201	0,100	1,58	0,114	0,057
0,95	0,342	0,171	1,29	0,197	0,099	1,59	0,112	0,056
1,00	0,317	0,159	1,30	0,194	0,097	1,60	0,110	0,055
1,01	0,312	0,156	1,31	0,190	0,095	1,61	0,107	0,054
1,02	0,308	0,154	1,32	0,187	0,093	1,62	0,105	0,053
1,03	0,303	0,152	1,33	0,184	0,092	1,63	0,103	0,052
1,04	0,298	0,149	1,34	0,180	0,090	1,64	0,101	0,051
1,05	0,294	0,147	1,35	0,177	0,089	1,65	0,099	0,049
1,06	0,289	0,145	1,36	0,174	0,087	1,66	0,097	0,048
1,07	0,285	0,142	1,37	0,171	0,085	1,67	0,095	0,047
1,08	0,280	0,140	1,38	0,168	0,084	1,68	0,093	0,046
1,09	0,276	0,138	1,39	0,165	0,082	1,69	0,091	0,046

Fortsetzung: Tabelle der Standardnormalverteilung

	Signifikanzniveaus			Signifikanzniveaus			Signifikanzniveaus	
z	2-seitig	1-seitig	z	2-seitig	1-seitig	z	2-seitig	1-seitig
1,70	0,089	0,045	2,00	0,046	0,023	2,30	0,021	0,011
1,71	0,087	0,044	2,01	0,044	0,022	2,31	0,021	0,010
1,72	0,085	0,043	2,02	0,043	0,022	2,32	0,020	0,010
1,73	0,084	0,042	2,03	0,042	0,021	2,33	0,020	0,010
1,74	0,082	0,041	2,04	0,041	0,021	2,34	0,020	0,010
1,75	0,080	0,040	2,05	0,040	0,020	2,35	0,019	0,009
1,76	0,078	0,039	2,06	0,039	0,020	2,36	0,018	0,009
1,77	0,077	0,038	2,07	0,038	0,019	2,37	0,017	0,009
1,78	0,075	0,038	2,08	0,038	0,019	2,38	0,016	0,009
1,79	0,073	0,037	2,09	0,037	0,018	2,39	0,016	0,008
1,80	0,072	0,036	2,10	0,036	0,018	2,40	0,016	0,008
1,81	0,070	0,035	2,11	0,035	0,017	2,41	0,015	0,008
1,82	0,069	0,034	2,12	0,034	0,017	2,42	0,015	0,008
1,83	0,067	0,034	2,13	0,033	0,017	2,43	0,014	0,008
1,84	0,066	0,033	2,14	0,032	0,016	2,44	0,014	0,007
1,85	0,064	0,032	2,15	0,032	0,016	2,45	0,014	0,007
1,86	0,063	0,031	2,16	0,031	0,015	2,46	0,013	0,007
1,87	0,061	0,031	2,17	0,030	0,015	2,47	0,013	0,007
1,88	0,060	0,030	2,18	0,029	0,015	2,48	0,012	0,007
1,89	0,059	0,029	2,19	0,029	0,014	2,49	0,012	0,006
1,90	0,057	0,029	2,20	0,028	0,014	2,50	0,012	0,006
1,91	0,056	0,028	2,21	0,027	0,014	2,51	0,012	0,006
1,92	0,055	0,027	2,22	0,026	0,013	2,52	0,012	0,006
1,93	0,054	0,027	2,23	0,026	0,013	2,53	0,011	0,006
1,94	0,052	0,026	2,24	0,025	0,013	2,54	0,011	0,006
1,95	0,051	0,026	2,25	0,024	0,012	2,55	0,011	0,005
1,96	0,050	0,025	2,26	0,024	0,012	2,56	0,010	0,005
1,97	0,049	0,024	2,27	0,023	0,012	2,57	0,010	0,005
1,98	0,048	0,024	2,28	0,023	0,011	2,58	0,010	0,005
1,99	0,047	0,023	2,29	0,022	0,011	2,59	0,010	0,005

Anhang II: Tabelle der t-Verteilung (Wagschal 1999: 369)

	Irrtumswahrscheinlichkeiten (Signifikanzen) bei verschiedenen Freiheitsgraden (df)										
	Zweiseitige Fragestellung						Einseitige Fragestellung				
df	0,001	0,01	0,05	0,10	0,20	0,50	0,001	0,01	0,05	0,10	0,20
3	12,92	5,84	3,18	2,35	1,64	0,76	10,21	4,54	2,35	1,64	0,98
4	8,61	4,60	2,78	2,13	1,53	0,74	7,17	3,75	2,13	1,53	0,94
5	6,87	4,03	2,57	2,02	1,48	0,73	5,89	3,36	2,02	1,48	0,92
6	5,96	3,71	2,45	1,94	1,44	0,72	5,21	3,14	1,94	1,44	0,91
7	5,41	3,50	2,36	1,89	1,41	0,71	4,79	3,00	1,89	1,41	0,90
8	5,04	3,36	2,31	1,86	1,40	0,71	4,50	2,90	1,86	1,40	0,89
9	4,78	3,25	2,26	1,83	1,38	0,70	4,30	2,82	1,83	1,38	0,88
10	4,59	3,17	2,23	1,81	1,37	0,70	4,14	2,76	1,81	1,37	0,88
11	4,44	3,11	2,20	1,80	1,36	0,70	4,02	2,72	1,80	1,36	0,88
12	4,32	3,05	2,18	1,78	1,36	0,70	3,93	2,68	1,78	1,36	0,87
13	4,22	3,01	2,16	1,77	1,35	0,69	3,85	2,65	1,77	1,35	0,87
14	4,14	2,98	2,14	1,76	1,35	0,69	3,79	2,62	1,76	1,35	0,87
15	4,07	2,95	2,13	1,75	1,34	0,69	3,73	2,60	1,75	1,34	0,87
16	4,01	2,92	2,12	1,75	1,34	0,69	3,69	2,58	1,75	1,34	0,86
17	3,97	2,90	2,11	1,74	1,33	0,69	3,65	2,57	1,74	1,33	0,86
18	3,92	2,88	2,10	1,73	1,33	0,69	3,61	2,55	1,73	1,33	0,86
19	3,88	2,86	2,09	1,73	1,33	0,69	3,58	2,54	1,73	1,33	0,86
20	3,85	2,85	2,09	1,72	1,33	0,69	3,55	2,53	1,72	1,33	0,86
21	3,82	2,83	2,08	1,72	1,32	0,69	3,53	2,52	1,72	1,32	0,86
22	3,79	2,82	2,07	1,72	1,32	0,69	3,50	2,51	1,72	1,32	0,86
23	3,77	2,81	2,07	1,71	1,32	0,69	3,48	2,50	1,71	1,32	0,86
24	3,75	2,80	2,06	1,71	1,32	0,68	3,47	2,49	1,71	1,32	0,86
25	3,73	2,79	2,06	1,71	1,32	0,68	3,45	2,49	1,71	1,32	0,86
30	3,65	2,75	2,04	1,70	1,31	0,68	3,39	2,46	1,70	1,31	0,85
35	3,59	2,72	2,03	1,69	1,31	0,68	3,34	2,44	1,69	1,31	0,85
40	3,55	2,70	2,02	1,68	1,30	0,68	3,31	2,42	1,68	1,30	0,85
50	3,50	2,68	2,01	1,68	1,30	0,68	3,26	2,40	1,68	1,30	0,85
100	3,39	2,63	1,98	1,66	1,29	0,69	3,17	2,36	1,66	1,29	0,85
(z)	3,29	2,58	1,96	1,64	1,15	0,67	3,09	2,33	1,64	1,28	0,67

Anhang IIIa: Tabelle der F-Verteilung $\alpha = 5\%$ (Quelle: Dougherty 2002)

$v_2 \backslash v_1$	1	2	3	4	5	6	7	8	9
1	161,45	199,50	215,71	224,58	230,16	233,99	236,77	238,88	240,54
2	18,51	19,00	19,16	19,25	19,30	19,33	19,35	19,37	19,38
3	10,13	9,55	9,28	9,12	9,01	8,94	8,89	8,85	8,81
4	7,71	6,94	6,59	6,39	6,26	6,16	6,09	6,04	6,00
5	6,61	5,79	5,41	5,19	5,05	4,95	4,88	4,82	4,77
6	5,99	5,14	4,76	4,53	4,39	4,28	4,21	4,15	4,10
7	5,59	4,74	4,35	4,12	3,97	3,87	3,79	3,73	3,68
8	5,32	4,46	4,07	3,84	3,69	3,58	3,50	3,44	3,39
9	5,12	4,26	3,86	3,63	3,48	3,37	3,29	3,23	3,18
10	4,96	4,10	3,71	3,48	3,33	3,22	3,14	3,07	3,02
11	4,84	3,98	3,59	3,36	3,20	3,09	3,01	2,95	2,90
12	4,75	3,89	3,49	3,26	3,11	3,00	2,91	2,85	2,80
13	4,67	3,81	3,41	3,18	3,03	2,92	2,83	2,77	2,71
14	4,60	3,74	3,34	3,11	2,96	2,85	2,76	2,70	2,65
15	4,54	3,68	3,29	3,06	2,90	2,79	2,71	2,64	2,59
16	4,49	3,63	3,24	3,01	2,85	2,74	2,66	2,59	2,54
18	4,41	3,55	3,16	2,93	2,77	2,66	2,58	2,51	2,46
20	4,35	3,49	3,10	2,87	2,71	2,60	2,51	2,45	2,39
22	4,30	3,44	3,05	2,82	2,66	2,55	2,46	2,40	2,34
24	4,26	3,40	3,01	2,78	2,62	2,51	2,42	2,36	2,30
26	4,22	3,37	2,98	2,74	2,59	2,47	2,39	2,32	2,27
28	4,20	3,34	2,95	2,71	2,56	2,45	2,36	2,29	2,24
30	4,17	3,32	2,92	2,69	2,53	2,42	2,33	2,27	2,21
40	4,08	3,23	2,84	2,61	2,45	2,34	2,25	2,18	2,12
50	4,03	3,18	2,79	2,56	2,40	2,29	2,20	2,13	2,07
100	3,94	3,09	2,70	2,46	2,31	2,19	2,10	2,03	1,97
250	3,88	3,03	2,64	2,41	2,25	2,13	2,05	1,98	1,92
500	3,86	3,01	2,62	2,39	2,23	2,12	2,03	1,96	1,90
1000	3,85	3,00	2,61	2,38	2,22	2,11	2,02	1,95	1,89

Fortsetzung: Tabelle der F-Verteilung $\alpha = 5\%$

$v_2\backslash v_1$	10	12	14	16	18	20	25	30	200
1	241,88	243,91	245,36	246,46	247,32	248,01	249,26	250,10	253,68
2	19,40	19,41	19,42	19,43	19,44	19,45	19,46	19,46	19,49
3	8,79	8,74	8,71	8,69	8,67	8,66	8,63	8,62	8,54
4	5,96	5,91	5,87	5,84	5,82	5,80	5,77	5,75	5,65
5	4,74	4,68	4,64	4,60	4,58	4,56	4,52	4,50	4,39
6	4,06	4,00	3,96	3,92	3,90	3,87	3,83	3,81	3,69
7	3,64	3,57	3,53	3,49	3,47	3,44	3,40	3,38	3,25
8	3,35	3,28	3,24	3,20	3,17	3,15	3,11	3,08	2,95
9	3,14	3,07	3,03	2,99	2,96	2,94	2,89	2,86	2,73
10	2,98	2,91	2,86	2,83	2,80	2,77	2,73	2,70	2,56
11	2,85	2,79	2,74	2,70	2,67	2,65	2,60	2,57	2,43
12	2,75	2,69	2,64	2,60	2,57	2,54	2,50	2,47	2,32
13	2,67	2,60	2,55	2,51	2,48	2,46	2,41	2,38	2,23
14	2,60	2,53	2,48	2,44	2,41	2,39	2,34	2,31	2,16
15	2,54	2,48	2,42	2,38	2,35	2,33	2,28	2,25	2,10
16	2,49	2,42	2,37	2,33	2,30	2,28	2,23	2,19	2,04
18	2,41	2,34	2,29	2,25	2,22	2,19	2,14	2,11	1,95
20	2,35	2,28	2,22	2,18	2,15	2,12	2,07	2,04	1,88
22	2,30	2,23	2,17	2,13	2,10	2,07	2,02	1,98	1,82
24	2,25	2,18	2,13	2,09	2,05	2,03	1,97	1,94	1,77
26	2,22	2,15	2,09	2,05	2,02	1,99	1,94	1,90	1,73
28	2,19	2,12	2,06	2,02	1,99	1,96	1,91	1,87	1,69
30	2,16	2,09	2,04	1,99	1,96	1,93	1,88	1,84	1,66
40	2,08	2,00	1,95	1,90	1,87	1,84	1,78	1,74	1,55
50	2,03	1,95	1,89	1,85	1,81	1,78	1,73	1,69	1,48
100	1,93	1,85	1,79	1,75	1,71	1,68	1,62	1,57	1,34
250	1,87	1,79	1,73	1,68	1,65	1,61	1,55	1,50	1,25
500	1,85	1,77	1,71	1,66	1,62	1,59	1,53	1,48	1,21
1000	1,84	1,76	1,70	1,65	1,61	1,58	1,52	1,47	1,19

Anhang IIIb: Tabelle der F-Verteilung $\alpha = 1\%$ (Quelle: Dougherty 2002)

$v_2 \backslash v_1$	1	2	3	4	5	6	7	8	9
1	4052	4999	5403	5624	5763	5858	5928	5981	6022
2	98,50	99,00	99,17	99,25	99,30	99,33	99,36	99,37	99,39
3	34,12	30,82	29,46	28,71	28,24	27,91	27,67	27,49	27,35
4	21,20	18,00	16,69	15,98	15,52	15,21	14,98	14,80	14,66
5	16,26	13,27	12,06	11,39	10,97	10,67	10,46	10,29	10,16
6	13,75	10,92	9,78	9,15	8,75	8,47	8,26	8,10	7,98
7	12,25	9,55	8,45	7,85	7,46	7,19	6,99	6,84	6,72
8	11,26	8,65	7,59	7,01	6,63	6,37	6,18	6,03	5,91
9	10,56	8,02	6,99	6,42	6,06	5,80	5,61	5,47	5,35
10	10,04	7,56	6,55	5,99	5,64	5,39	5,20	5,06	4,94
11	9,65	7,21	6,22	5,67	5,32	5,07	4,89	4,74	4,63
12	9,33	6,93	5,95	5,41	5,06	4,82	4,64	4,50	4,39
13	9,07	6,70	5,74	5,21	4,86	4,62	4,44	4,30	4,19
14	8,86	6,51	5,56	5,04	4,69	4,46	4,28	4,14	4,03
15	8,68	6,36	5,42	4,89	4,56	4,32	4,14	4,00	3,89
16	8,53	6,23	5,29	4,77	4,44	4,20	4,03	3,89	3,78
18	8,29	6,01	5,09	4,58	4,25	4,01	3,84	3,71	3,60
20	8,10	5,85	4,94	4,43	4,10	3,87	3,70	3,56	3,46
22	7,95	5,72	4,82	4,31	3,99	3,76	3,59	3,45	3,35
24	7,82	5,61	4,72	4,22	3,90	3,67	3,50	3,36	3,26
26	7,72	5,53	4,64	4,14	3,82	3,59	3,42	3,29	3,18
28	7,64	5,45	4,57	4,07	3,75	3,53	3,36	3,23	3,12
30	7,56	5,39	4,51	4,02	3,70	3,47	3,30	3,17	3,07
40	7,31	5,18	4,31	3,83	3,51	3,29	3,12	2,99	2,89
50	7,17	5,06	4,20	3,72	3,41	3,19	3,02	2,89	2,78
100	6,90	4,82	3,98	3,51	3,21	2,99	2,82	2,69	2,59
250	6,74	4,69	3,86	3,40	3,09	2,87	2,71	2,58	2,48
500	6,69	4,65	3,82	3,36	3,05	2,84	2,68	2,55	2,44
1000	6,66	4,63	3,80	3,34	3,04	2,82	2,66	2,53	2,43

Fortsetzung: Tabelle der F-Verteilung $\alpha = 1\%$

$v_2\backslash v_1$	10	12	14	16	18	20	25	30	200
1	6055	6106	6142	6170	6191	6208	6239	6260	6349
2	99,40	99,42	99,43	99,44	99,44	99,45	99,46	99,47	99,49
3	27,23	27,05	26,92	26,83	26,75	26,69	26,58	26,50	26,18
4	14,55	14,37	14,25	14,15	14,08	14,02	13,91	13,84	13,52
5	10,05	9,89	9,77	9,68	9,61	9,55	9,45	9,38	9,08
6	7,87	7,72	7,60	7,52	7,45	7,40	7,30	7,23	6,93
7	6,62	6,47	6,36	6,28	6,21	6,16	6,06	5,99	5,70
8	5,81	5,67	5,56	5,48	5,41	5,36	5,26	5,20	4,91
9	5,26	5,11	5,01	4,92	4,86	4,81	4,71	4,65	4,36
10	4,85	4,71	4,60	4,52	4,46	4,41	4,31	4,25	3,96
11	4,54	4,40	4,29	4,21	4,15	4,10	4,01	3,94	3,66
12	4,30	4,16	4,05	3,97	3,91	3,86	3,76	3,70	3,41
13	4,10	3,96	3,86	3,78	3,72	3,66	3,57	3,51	3,22
14	3,94	3,80	3,70	3,62	3,56	3,51	3,41	3,35	3,06
15	3,80	3,67	3,56	3,49	3,42	3,37	3,28	3,21	2,92
16	3,69	3,55	3,45	3,37	3,31	3,26	3,16	3,10	2,81
18	3,51	3,37	3,27	3,19	3,13	3,08	2,98	2,92	2,62
20	3,37	3,23	3,13	3,05	2,99	2,94	2,84	2,78	2,48
22	3,26	3,12	3,02	2,94	2,88	2,83	2,73	2,67	2,36
24	3,17	3,03	2,93	2,85	2,79	2,74	2,64	2,58	2,27
26	3,09	2,96	2,86	2,78	2,72	2,66	2,57	2,50	2,19
28	3,03	2,90	2,79	2,72	2,65	2,60	2,51	2,44	2,13
30	2,98	2,84	2,74	2,66	2,60	2,55	2,45	2,39	2,07
40	2,80	2,66	2,56	2,48	2,42	2,37	2,27	2,20	1,87
50	2,70	2,56	2,46	2,38	2,32	2,27	2,17	2,10	1,76
100	2,50	2,37	2,27	2,19	2,12	2,07	1,97	1,89	1,52
250	2,39	2,26	2,15	2,07	2,01	1,95	1,85	1,77	1,36
500	2,36	2,22	2,12	2,04	1,97	1,92	1,81	1,74	1,31
1000	2,34	2,20	2,10	2,02	1,95	1,90	1,79	1,72	1,28

Anhang IV: Kritische Werte für den Wilcoxon-Test

	kritische Werte zum Niveau α bei einseitiger Fragestellung								
	0,001	0,0025	0,005	0,01	0,025	0,05	0,10	0,20	
	kritische Werte zum Niveau α bei zweiseitiger Fragestellung								
n	0,002	0,005	0,01	0,02	0,05	0,1	0,2	0,4	$\frac{n(n+1)}{2}$
5	-	-	-	-	-	0	2	3	15
6	-	-	-	-	0	2	3	5	21
7	-	-	-	0	2	3	5	8	28
8	-	-	0	1	3	5	8	11	36
9	-	0	1	3	5	8	10	14	45
10	0	1	3	5	8	10	14	18	55
11	1	3	5	7	10	13	17	22	66
12	2	5	7	9	13	17	21	27	78
13	4	7	9	12	17	21	26	32	91
14	6	9	12	15	21	25	31	38	105
15	8	12	15	19	25	30	36	44	120
16	11	15	19	23	29	35	42	50	136
17	14	19	23	27	34	41	48	57	153
18	18	23	27	32	40	47	55	65	171
19	21	27	32	37	46	53	62	73	190
20	26	32	37	43	52	60	69	81	210
21	30	37	43	49	58	67	77	90	231
22	35	42	48	55	66	75	86	99	253
23	40	48	54	62	73	83	94	109	276
24	45	54	61	69	81	91	104	119	300
25	51	60	68	76	89	100	113	130	325
26	58	67	75	84	98	110	124	141	351
27	64	74	83	93	107	119	134	153	378
28	71	82	91	101	116	130	145	165	406
29	79	90	100	110	126	140	157	177	435
30	86	98	109	120	137	151	169	190	465

Anhang V: Kritische Werte für den U-Test nach Mann-Whitney

Signifikanzniveau bei zweiseitiger Fragestellung: $\alpha = 10\%$ ($\hat{=}$ einseitig: $\alpha = 5\%$)

n_b/n_a	3	4	5	6	7	8	9	10	11	12	13	14	15	16	17	18	19	20
3	0	0	1	2	2	3	4	4	5	5	6	7	7	8	9	9	10	11
4	0	1	2	3	4	5	6	7	8	9	10	11	12	14	15	16	17	18
5	1	2	4	5	6	8	9	11	12	13	15	16	18	19	20	22	23	25
6	2	3	5	7	8	10	12	14	16	17	19	21	23	25	26	28	30	32
7	2	4	6	8	11	13	15	17	19	21	24	26	28	30	33	35	37	39
8	3	5	8	10	13	15	18	20	23	26	28	31	33	36	39	41	44	47
9	4	6	9	12	15	18	21	24	27	30	33	36	39	42	45	48	51	54
10	4	7	11	14	17	20	24	27	31	34	37	41	44	48	51	55	58	62
11	5	8	12	16	19	23	27	31	34	38	42	46	50	54	57	61	65	69
12	5	9	13	17	21	26	30	34	38	42	47	51	55	60	64	68	72	77
13	6	10	15	19	24	28	33	37	42	47	51	56	61	65	70	75	80	84
14	7	11	16	21	26	31	36	41	46	51	56	61	66	71	77	82	87	92
15	7	12	18	23	28	33	39	44	50	55	61	66	72	77	83	88	94	100
16	8	14	19	25	30	36	42	48	54	60	65	71	77	83	89	95	101	107
17	9	15	20	26	33	39	45	51	57	64	70	77	83	89	96	102	109	115
18	9	16	22	28	35	41	48	55	61	68	75	82	88	95	102	109	116	123
19	10	17	23	30	37	44	51	58	65	72	80	87	94	101	109	116	123	130
20	11	18	25	32	39	47	54	62	69	77	84	92	100	107	115	123	130	138

Fortsetzung: Kritische Werte für den U-Test nach Mann-Whitney

Signifikanzniveau bei zweiseitiger Fragestellung: $\alpha = 5\%$ ($\hat{=}$ einseitig: $\alpha = 2,5\%$)

n_b/n_a	3	4	5	6	7	8	9	10	11	12	13	14	15	16	17	18	19	20
3	-	-	0	1	1	2	2	3	3	4	4	5	5	6	6	7	7	8
4	-	0	1	2	3	4	4	5	6	7	8	9	10	11	11	12	13	13
5	0	1	2	3	5	6	7	8	9	11	12	13	14	15	17	18	19	20
6	1	2	3	5	6	8	10	11	13	14	16	17	19	21	22	24	25	27
7	1	3	5	6	8	10	12	14	16	18	20	22	24	26	28	30	32	34
8	2	4	6	8	10	13	15	17	19	22	24	26	29	31	34	36	38	41
9	2	4	7	10	12	15	17	21	23	26	28	31	34	37	39	42	45	48
10	3	5	8	11	14	17	20	23	26	29	33	36	39	42	45	48	52	55
11	3	6	9	13	16	19	23	26	30	33	37	40	44	47	51	55	58	62
12	4	7	11	14	18	22	26	29	33	37	41	45	49	53	57	61	65	69
13	4	8	12	16	20	24	28	33	37	41	45	50	54	59	63	67	72	76
14	5	9	13	17	22	26	31	36	40	45	50	55	59	64	67	74	78	83
15	5	10	14	19	24	29	34	39	44	49	54	59	64	70	75	80	85	90
16	6	11	15	21	26	31	37	42	47	53	59	64	70	75	81	86	92	98
17	6	11	17	22	28	34	39	45	51	57	63	67	75	81	87	93	99	105
18	7	12	18	24	30	36	42	48	55	61	67	74	80	86	93	99	106	112
19	7	13	19	25	32	38	45	52	58	65	72	78	85	92	99	106	113	119
20	8	14	20	27	34	41	48	55	62	69	76	83	90	98	105	112	119	127

Literaturverzeichnis

[1] Bertelsmann-Stiftung (Hrsg.) 2003: Transformationsindex für 116 Länder, Gütersloh: Bertelsmann-Stiftung.

[2] Bortz, Jürgen 2005^6: Statistik für Human- und Sozialwissenschaftler, Heidelberg: Springer.

[3] Burda, Michael/Wyplosz, Charles 1997^2: Macroeconomics. A European Text, Oxford: Oxford University Press.

[4] Croissant, Aurel/Thiery, Peter 2000: Defekte Demokratie. Konzept, Operationalisierung und Messung, in: Lauth, Hans-Joachim/Pickel, Gert/Welzel, Christian (Hrsg.): Demokratiemessung. Konzepte und Befunde im internationalen Vergleich, Wiesbaden: Westdeutscher Verlag, S. 89-111.

[5] Dougherty, Christopher 2002^2: Introduction to Econometrics, Oxford: University Press.

[6] Grasl, Maximilian/Detzer, Sandra 2009: Das Grundgesetz im Wandel – Die institutionelle Reformfähigkeit Deutschlands im internationalen Vergleich, in: Wagschal, Uwe (Hrsg.): Deutschland im Reformstau?, Baden-Baden: Nomos, S. 227-248.

[7] Hibbs, Douglas A. Jr. 1977: Political Parties and Macroeconomic Policy, in: American Political Science Review 71, S. 1467-1487.

[8] Jaggers, Keith/Gurr, Ted Robert 1995: Tracking Democracy's Third Wave with the Polity III Data, in: Journal of Peace Research 4 (32) 1995, S. 469-482.

[9] Klingemann, Hans-Dieter/Max Kaase (Hrsg.) 2001: Wahlen und Wähler. Analysen aus Anlass der Bundestagswahl 1998, Wiesbaden: Westdeutscher Verlag.

[10] Laver, Michael/Hunt, Ben W. 1992: Policy and Party Competition, New York u.a.: Routledge.

[11] Lijphart, Arend 1999: Patters of Democracy, New Haven/London: Yale University Press.

[12] Matsusaka, John G. 2004: For the Many or the Few. The Initiative, Public Policy, and American Democracy, Chicago: University of Chicao Press.

[13] Nohlen, Dieter 1994: Empirisch/Empirische Theorie/Empirismus, in: ders.: Lexikon der Politik, Bd. 2: Politikwissenschaftliche Methoden, S. 87-89.

[14] Nohlen, Dieter 1992: Wahlsysteme, in: Schmidt, Manfred G.: Lexikon der Politik, Bd. 3: Die westlichen Länder, S. 518-526.

[15] Olson, Mancur 1985: Aufstieg und Niedergang von Nationen. Wachstum, Stagflation und soziale Starrheit, Tübingen: Mohr.

[16] Patzelt, Werner J. 1985: Einführung in die sozialwissenschaftliche Statistik, München/Wien: Oldenbourg.

[17] Wagschal, Uwe 1999: Statistik für Politikwissenschaftler, München/Wien: Oldenbourg.

[18] Wagschal, Uwe 2005: Steuerpolitik und Steuerreformen im internationalen Vergleich. Eine Analyse der Ursachen und Blockaden, Münster: Lit-Verlag.